# 教研論學集

林啓彦著

文史哲學集成

文史哲出版社印行

國家圖書館出版品預行編目資料

教研論學集 / 林啓彥著. -- 初版. -- 臺北市：
文史哲，民96
　頁：　公分. （文史哲學集成；521）
含參考書目
ISBN 978-957-549-703-3 (平裝)

1. 中國 – 歷史 – 論文,講詞等

617　　　　　　　　　　96002361

文史哲學集成 <sub></sub> 521

# 教 研 論 學 集

著　　者：林　　啓　　彥
出 版 者：文 史 哲 出 版 社
http://www.lapen.com.tw
登記證字號：行政院新聞局版臺業字五三三七號
發 行 人：彭　　正　　雄
發 行 所：文 史 哲 出 版 社
印 刷 者：文 史 哲 出 版 社
臺北市羅斯福路一段七十二巷四號
郵政劃撥帳號：一六一八〇一七五
電話886-2-23511028・傳真886-2-23965656

**實價新臺幣四八〇元**
中華民國九十六年（2007）一月初版

# 自 序

　　本書是筆者從事教研工作以來，多年積累得來的一些介乎學術與半學術性質文章的結集作品。這本文集共收錄文章三十八篇，大致可以分為兩大類。一類是史學研究與評論，另一類是論史雜文。前者包括了：1，史學研究方法與研究動態論述的文章；2，史事、史料的考訂與史著的評介；和3、對學者感懷之文。後者則為一些面向較廣泛聽眾與讀者群的演講及報刊雜誌的撰文，其主題內容雖然比較分歧，但重點多集中於對傳統中國學術文化問題的反思與對近代中國民主及現代化課題的探討。這些雜文，當然並非筆者多年傾注心力鑽研的史學課題的主要部分，但它確實亦反映出個人在三十多年教研生涯中，於史學的園地內，所曾用心思考過的一些問題，以及努力學習而得來的一些心得與成果。

　　今日重讀這些舊作，不免勾起了不少過去的回憶。它把我帶回到當年讀書、教學、研究、寫作的情景中。曾經因為要回應學生關於歷史論文寫作面對的困難與問題，而為學生提供不同形式的論文寫作的範文。例如：史料的發掘和史事考訂、研究動態的掌握和介紹、史著的評介與書序的撰寫等。甚至不厭其詳地為學生解說一篇合乎學術規範的歷史論文寫作程序與重要原則。又或因為經歷 79 年北京西單民主牆及 89 年北京民運學潮的衝擊而對中國近代民主運動所產生的反思。又曾因為香港的 97 回歸而重新

思索香港的歷史角色，乃全涉及中國傳統學術文化價值的重估與今後出路問題等等。自然，更有些是對師長昔日教導訓誨的懷念和感激。

這些往事回憶，一幕一幕地重現於今日的腦海之中。這本集子，使我能重新認識自己，再次重溫過去在學教研路上經歷的一番甘苦。

本書收錄的〈評謝文孫著《中國學者與辛亥革命研究：書目選錄與評論》〉一文，是與周佳榮教授合著的，經業師王德昭教授力薦而得以刊於 1975 年出版的中文大學的學報上，距今已過了整整三十年，算是筆者史學撰述的首篇。假如沒有王老師的提掖，佳榮兄的鼓勵支持，我是否會走上史學研究之路，可真難說。他們兩位實在是筆者一生求學治事的良師益友。因有這番因緣，特別值得銘記於心。

最後，本書得以出版，友人周昌龍教授和吳有能教授幫助尤多，在此一併表示衷心的謝意。

林啟彥　2006 年 6 月 19 日

# 教 研 論 學 集

## 目　　錄

# 第 一 部
# 史學研究與評論

# *1.1*　如何寫作一篇符合學術
# 規範的歷史論文

## 一、引　言

　　史學工作者對人類社會的重要貢獻是發現歷史的真相，建立確實的歷史知識。爲此，他必須以歷史研究爲其職守與事業，他的研究成果更需要有效地向人類社會傳遞表述，使歷史的真理廣爲人群大眾所知。歷史學者因此有必要就其對歷史真相的發現或就其對歷史事實的認識與解釋，用合適的文體與文字表達論述，歷史論文的撰寫便成了史學家歷史研究工作最後與最重要的一步。

　　何謂歷史論文？所謂歷史論文，是指對於史學上的某個專門問題，具有獨立見解，持之有故，言之成理，遵照一定的形式要求而寫成的學術文章。以文體言，一般採用論說形式，字數長短不拘，短者數千字，長則數萬言至數十萬言亦非罕見。

　　中國近代以來的史著，頗受西方史著體裁的影響，逐漸形成一種新的撰述模式。這種撰述模式可以稱之爲章節體的編寫式。章節體的史著是以章節爲順序，組織資料、訂正史實、究明史事和評述史義。這就是現今最通行的歷史著作體裁。用此體裁從事

撰述的史著形式，有刊登於期刊上單篇的論文與獨自刊印成書的專著。無論是那一類的作品，都屬於歷史論文。

　　一篇歷史論文能否寫作成功，除了要看研究者本人的史識學養與文采外，還要取決於他能否善於擇題與取材，編配與組織材料，用清晰、準確而典雅的文詞敘事說理，以及對資料的徵引是否完備忠實。前者與史家本身的才情稟賦和學識造詣有關，可以觀摩借鏡，但不易施教與言傳；而後者卻可以力學而後達致，是可以通過不斷的學習與訓練而趨於嫻熟的。我們在以下的論述，將以 Shafer、杜維運、王德昭、趙吉惠等諸位學者的見解為基礎，詳述後者是可以下學而上達的治學功夫，因為這既是技術性的作業，也是可以學得到家的本領。

## 二、擬　題

　　擬題就是如何選擇研究的題目，歷史論文的擬題，十分重要，有時它能對論文的完成起決定性的作用，至少也是影響論文寫作方向的重要因素。在一切科學研究中，提出問題比較解決問題更為重要、更為困難，歷史研究者應該以擇題為開展歷史研究工作最首要的步驟，認真考慮，從詳計議。

　　許多史學家前輩都曾諄諄教導後學者在決定其研究的選題時，應先衡量多種的條件和作出必須的戰略考慮，在得到滿意的答案後，才好決定自己的研究題目。

　　王德昭教授在〈歷史論文的寫作〉一文中，提出了六種要衡估的條件，其中包括：

　　（1）個人興趣和知識的準備；

　　（2）環境或時勢需要，或其他特殊的考慮；

（3）足夠而可供應用的史料；

（4）足夠而可供應用的時間；

（5）前人工作的成績；

（6）歷史價值。

1 至 4 點，是比較容易認清和解決問題，如果我們對所研究的課題缺乏一定的興趣及有關的知識準備，定必勞而少功。反之，如果是自己的興趣範圍內，又是自己熟悉的知識，研究起來，會比較得心應手，且可避免可能要中途更換研究課題的麻煩。即使我們選擇了自己興趣和知識領域內的題目，但如果題目太大，要運用的史料太多，若果研究的時間有限，或所需應用的史料不是那麼容易在自己工作的地區蒐集齊備，那麼便要重新考慮收窄研究課題或改變研究方向。有時選擇研究課題，還須考慮客觀環境的要求，譬如是一篇碩士或博士論文，則必須能與指導教授的學術興趣或研究領域有一定的關連，從而可以得到有益的意見和指引，又或當時學術界流行一時的熱門問題，如果能配合撰寫有關論文，亦會引起較大的回響和較受重視。

至於 5、6 兩點，在決定研究題目之前，尤須謹慎考慮。正如王德昭教授指出，前人工作成績之所以重要是因為前人如曾以同一題目或在相同範圍內，做過周密而徹底的研究，作者不知，從頭重做一遍，結果可能如西諺所謂「打舊麥稈」，或中國俗諺所謂「炒冷飯」，徒勞而無功。選擇研究題目，除了上述各點的考慮外，仍應注意到所研究的對象或事件的歷史價值的問題。歷史研究的目的固在求真相以求重現歷史的過去，但歷史中不同的史事仍有價值高下的區別，當視不同史事在歷史中的份量、廣度、和影響的大小而定。一個題目所定的研究對象的史值愈高，則研究

的需要也愈大，而研究所得成績必也愈可貴。我們如不懂史學研究方法，長年碌碌一無所得，固然可惜；但如果應用了最完善的方法，而所研究的卻是一個缺乏史值的題目，對於說明歷史和現況無所裨益，也同樣可惜。決定一個歷史研究題目的價值，固然有一定的主觀成分，不同的學者有不同的觀點。但是歷史課題間相對的重要性，在歷史學界當中，也是不難找到共識的。

關於論文的選題方面，也有學者從其他的思考角度，提出一些確定論文選題的依據，趙吉惠在《歷史學方法論》中指出應有五條的思考戰略：

第一、結合目前的學術動向和社會發展趨勢，提出論文題目；

第二、根據科學發展預測，在近期內可能出現的新的研究動向、新的研究學科以及新的研究課題的熱潮，提出論文題目；

第三、根據群體或個人的需要（例如有關方面分派的研究任務，為了解決某一個工作中的問題，為了回答某一個問題等等），提出論文題目；

第四、根據個人平日科研資料的積累和研究心得，而提出論文題目；

第五、根據個人研究興趣的刺激和偶然命題的誘發所產生的動機，而提出論文題目。

趙氏提出上述五點戰略思考，以助吾人定出若干論文選題的方案，但他同時亦指出，在最後決定選題時，還應考慮以下四個條件：

第一、價值評價。要看看這篇論文的學術價值和社會價值，如果有的話，就可以選擇，否則應該放棄；

第二、能否創新，有無突破。作者須確知自己的選題，是需
　　　要有新的思考或掌握新的材料，並可能在該研究領域
　　　中做出新的成果，始可選定爲研究的題目，否則，就
　　　應該放棄；

第三、課題的可行性。作者亦須估計自己力量的可能性和條
　　　件的可能性。當提出一個研究題目時，雖然各方面都
　　　很理想，但作者的知識結構滿足不了該課題的要求，
　　　或時間條件、身體條件不好，或資料條件較差，就應
　　　暫時不選做該題目，而應另外調換一個符合自己之客
　　　觀條件的題目更爲實際；

第四、充份估計社會上的競爭力量。例如某一個論文題目非
　　　常時興，社會需要度很高，社會價值亦很高。但是，
　　　研究者很多，競爭力很強，相對而言，你的成功可能
　　　性比較小，遇到這類題目時應該下決心割愛。另外尋
　　　求競爭力弱，相對而言，成功可能性較大的問題去做。

　　以上所舉兩位學者就擬題方面提出的忠告，可助吾人選定歷
史研究題目前，先做好一番心理準備工夫，效益尤大。趙氏的意
見，似乎比較著重選題時的外緣因素的考慮，功利性的思考偏多。
而王氏的意見，則既能顧及研究課題外在的價值，也能照顧研究
者本身內在的條件與限制，是比較重視從學術的角度來說明問
題，適合初學者用以爲選擇論題的思考原則，其針對性和實效性
比較明顯，故較爲可取。

## 三、取　材

　　題目既定，下一步的工作便是爲自己的研究決定取材的範

圍．

　　取材的意思是材料如何取捨的問題。當研究者擇定研究的題目之後，他便需要首先編製好一份與其研究課題有關的研究資料書目，或簡稱為研究書目。這份書目，將是他的論文取材的基本範圍。編製這樣一個研究書目，作用有二：

　　第一、估計現存可以使用的資料（包括原始史料及二手史料）是否足夠他把預定的研究題目完成；

　　第二、為其研究工作的資料蒐集部分做好準備。

　　關於第一點，為求一個研究題目的完成，研究者自然需要考察現存的史料是否足夠應用，因為即使題目多好，研究者學養多深，若無充足的史料，也難做好該課題的研究，寫出東西來。同時，也需要注意到必需的史料應用時是否便利的問題。在交通日益發達，資訊交流日益方便，公私文物庋藏與使用日益改善的今日，地理的距離和人為的限制所造成的史料應用的困難，已大為減輕。但如大部分與所擇定的題目有關的史料能在當地或就近的公私收藏機構獲得的話，自然仍比必須求之於遠地為便利，而且也使研究工作更有把握在有限的時間內完成。

　　關於第二點，有一份業經調查記錄的研究書目在手，在以後實地蒐集資料和選汰資料時，自可按圖索驥，因應取材上各種的需要，而確定所要彙集的史料，並求其無所遺漏。

　　研究書目編製，史料的蒐集，固然要以所定的題目為取捨的準則。但這並不是說題目一經擇定，便不能有所改變。事實上，當最初設定題目時，無論如何周詳考慮，我們對題目的知識，究竟有限，而對題目所應涉及的資料應有多少，可能也說不出一個究竟。隨著史料的不斷累積，我們會對所要處理的研究課題的知

識愈益增加，認識愈見透徹，概念愈為明晰，而對於史料的應用價值的判斷也愈加確當。此時，我們可能要對原擬的研究題目作出修訂。理由是，資料並不必然會與我們所設想的論文旨趣甚或論文基本綱目架構吻合無間。故此材料的結集與採用反過來又影響了我們研究論文題目的決定和綱目的組成。誠如巴慎（Jacques Barzun）在 The Modern Researcher 一書中所指出，歷史研究的主題往往隱藏在材料堆中。

論文題目既經決定，研究書目亦已編成，則資料的取捨與選擇得當與否，自然也關係到論文的順利完成。關於取材方面，應據以下兩個原則進行：

一、是必需的原則。必需的原則應考慮的要素有：

必需最大程度選用經過慎密鑑定的真史料；

必需盡可能吸收與論文主題有關的學術成果；

必需考慮論文所受篇幅的限制，存菁去蕪；

必需考慮論文的性質宗旨及讀者對象，若為一般讀者寫作的通論性作品，選取材料應以淺白易懂為尚；若為專業學術界撰寫的學術論文，取材當力求淵博宏富。

二、是藝術的原則。歷史作品並非文學作品，但並不表示歷史論文不能有優雅動人的筆觸。歷史著作不應只是一篇由史料堆砌而成的沈悶累贅的文章，中外歷史上的著名史學作品，幾乎都是出色的文學作品，可見歷史著作同樣可以有很高的藝術上的成就。有關這方面的問題，我們會在以下「歷史著述的語言」一節作較詳細的論述。史家在為其歷史論文取材時，自也可以依循一定的藝術準則進行。他在可以有選擇的情況下，取一些具代表性的，文意暢達，富有色彩，具啟發性和動人的材料以溶入史文之

中，總比採用一些繁瑣猥鄙，蕪雜冗贅，不雅馴的文字入史，更能成功表達史實和史義。

# 四、擬定研究綱目

經過了擇題和取材的階段後，研究者便可根據自己論文主題與性質的需要，展開資料的蒐集工作。研究者手頭應備有一份隨時可以增訂的研究書目，並按此書目系統地蒐集材料。材料蒐集的過程，同時也是一個材料淘汰的過程。決定那些資料可以用、如何用，是每一研究者必要面對和解決的問題。這時，我們假定研究者研究書目中，每項的材料都與研究的課題有關，無論是一手史料或二手的著作，都經過慎重的考訂與選取，使之成為論文撰述時必須參考和引用的資料來源。研究者接著要做的工作，是要為其研究題目擬定初步的綱目。研究綱目的擬定，對論文的寫作是十分重要的。它既可助你構思論文的內容架構、組織和編配相關的資料，以致可以作為寫作時的次序及思考方向。

為一個研究的題目擬定綱目，也就是以文字的形式為題目劃定範圍，提出問題，確立主旨和疏通條理，並以之作為組織與編配材料的架構。然而這樣的一個研究綱目，畢竟仍算是一個初步的綱目，所以稱之為初步，因為在處理材料和最後寫作的過程中，起初擬具的綱目必然需要改變，研究者以最初擬定綱目完成論文者，可謂絕無僅有。

其次，一個有效的綱目，其全體必須統一而有重心，而其綱與綱、綱與目之間，必須緊湊而連貫。一綱一目雖各自可成一單元，但須隨時與主題呼應，以保持全體的統一與連貫。一綱一目如不能與主題呼應，是為離題，若離題過甚，則主題將被淹沒。

　　研究綱目在論文寫作之前是材料蒐集及編配的指針，也是研究者爲其研究的歷史課題，產生有系統條理的形相及對其認知過程中的思辯範疇。當研究者根據研究綱目完成論文的寫作之後，其綱目大體會變成了論文或專著中的編、章、節、目。故此，對多數的研究者來說，研究綱目同時也被視爲他的論文撰寫綱要的藍本。

　　一個研究綱目，不管其分量有多少，內容是詳盡或簡潔，它必須基本上包括三個部分。

　　一、導論部分。導論部分是引導讀者進入論文主題的引導性文字。這部分需要交待的問題有：說明研究的動機、研究課題的學術價值，解明研究的範圍，檢討前人研究的成果，介紹自己的研究方法等。

　　二、本論或正文部分。這部份是論文的主體，資料編配得當與否以及論述是否完備有序，將關係著整篇論文的成敗。正文部分的綱目安排沒有固定的格式可循，應按照不同類型的論文而有不同的綱目結構。例如：若是考據式的論文，則以破立的形式安排綱目爲較佳。若是歷史人物事功的論述，則以人物的生活年代各階段立綱目爲宜。總之，研究者當因應論文主題的需要，靈活地組織材料，層次井然地安排綱目，務求達致與主題緊密呼應連接的理想結構。

　　三、結論部分。結論部分是衡量論文的學術成績的依據。結論部分的內容應包括本論論證得到的結果，但要寫得簡要具體，使讀者能在短時間內明確瞭解研究者對於所研究的歷史課題的重要發現或獨到的見解，從而得知本論文的創見和貢獻所在。要注意的是，結論必須是導論中提出的問題，本論中經過充份的論證

或考訂，邏輯地得出的結果。學術論文最忌論證得並不允份，而妄下結論。一篇成功的學術性歷史論文，必須是首尾一貫、嚴謹而完美的邏輯構成。有時，結論部分，還可以附加一些有關研究課題的檢討與展望。因為個人的精力有限，對某一項歷史問題所做的研究多數只能解決其中一部分的疑難，又或結論可能也只是一種暫時性的合理說明與解釋而已。故此應留空間予後繼者繼續研究，使結論得以進一步修訂補充以達致完善。

## 五、編配與組織材料

研究者根據初步擬定好的有效的研究綱目，展開材料的蒐集工作，並對材料進行適當的編配與組織，從而逐漸對該研究的歷史課題整體形相形成清晰的論點與觀點，於是就可以為論文的撰寫，做好準備。

在這個階段，研究者應該把握好如何編配與組織材料的原則與方法。

大體上，材料的編配要以勻稱與適度為原則。一篇史學論文，必然有比較重要和比較次要的部分，綱目或章節的材料安排是不可能絕對平衡均等的，但相對的勻稱總是需要做到的。在不同的綱目之間，材料的配置切忌有偏長或偏短的情況，若因材料限制而不得不然，也應考慮是否可以容許綱目之間的分拆或結合。一篇論文的理想篇幅，究竟應有多少字數，也不能一概而論。數千字的論文固有其優勝的長處，數萬字以至十數萬字的論文或也有其必需。總要以論文的性質和內容需要為依歸。不過，若要討論一篇適度的論文篇幅，還是可以有一般的標準的。一篇具有規模的歷史論文，可以假定其首尾完具，內容充實，因此不致過

於簡陋，但最長則應以能一次讀畢爲原則。此中道理看似平常，然而關繫至爲重要。因爲論文的敘事、說理、繩繩纏屬，由此或解決一問題，或達致一結論，其關節相扣愈緊，則論文必愈緊湊有力，也愈精采。如一篇論文因篇幅過長，需兩次、三次才能讀畢，則讀者對於全篇的關鍵脈絡的領會，必受損失。若以整本成書的著作而言，通常所謂的單篇論文相當於書中的一章，所以一章的篇幅亦以一次讀畢爲原則。材料的取捨與編配在綱目之中，當以此爲準。

其次，有關材料的編配與組織的方法上，在一綱一目之中，最應採用的是時間先後次序的方法。因爲無論我們在綱目中對於所取材的人與事作如何的編配，時間的次序仍是歷史的一條自然的線索，處處不能使這條線索喪失。歷史依時間的次序發生，在時間的先後次序中，也最能見出相關的史事間或同一史事的各部分間的因果關連。堅持用時序的方法來組織編配史料，才不致在敘述或解釋史事時出現因果不明甚或倒果爲因的弊端。

如材料係用大小一致的卡片摘錄，則材料的組織與編配工作，就可以用卡片的排列來進行，又可以反覆改變卡片的排列（Shuffle and reshuffle），來達致最佳的效果。

材料的整理到此階段，事實上已進入論文寫作的前夕。此時，有的研究者會在動筆之先，參考其研究綱目，詳細擬具一個論文寫作綱要，然後把已組織好和排列好的材料卡，依次貫串其間，敷衍成章。在動筆之先，有這樣的一個綱要的好處有三：一是防止撰寫時離題，即使一旦離題，也能及早察覺，回歸正題。二是檢查重要材料是否已納入，和所提出的問題是否皆已解決。若有重要的材料遺漏，或有提出的問題尚未解決，皆非一篇良好

的論文所應有的。二是綜合估計能否達致完善的結論，以為全篇的收束。也有一小部分研究者不願有事前的寫作綱要，因為恐防會妨礙自己撰文時的思路發展。但若視綱要僅為一指南，而非行文思路的約束，則斷不會令研究者撰文時有削足適履之感，則有一事先擬好的綱要實有重大裨益，尤其對於一個初次從事著述的學者為然。撰寫前有一綱要，可說是一種事前思考（premeditation），使著筆撰述前對於所選取的材料有多一次的翻讀，對於全篇的組織和要點有多一次的思考，絕對有益無害。

## 六、引文、注釋與參考書目

　　一篇合乎學術規範的歷史論文，除了應有條不紊地依循上述的程序來完成外，它還要滿足一些學術論文標準格式的要求。這包括了適當地運用引文和注釋，及編製一個充份反映研究者對研究資料掌握水準的參考書目，使論文任何部分的論述都有確當的材料為依據，有堅實的材料為基礎，以達致歷史論文要求的「一字一義均有來歷」的理想。

　　甲、引文（Quotation）

　　歷史論文的引文，通常有兩類。一類是直接引文，一類是間接引文。

　　直接引文：

　　直接引文又稱直引，所引者為文獻的原來文字，不許作任何的改動。若發現原來文字有明顯的錯誤，也只能尊重原文照錄無異，若有必要加以澄清或更正，應把更正的部分加上插入符號，即方括號（〔　〕），以示原來如彼，理應如此，在〔　〕內寫上正當的寫法。直接引文若嫌過長，可在適當的句與句間運用刪節號

（……），以省篇幅。

間接引文：

間接引文又稱間引或意引，因間接引文是不會引錄文獻的原來文字，而只是對原文獻經過加工改寫，是引用者用自己的文字表達所引文獻的意思而已。分別直接引文和間接引文的重要做法是直引的文字，其首與尾均須加上引號，即"……"或「……」，而間接引文則不得加上引號。直接引文而不加引號，是猶偷奪他人的文字以爲己有；間接引文而加引號，是把自己的文字誣構爲證人所言，二者都是學術著作所不容許的作僞行爲。無論直引或間引，都不是研究者本人的證詞或觀點，因此必須加上注釋，表明資料的來源或出處。

至於引文運用形式，又可分爲兩種，一種是段中引文，另一種是提行引文。

段中引文：

引文不分長短，凡不是強調性的都寫在段中，這是段中引文。段中引文如果是直引，爲了表明引文部分與研究者本文有顯著的不同，需要加上引號，以示區別。若是意引，可只加冒號（：）不加引號，甚至略去冒號，一併寫在行文之中亦可，但必須注明出處。

提行引文：

凡是重要的，或強調性的引文要提行自成一部分，以使讀者注目，這是提行引文。提行引文爲區別於正文，在書寫時全文的左側要比正文低三格，第一行的開首部分更要多縮兩格。由於提行引文已經在格式上表明是從別處引來的，就不必在首尾處再加引號了。爲醒目起見，一般在印刷時要改用字型或字號。

無論段中引文還是提行引文，都須注明資料出處。

示例一：

（i）細閱下列一段文字，指出何者是直接引文？何者是間接引文？

《近代史研究》1999 年第 2 期

政，他說：

　　且鐵路之所至，亦即電線之所通，其消息之流傳，項刻可知……且國于有事之時，運餉糧、裝器械、載兵士、征叛逆，指日可以集事。何則？以兵警軍情傳遞甚速，彼此應援，捷于呼吸也……英國、中土，易地皆同也。①

王韜在這場熱烈的海防爭議中，一方面強烈表明海防建設的迫切性，在戰術上，提出了全面的布局；另一方面，也對日俄兩國在遠東的侵略擴張，表示關注與憂慮。他不但看到俄國在陸上對中國構成的威脅，更提出俄國將成為中國海上的潛在大敵，海防的建設，不但要針對日本，也要針對俄國。王韜的海防思想，因此進入下一階段的戰略性思維。

### 四、第三期的海防思想

有關王韜海防思想的討論，台灣學者王家儉在《清季的海防論》一文中，介紹比較詳明，他認為王韜在 1874—1884 年間的海防論，以制戰艦、造火器、練水師三部分為主要內容，而其他如開礦產、筑鐵路、架電線等亦為輔助海防建設的必要措施。② 其所討論的王韜的海防觀點，大體均為戰術上的考慮，與當時清廷沿海督撫大吏如李鴻章、沈葆楨、丁日昌等人所倡行的海防建設內容，差異不大。然而事實上，王韜在第三期，即自 70 年代末至 80 年代中期所形成的海防戰略思想，更為值得注意，這包括了"以戰為守"、"四洋論"和"親英、抗俄、保台、防日"的戰略構想，有關這方面的討論，

① 王韜：《建鐵路》，《弢園文錄外編》，第 87—88 頁。
② 參看王家儉《中國近代海軍史論集》，台北，文史哲出版社 1984 年版，第 265—269 頁。

答案：

注①是直接引文

注②是間接引文

（ii）細閱下列一段文字，指出何者是段中引文？何者是提行引文？

《近代史研究》1999 年第 2 期

虽遇风浪而不惊，霰霤霆而弗畏，燃放大炮，具有定准，能随船之东西而为炮之转移。"二是要注重驾驶人才的培养，他说："宜简老于航海之舵工，入西国塾中精加习练，而择其优者以备用。"三是船制亦须变更，他说："凡所有一切炮船拖船，悉废为民船，而专用火轮战舰，其守口则用英国根柢之制，使大小互相联络。于沿海地方，设立水师馆，舵工馆，日加讲习，壮而用之，自不患无其人，而又何必取材于异地哉！"① 王韬对西洋铁甲战舰，素有认识研究，他虽然主张造战舰，但深受英国议员布拉斯言论的影响，不以多造巨舰为然，他认为战船有宜于守者，有宜于战者，巩固庞大者则为守舰，灵捷轻敏者则为战舰，泰西各国多以造炮少而巨的小战舰为计，因其作战能力强，他引布拉斯的话说：

> 当今之世，若装水师战舰，铁甲之外，以小者为佳，盖装大船则所费既多，以一大船之资，可分造小船数艘，驾驶既便，攻击复捷，其利一也。大船所发之炮，不能击尽小船，以数小船围攻大船，炮弹无有不中，其利二也。大船碎遇水雷，微有损坏即难御敌，小船为数既多，彼此可以互相救援，更番进战，敌计难以待施，其利三也。小船所费既少，即有事亦易建造，其利四也。小船既众，置炮亦多，较诸大船倍能命中及远，其利五也。船小则食水亦浅，凡焚毁城廓，轰击炮台，大船不能驶进者，小船自可近岸，其利六也。两军接战，胜则可追击深入，败则可退守河汊，其利七也。若以水雷炮置于小船中，进迫敌船，又可乘机轰敌，其利八也。②

故王韬赞同布氏之论，主张战舰宜求精，不必求巨，应多造炮船，但无霸的铁甲舰以少造为佳，谓："但得镇守之效，助声势之雄，斯已

① 王韬《练水师》，《弢园文录外编》，中华书局 1959 年版，第 74 页。
② 王韬《制战舰》，《弢园文录外编》，第 77—78 页。

答案：

注①是段中引文

注②是提行引文

乙、注釋（Footnote）

學術性的歷史著作，是在蒐集、整理、研究和鑒定材料的堅實基礎上寫成的，而注釋則爲表明這一基礎最佳的手段。

注釋在歷史論文中有多方面的作用與價值，簡約言之，有以下數端：

第一、用以表明文中的某一陳述的可靠性根據，包括直接引文或間接引文的出處；

第二、用以表明研究者某一推論的由來，羅列證據，使讀者可據以自作判斷；

第三、可以用作對文中某一陳述或推論作追加的討論，減少正文因細節的擴大而產生的妨礙條理勻稱與文詞通順的流弊；

第四、對正文的論述，作出需要的補充，或臚列相關的論點，或訂正前人論證的錯誤或缺失等。

注釋不但使讀者能覆按及查核整篇論文論證的典據，也可以讓讀者得到更多的相關資料與知識。歷史論文一切的徵引資料，若不加上注釋，標明出處，便犯了抄襲或剽竊（plagiarism）之嫌，學術上是不容許的。

注釋主要有兩類：一類是說明資料出處的注釋，或稱引證（reference）的注釋；另一類是解釋內容的注釋，即對正文中的難點或問題點作必要的解說，又可稱爲內容（content）的注釋。

加注的方式有四種，即：文內附注（或稱夾注）、即頁附注、

章節附注及文末附注。

文內附注即在行文中所引的資料或論點之後，直接注明出處，不再將出處資料放在文末或其他地方注出。這種注釋必須用括號標明。文內附注是古人著書時常用的方式，例如班固《漢書》的《藝文志》便常有班固自己的夾注（並無用括號）穿插於正文之中。中國的古籍中的注疏亦常如此。近人的學術論文亦間有用此法的。不過，文內附注若用得太多，會把正文隔斷得零零碎碎的，不便閱讀，且破壞文氣。而且在文內附注實際上只能對資料出處作簡單的交待，不符近代學術著作要詳列徵引資料出處的嚴格要求。

即頁附注，又稱腳注，是注在當頁下端，即在一頁的頁腳部分加注。這種注是最便於閱讀的。也是目前多數學術論文使用的附注形式，腳注的好處，是不破壞文氣，又能使讀者在當頁中掌握最完備的資料出處。腳注的加法，要在正文與注釋之間劃一分隔橫線，把二者隔開，以免注釋與正文相混。

章、節附注，注釋放在一章或一節之後，徵引的資料更因不受篇幅所限而可詳盡臚列。這種方式在不少的學術專著中是常見的。當檢索注釋時不及即頁附注那麼方便，卻可節省篇幅，也方便排印。

文末附注，這是把所有的注釋放在全篇論文或全書之後，又稱尾注。尾注比章、節附注在檢索上又更難些，因此較少學術著作採用。若論文篇幅不大，注釋不多，則可考慮採用文末附注。若論文篇幅大而章節多，注釋亦多，應考慮用即頁附注或章節附注。

所有注釋均要在正文的相當位置中加上注碼，一般用①、②、

①的字樣寫出，注碼應寫在所注語句或引文後面上角（若是橫排文體）或右下方（若是直排文體），也有學者喜歡用 [注一]、[注二]、[注三] 的字樣。在文句未結束時，若要加注，注碼應加在逗點之前；在文句已結束時，若要加注，注碼應加在句點之後。

由於學術論文的注釋大多數是屬於說明資料出處注釋，這種注釋的注文常見的標準寫法是：

1、屬於近人著述的資料

例子一：作者 / 編者姓名 / 主編機構名稱，《書名》（出版地：出版者，出版年），頁碼。

例子二：作者名，〈篇名〉，《期刊名》卷期數（年月），頁碼。

2、屬於古人撰述的資料

（i）作者身份明確的

例子一：作者/編者，《書名》（排印本 / 影印本的出版資料），卷次，〈篇名〉，頁碼。

（ii）作者身份不明確的

例子二：《書名》（排印本 / 影印本的出版資料），卷次，〈篇名〉，頁碼。

至於解釋內容的注釋，一般沒有特別格式要求，但要寫得簡明扼要，及對正文的論述有需要作補充者。


示例二：

你認為以下數段注釋，有甚麼資料是欠缺的？

（i）林慶元，《福建船政局史稿》（福建人民出版社，1989），頁 6-7。

上注欠出版地：福州

正確寫法：林慶元，《福建船政局史稿》（福州：福建人民出版社，1986），頁 6-7。

（ii）林啓彥，〈五四時期嚴復的中西文化觀〉，《漢學研究》14 卷 2 期，頁 75-89。

上注欠出版日期：<u>1996 年 12 月</u>

正確寫法：林啓彥，〈五四時期嚴復的中西文化觀〉，《漢學研究》14 卷 2 期（1996 年 12 月），頁 75-89。

（iii）王韜，《弢園尺牘》（北京：中華書局，1959），頁 78-87。

上注欠篇名：<u>〈代上蘇撫李宮保書〉</u>

正確寫法：王韜，〈代上蘇撫李宮保書〉，《弢園尺牘》（北京：中華書局，1959），頁 78-87。

（iv）　陳獨秀，〈新青年罪案答辯書〉（蕪湖：安徽人民出版社，1987），頁 242-243。

上注欠書名：<u>《獨秀文存》</u>

正確寫法：陳獨秀，〈新青年罪案答辯書〉，《獨秀文存》（蕪湖：安徽人民出版社，1987），頁 242-243。

（v）傅蘭雅口譯，應祖錫筆述，《佐治芻言》，卷一。

上注欠出版資料及頁碼：<u>光緒丁酉慎記書莊石印本，頁 30</u>

正確寫法：傅蘭雅口譯，應祖錫筆述，《佐治芻言》，光緒丁酉（1897）慎記書莊石印本，卷一，頁 30。

丙、參考書目（Bibliography）

參考書目的編製，至少有兩點重要的意義：一是展現研究者對所研究的課題所下過的功夫。一個歷史課題經研究者多年探討的結果，必是把有關的研究成果及參考材料搜羅殆盡，功夫愈深，搜羅資料愈徹底，參考書目愈全面愈完備。一篇論文的好壞，有

時甚至可以從其參考書目是否完備與確當，而看出一些端倪。二是這樣的一份參考書目，將可提供該歷史課題最有用的參考資料。對於後來者，無論是有意繼續有關歷史課題未完部份的研究，抑或是希望開拓相關的新歷史課題的研究，他都可以用這份參考書目作為基礎，再作進一步的擴充，在蒐集材料方面，必能節省不少時間。一份充實可觀的參考書目，對學術研究水準的提升、研究時間的節約，都有難以估量的價值。

一篇歷史論文的參考書目，是由上面所述研究者開展研究活動以來逐漸形成的研究書目脫胎而來的。如果研究者在擇題與取材以後，即已據所擬好的研究書目，廣泛涉獵，細緻分析，隨時更新和增補，並把所曾參考及徵引過的資料記入書目卡中，他便可以按自己所訂定的分類方法，把該批書目卡加以編排，即成為其研究論文的一份參考書目。

一份歷史論文的參考書目的編製，有數項原則必須遵守：

第一、凡列入該書目的圖書資料，必須為研究者所曾真正引用或參考過的；如未曾真正引用或參考過的圖書資料列入書目中，而又不加以說明，是為欺罔；

第二、凡曾引用或參考過的圖書資料，應列入書目而實際未被列入，是為剽竊，或被視為抹煞證據，其有乖於學術的操守與前者同；

第三、凡屬鈔本、照片、顯微影片或影印本等，皆須註明，以表示複製品與原件的區別，因為原件尚有其他可以作為更重要史料的因素，不是任何複製品所能顯示的。

史學論文參考書目的編排方法，一般是以原始史料為先，二手史料為次，每一類的史料大致可以按作者或書名的筆劃多寡編

排先後次序，筆劃少的在前，多的在後，以便於讀者檢索。若文中曾參考較多的外文資料（如日文及西方語文），則宜另立外文資料一部，先按史料性質分類，再以作者或書名的讀音字母順序排列先後。

參考書目中，有多種類型的圖書資料，記法也不盡相同。

一、若爲古籍原刊本，應記下：作者名、書名、刊本。

如：（清）劉坤一等修、趙之謙等纂，《光緒重修江西通志》，清光緒六年刊本。

二、若影印古籍叢書，應記下：作者名、書名、叢書名、出
　　　版地、出版者、出版年及版次。

如：（清）和珅等撰，《欽定大清一統志》，臺北：台灣商務印書館，1983 年，影印文淵閣四庫全書本。

三、若爲近人專著，應記下：作者名、書名、出版地、出版
　　　者、出版年及版次。

如：余英時，《中國近代思想史上的胡適》，臺北：聯經出版事業公司，1984 年。

四、若爲期刊論文，應記下：作者名、篇名、期刊名、卷期、
　　　出版日期。

如：林啓彥，〈五四時期嚴復的中西文化觀〉，《漢學研究》，14 卷 2 期（1996 年 12 月）。

五、若爲學位論文，應記下：作者名、篇名、所屬學術機構
　　　名稱及學位稱號、畢業日期。

如：吳文星，《日據時期台灣社會領導階層之研究》，台灣師範大學歷史研究所博士論文，1986 年。

六、若爲學術會議論文，應記下：作者名、篇名、會議名稱、

主辦單位、會議日期。

如：沈松僑，〈我以我血薦軒轅 —— 黃帝神話與晚清的國族建構〉，「發明過去／想像未來：晚清的國族建構研討會」論文，臺北中央研究院近代史研究所，1997 年 6 月 20 日。

七、若為報紙論文，應記下：作者名、篇名、報紙名、版次、出版日期。

如：胡繩武，〈辛亥革命的歷史功績〉，《光明日報》「史學」239 期，1981 年 10 月 12 日。

八、未刊文稿或檔案文獻，應記下：作者名、文稿或檔案名稱、庋藏處所、保管狀況等。

如：張篁溪，《萬木草堂始末記》，未刊稿本，現藏廣東省社會科學院。

# 七、歷史著述的語言

歷史的著述，不論其旨在於述事功、論史義，抑為考史實，它都必須使用適當的語言文字來加以表述。若不善於選用一定的語言形式，任何歷史研究成果都無法表述出來，而甚麼史著、論文的編寫亦無從談起。因此，語言的表達，是歷史著述中絕不可忽視的一個部分。

杜維運在《史學方法論》第十四章「歷史文章的特性及其撰寫」對歷史論文應具的語言風格，有一番詳盡的說明，甚有參考價值。他指出，歷史家的文章有它自己的特性，它必須具備真實、通達與爾雅三項特性。

何謂真實？真實便是做到一字一句皆有來歷。這是歷史文章最不同於文學創作的地方。文學家可以任意馳騁想像，將某些事

實加以放大、渲染甚至虛構，只要有助於文學修辭之美即可。史學家卻須小心翼翼，做到一切史文必有所本，不能憑虛別構。誠如章學誠所言：「文士撰文，惟恐不自己出；史家之文，惟恐出之於己。……史體述而不造，史文而出於己，是爲言之無徵，無徵且不信於後也。」（《章氏遺書》，〈與陳觀民工部論史學〉）史著的語言，因此不能不有所因襲，有因襲原文獻的意旨而成文的，也有因襲原文獻的文字而成文的。不過，任何優秀史著的因襲成文，都非一味從事抄襲，而是注意到能有陶鑄熔裁。把龐雜的史料中，屬於古語的須加以疏通，屬於俚語的須加以潤色，於猥鄙繁冗之處，須加以刪削淨化，於誇張渲染之處，須留意不受其誤導，才能成就一家之言而不害史事的真。中國傳統史籍中的《史記》和《資治通鑑》，其遣詞用字，既有適當的修飾剪裁，又能不離史實的真象，可說是最能符合以真實語言述史的典範。

　　何謂通達？用詞繁簡要得當，使所要表達的史事，能以清楚明白的文字說明，然後才可以進一步求文字的淨美、生動與高雅。史家遣詞用字，不能繁複，也不能務求簡約；不能堆砌華麗詞藻，也不能模擬古代文體。做到這樣，才能使歷史文章不致失去其通達的特性。

　　何謂爾雅？爾雅是一種雍容祥和的表現。凡敘述一項史事，其事亟待針砭，而遣詞用語，不可戲謔輕佻，或充滿暴戾之氣。進行歷史上的新解釋，糾前人之謬，發千載之覆，態度須從容，詞氣須謙和，才能使歷史的柔美高貴氣質得以呈現。歷史文章要達到爾雅，要做到不露分析的痕跡，這是歷史文章與哲學文章不同的地方。哲學文章時時刻刻要分析的，而且要作犀利、明快的分析，隱約其詞，不是上乘的哲學文章。歷史文章的背後，是有

分析的辛勞存在的，歷史文章的論證，也處處要依循邏輯思考的
嚴格規範。不過，這種哲學性的分析文詞卻不宜過份表露，使文
章尖刻冷峻，應盡量使其圓滑而富有神采。除了雍容祥和，不露
分析的痕跡以外，潔美也是歷史文章達到爾雅的一個必要條件。
文詞潔美，讓歷史事實清楚生動地呈現，這是歷史文章不可缺少
的要素。潔美與歷史文章無法仳離，不潔美，歷史文章即難言爾
雅，歷史文章不爾雅，歷史的高貴莊嚴，即將盡失。

　　Shafer 在所著《史學方法論》中，對歷史論文的撰寫，在語
言運用上要注意的具體法則和限制，亦作出精詳的解釋，對從事
歷史論文寫作的初學者，裨益尤大。他從句子和段落的結構、用
字及文法等三方面說明歷史著述中適當使用語言的重要性。

　　一、首先，在句子和段落的結構方面，他認為每一個句子都
必須有意義，主謂語明確。而當使用名詞、形容詞、動詞以及修
飾副詞和短語時，要使它們彼此之間有密切的關係，令句子長短
錯落有致。一章的開頭，應用破題的陳述，在結尾時，有結論性
的句子收束。每一段落應由一個主題構成，或以相互關係緊密的
幾個主題構成。整段中句子的敘述，應該與該主題或各相關主題
聯繫起來，與主題無關的句子，應予刪掉。段落之中，每一句子，
或段與段間的句子，都應能做到上下呼應，互相連屬的關係。段
落之間，或句子之間，要謹慎使用轉折語或關聯語，如：雖然、
但是、此外、無論如何之類，但切忌過於頻繁使用。段落長度並
無規律，但也不宜過少，一句話式的段落則應少用。

　　二、其次在用字方面，Shafer 氏認為歷史論文的遣詞用字要
以精確為第一要義。其次是引起注意。精確毋須多說，吸引人們
注意是要使歷史著作的文字力求鮮明生動、感染力強，人們才不

致對歷史的著作感到枯燥乏味，望而生畏。要做到上述的效果，以下幾項用詞的原則是要遵守的：

在行文中應重視名詞和動詞，使它們承擔句子的主幹角色，而形容詞和副詞應少用。例如：「勤勉的踏實的查理五世長期地艱苦地埋首工作，卻沒有把他認爲是致命的可恥的新教邪說的傳播成功地控制在最少限度範圍內。」應改爲更簡潔的一種表達方式：「查理五世一生致力於擊退新教，但收獲有限。」

與上一原則同，要避免故作驚人之語，或爲了聳人聽聞製造刺激的效果而出現過多和不必要的矯飾描述。

空洞陳腐、蒼白無力的詞應避免。盡量使句子中重要的詞發揮作用，而不僅僅具備修飾作用。

精確地使用詞語。例如：「紊亂」一詞，有它本身確切的涵義，它不是僅僅表達廣泛的社會動亂，它的範圍要大得多。始終、絕不之類的詞彙，應當盡量少用。

不應該用晦澀術語和時髦新鮮的表達法，這樣才能強化文章的意義，增加文章的典雅性。寫作中運用晦澀術語，會傳達給讀者一種難以明瞭或不正確的意義，好用時髦新鮮的詞彙有時會破壞了文句真實的意義。例如：用「決定性的」（crucial）這個時髦詞彙來形容足球賽，會使一個強力的詞的意義大爲走樣。

風行一時的語言有時候會流於俚語。像「南北戰爭有點來去匆匆」這樣的話語，是不宜用在史學著作之中的。粗話更不能用在典雅的歷史論著中。

謹慎地使用連接詞或短語，例如：但是，然而之類。說：「拿破崙是一個偉大的將軍，然而，他是一個獨裁者。」然而的用法便不妥。較好的用法應該是：「拿破崙是個偉大的將軍，他也是一

個獨裁者。」或者說：「拿破崙是個偉大的將軍，然而，這並不意味他的軍事判斷不會失誤。」這也是正確的表達法。

小心不要誤用定冠詞和不定冠詞。例如：「一個中國的皇帝有一次綁架了中亞的那個美麗公主。」較合適的寫法是：「一個中國的皇帝有一次綁架了中亞那個王國的美麗的公主。」

以英語寫作歷史論文，特別要注意動詞與介詞的接合，要清楚辨別其不同的意義。例如：dance in the tune of 是意味某人亦步亦趨地緊跟另一人的作風調子，而 dance in tune with 是指隨著節拍起舞；agree to（同意某事）與 agree with（同意某人）也有不同。

三、文法方面，任何語文都有各自的文法結構，英文的歷史論文應從屬於英文的語法結構通則，Shafer 舉出了多點，我們應仔細玩味。

而中文的語法結構與英語不盡相同，我們撰寫歷史論文時也應注意力求符合中文語法通則，做到句子結構完整、通順流暢，盡力杜絕錯字、病句的出現。為此，我們應時刻留意，多向語法學者請教，以改正錯誤。

一篇歷史論文，在文句的結構和用字遣詞方面，若能達到上述種種的語言表達上的客觀要求，便可說是一篇成功的史學著作。

# 八、結　語

以上，我們論述了撰述歷史論文的各項需要注意的工作程序，包括了擬題、取材、擬定研究綱目、編配與組織材料等。當完成上述的程序後，史學研究者便可構思寫作綱要，動筆著述，把自己對研究的課題所獲得的成果，以完整的一幅歷史圖象，用

恰當的文字，嚴謹的篇章結構，加以表述。為此，他有需要遵循歷史論文在遣詞用語方面的標準與原則，以及語法學上的要求與規範，來從事撰述。此外，還應符合歷史論文的標準格式要求，在引文、注釋和參考書目等方面做到正確和完備，讓論文本身的述事與說理建立在一個非常穩固的學術基礎之上。只有如此，一篇成功的史學論文才能誕生。

## 附錄：本文主要參考書目

R.J. Shafer 著，趙幹城、鮑世奮譯《史學方法論》（臺北：五南圖書出版有限公司，1996）第九章、第十章，頁 211-263。

杜維運《史學方法論》（臺北：華世出版社，1979）第十四章、第十五章，頁 233-265。

《王德昭教授史學論集》（香港：《王德昭教授史學論集》編輯委員會，1985），頁 52-58。

趙吉惠《歷史學方法論》（成都：四川人民出版社，1987），頁 308-317。

吳澤《史學概論》（合肥：安徽教育出版社），頁 222-230。

本文原載於《歷史教育論壇》第 7 期（2000 年 12 月）

# 1.2　十九、二十世紀中國新史學的興起

## 一、引　言

十九、二十世紀間，中國的史學經歷了一次重大而本質的轉變，足以用「新史學」之名來予以概括稱述。本文旨在探討近代中國新史學興起的由來與過程，並對此一嶄新的學術傳統的成就與貢獻進行初步的整理和評估。

## 二、新史學的興起

中國史學的演變到清末以後，踏入了一個重要的發展時期。此一時期實可視爲中國史學由傳統到近代的轉化。或者說，是中國史學的近代化時期。

學者一般認爲，中國史學的近代化歷程肇始於梁啓超於 1901 及 1902 年發表兩篇對史學革新有重大影響力的論文，即〈中國史敘論〉及〈新史學〉。梁氏於文中高唱史界革命的時期已到來，而且極爲迫切，他說：「史界革命不起，吾國遂不可救。悠悠萬事，

惟此爲大。」[1]自此以後，梁氏在文中所倡議史學上的種種改革，便在中國史學界得到了支持、回應和落實，新史學的時代正式來臨，而新史學之名亦不逕而走。

梁氏倡導的史學革新，扼要言之，有如下的一些要點：

一、須重新確定著史的目的和對象。針對傳統中國史學以歷史爲統治者垂訓示鑒以及對個人德業進行褒貶的功能，梁氏認爲著史的目的應該在揭示人類文明進化之跡，並求得人群進化的公理公例，藉以教導國民增進幸福於無疆。歷史要爲民而寫而非爲君及統治階層而寫。

二、須重新界定中國史的範圍。要以中國爲世界主要文明區之一，敘述其文化演進的往蹟，不應再以天朝上國的觀念看待世界多國多民族，主張民族間應增進瞭解，互相學習。

三、歷史應強調進化與競爭的觀念，認識地理、人種與歷史發展的密切關係，在歷史中應加強民族主義意識的教育，務使國民能產生一強烈的愛國愛種之心，以競存於世。

四、反對舊史中的正閏之爭、治亂循環之說，主張廢除帝王紀年，引入西曆紀年或孔子紀年。用正確的歷史分期取代皇朝興替的格局來論述中國社會進化的真正階段和歷程，提出中國歷史可分上古、中古、近世三期的發展過程。

五、主張史書體裁應有創新，反對沿襲編年、紀傳等舊體著

---

1 梁啓超：〈新史學〉，《飲冰室文集之九》（北京：中華書局，1989），頁7。

　　史，提倡以紀事本末爲敘史的原則，主張多寫專史，如
　　種族史、財富史、宗教史、學術史等。總之，要打破傳
　　統史書以政治和軍事爲主要題材的局限，而擴充爲文化
　　史的著述體裁。

　　梁氏這些史學的新觀點，確實對二十世紀以來中國新史學的
發展有重大的指引作用。不過，中國近代新史學的興起，不能單
純視爲梁氏的首倡之功。事實上，新史學潮流的形成，應從下面
幾項重要的歷史和學術的因素來解釋。

一、史學的功能，從十九世紀中葉以來，已不斷有學者重新
　　檢討和思考。章學誠提出「六經皆史」的概念，已大幅
　　地提升史學和歷史知識的社會價值。以前的學者認爲經
　　以載道，經以識理，章氏事實上已認爲史以載道，史以
　　識理。到了龔自珍，便直截指出：「欲知大道，必先爲
　　史」[2]，又說：「史之外無有語言焉，史之外無有文字焉，
　　史之外無有人倫品目焉。」[3]又認爲欲滅人之國必先去其
　　歷史，可見歷史與國族存亡的重大關係。自魏源以下，
　　經王韜、黃遵憲，到康有爲、梁啓超，無不以史學的著
　　述和歷史知識的追求與國族的盛衰興亡連繫在一起，並
　　藉以推動中國的改革事業。至於撰寫民史的觀念，較早
　　仍可追溯至唐才常、譚嗣同辦《湘學報》的時期。唐才
　　常在《湘學新報》發表〈史學論略〉一文，有云：「故
　　西國之有君史又有民史者，誠重之也，誠慎之也。」[4]

---

2　龔自珍：〈尊史〉，《龔自珍全集》（香港：中華書局，1974）上冊，頁81。
3　龔自珍：〈古史鉤沉論二〉，同上書，頁21。
4　唐才常：〈史學論略〉，《唐才常集》（北京：中華書局，1980），頁42。

二、從鴉片戰爭以還，大量的西洋史著作經由傳教士和中國知識分子的譯介到中國來，這些著作從體裁到內容方面，都與傳統中國的史著大為不同。正因受此影響與衝擊，已有不少的史學著作，不管是出自中國人抑外洋人之手，已早於梁啓超倡導史書新體例之前，在中國社會普遍被接受，有些作品還甚流行。例如王韜的《普法戰紀》，便是明顯的例子。梁氏提倡史著應以紀事本末為撰寫原則，改用西曆紀年、廢除紀傳編年，代以章節或專題式的敘史方式、在十九世紀流行的史著中，都非新事。

三、清末進化論思想的輸入，確實對中國史著的主導思想的形成有莫大的影響。進化論的思想由嚴復於甲午戰後首先介紹到中國，以作為驚醒國人認識國族危機，力求變法圖強免受種族淘汰的重要思想武器，戊戌變法前後中國社會出現的一批最早期的歷史教科書，包括那珂通世《支那通史》（1899）、樊炳清譯桑原騭藏的《東洋通史》（1899）、以及稍後的章太炎、劉師培等有關中國歷史教科書體例的建議，曾鯤化、夏曾佑、陳慶年等於1903年出版的《中國歷史教科書》，都著重以民族進化的角度論述中國歷史，而這些著作的觀點乃至內容體裁，所受日本人的著作的影響亦歷歷可見。梁啓超應為此一高唱民族主義和進化論思潮引入史學著述中最先的一群人物之一。

四、乾嘉考據學的治史傳統，經清末公羊學派康有為、崔適等學者的承繼，用於對先秦史籍真偽的考訂上，掀起了

一片疑古之風。重建中國古代可信的歷史資料和歷史傳
統，成爲清末民初史學界重要的任務。梁啓超在〈新史
學〉中倡言著客觀信實之史，自屬有感於要達成此一時
代任務而發。觀梁氏與同期的一批留日學生，通過日人
譯介的西方史學方法著作，把德國和法國學者有關史學
研究和鑑證史事的理論與技考傳入中國，明顯地有助於
傳統中國的考據史學向近代的實證史學完成順利的過
渡。

## 三、新史學的發展分期

　　近代中國新史學興起和發展的歷程可概分爲三期。第一期約
從 1840 前後到 1894；第二期由 1895 – 1911；第三期由 1912 – 1930
年代。

　　第一期以撰述世界史地著作爲主。由於受到了鴉片戰爭和多
次對外戰爭失利的刺激，中國學術界開始放棄中國中心的史觀，
積極尋求認識世界的新趨勢，以達到知己知彼的目的。此期的學
者藉著洋人的幫助，從事翻譯和撰述東西洋諸國歷史的工作，一
方面藉著報導外洋國家富強經驗與歷史以作爲中國變法的參考，
一方面亦借此擺脫傳統史書的舊體例而模索一種新體裁的敘史之
法。此期的新史學著作以採納西洋史著的形式與內容，敘事則以
經世識時爲主。自林則徐著《四洲志》以來，魏源、徐繼畬、梁
廷楠、王韜、黃遵憲等史家的著作，皆沿此風。期間更有不少傳
教士的譯作。綜觀全期的史著，大抵均能破除紀傳表志體的舊規，
放棄編年而以敘事本末爲主流。此期史書多以志或志略爲名，外
貌雖似舊史體，實則敘事的方式和選材內容已大異於舊史。開日

後國別史和專題史寫作的先河。最典型的例子如黃遵憲的《日本國志》（1887）和王韜的《法國志略》、《普法戰紀》（1886）等。1897-98年見於《湘學新報》上唐才常所撰的〈史學書目〉，備受知識界的重視者十之八九爲西洋諸國的史志。康有爲、梁啓超在變法期間撰寫的與鼓吹變政有關的史著如《俄大彼得變政記》、《日本明治變政考》、《波蘭滅亡記》等書，都受此期西洋史著的著述形式和內容的影響。

第二期是中國近代歷史教科書創作的活躍時期。由於梁啓超、章太炎、鄧實等學者大力提倡撰寫簡明扼要，便於普及歷史知識的「民史」，中國近代第一批通史體的歷史教科書便應運而生。這批史著大多受日人《東洋史》著作的規模和體例的誘發或影響而撰成，目的不外大張民族主義的意識和灌輸文明進化的史觀。其中較具代表性及有較大影響力的著作有：那珂通世漢文版的《支那通史》（1899）、桑原騭藏著、樊炳清譯的《東洋通史》、曾鯤化的《中國歷史》（1903）、陳慶年的《中國歷史教科書》（1903）、夏曾佑的《最新中學中國歷史教科書》（1903）（1933年重版，改名爲《中國上古史》）、劉師培的《中國歷史教科書》（1904）。以上這批通史體的教科書，都有一些共同的特點，如：一、破除王朝體系及其紀年方法；二、以民族進化的歷程爲依據劃分歷史的進階，正式用新的歷史分期法述史；三、注意政治史以外的文化史、社會史的發展。完全能做到文簡而事賅，因事命篇、首尾相續、使紛繁的史事有條不紊地組合起來，使讀者很快能掌握中國歷史發展的主要趨向、以及民族進化的軌跡，大有益於國民基礎教育的展開。這是傳統史著對一般國民所無法收到的效果。

　　第三期的新史學是以介紹西洋的歷史研究法和歷史哲學為主要任務，結合西洋史學知識和中國傳統的治史方法處理新舊史料，以撰述可信（實證的）及有經世效用的國史為學者治史的鵠的。關於西洋史學理論及研究方法的介紹，一方面有清末的留日學生所做譯介工作，所傳的史學理論多從德國的蘭克和法國的朗格洛瓦系統的史料分析學為主；另一方面則有民初留學東西洋的學生所做的譯介工作，除了蘭克的史學外（如傅斯年、姚從吾等），尚有美國的實驗主義和馬克思、恩格斯的歷史唯物論等歷史哲學的傳入（如胡適、何炳松、李大釗、郭沫若等）。學者應用這些新的治史理論和方法，結合乾嘉樸學的傳統，遂開始了民初辨古史和證古史的學風，一時名家輩出，多以科學方法考史，並以整理國故相標榜，其中最為人所樂道的史學大師有王國維、陳寅恪、陳垣、顧頡剛、胡適、傅斯年、錢穆等。至二十年代更由於馬克思歷史唯物論的風行，促成了三十年代中國史學界關於中國社會性質的大論戰，左翼的史家因此而聲名鵲起，如郭沫若、翦伯贊、呂振羽等。中國近代史學由此而正式分裂為兩途發展。一途是堅持歷史以求真為先，講求治史的客觀態度，對史事能做到明變、求因即屬滿足。另一途是主張歷史以求用為要，講求治史的實用價值，對史事不滿於明變、求因為終極，尚要提出批判，說明其所以然的道理。此種情況乃為新史學興起以來由於史學研究在求真與致用兩大目標上不同的偏重所發展成的必然後果。

## 四、新史學的成就與建樹

　　在長達差不多一個世紀的近代中國新史學的演變過程中，到底有那些重要的史學成果及史學流派足以作為這個時期的特長和

代表？過去曾有不少學者做過有關的整理和評估工作。周予同的
〈五十年來中國之新史學〉、錢穆的《國史大綱》的〈引論〉、顧
頡剛的《當代中國史學》和許冠三的《新史學九十年》等，可說
是就此問題論述較詳明的幾種作品。不過從討論的重點、時代起
迄先後，史家所屬的派別等項來看，彼此的見解仍有顯著的不同。
尤其對某些史家應劃入那一派，更是眾說紛紜，莫衷一是。以胡
適為例，歸入方法學派或考證學派，固未嘗不可。若陳寅恪的著
作，更不能局限於史料學派的範疇。其考證的精確，視王國維的
成績，不遑多讓；其識見的閎深，視某些釋古史家當有過之。至
如錢穆的史學，實於信古、釋古、考古三者兼而有之。因此，筆
者嘗試以經世史學、文明史學和實證史學來歸納此一時期不同類
型的三類史學作品。第一，凡以歷史知識，應用於改革事業，以
促進中國富強和民族的昌盛為目的的史學著作，都屬經世史學。
例如魏源的《海國圖志》，是為了「師夷之長技以制夷」而作；黃
遵憲的《日本國志》詳細論述了日本自明治維新以來的政治、經
濟、教育、學術文化各方面的變革，「意在借鏡而觀，導引國人，
知所取法」[5]；錢穆撰成《國史大綱》，為要激發國人寶愛自己國
家的歷史與文化，認識民族的生命力，以加強中國民族抗戰建國
的信心，他在該書的〈引論〉中指出：「斷斷無一國之人，相率鄙
棄其一國之史，而其國其族，猶可以長存於天地之間者。」[6]此與
龔自珍的「尊史」之論，有異曲同工之妙。第二，凡歷史著作，
以闡述中國文明發展的情況及社會生活的各面，又或以比較文化

---

5　黃遵楷：〈公度先生事實述略〉，轉引自盛邦和《黃遵憲史學研究》（上海：
　　江蘇古籍出版社，1987），頁 75。
6　錢穆：《國史大綱》（臺北：台灣商務印書館，1960），〈引論〉，頁 29。

的角度論述世界各地民族的精神風尚、思想性格、文藝學術、宗教、政法等方面特色或異同的，都屬文明史學。當梁啓超大力倡議撰寫民史，強調史書應注重普遍人民文化生活的論述的時期，由於大量有關東西洋文明史的譯著由日本迻譯到中國來，例如有：福澤諭吉的《文明論概略》、田口卯吉《支那文明小史》和《東洋文明史論》、高山林次郎的《世界文明史》和民友社編的《歐洲文明進化論》等書，乃掀起了此後中國史學界撰寫文化史、文明史專題的風氣。劉師培的《中國歷史教科書》乃以全新的角度寫中國歷史，實際是中國文化史著作的先驅。他於書中分五大部分敘述中國文化進步的史跡，包括：1.歷代政體之異同；2.種族分合之始末；3.制度改革之大綱；4.社會進化之階級；5.學術進退之大勢。此書下啓梁啓超、柳詒徵、陳登原、錢穆等人的文化史論著的塗轍。商務印書館亦於 1930 年代出版一套有關中國文化史的專題叢書（計劃共出 80 冊），可視為戰前文明史學的總成果。至於二十年代以來環繞中西文化問題的論戰所出版的大量比較中西文化優劣異同的論著，仍可謂此文明史學的影響下的學術成果。

第三，凡於歷史著作中，援用中國傳統的考據學方式或西洋歷史研究理論與方法，或二者兼用，以辨證史料的真偽、史事的信妄，為撰述確實可靠的信史而做好準備，這類的作品都屬實證史學。實證史學可分為疑古派和考古派兩大支。疑古派以證偽為主，為要掃除虛假史料和虛假史事，以還歷史以原來的面目為職志。這派最有代表性的學者有顧頡剛、胡適和傅斯年，其中尤以顧氏所提出的「層累地造成古史」的理論最具影響力。民初的古史辨運動就在這種學說指導下而形成的治史熱潮。考古派以考信為主，為要發掘可信史料和可信史事，以豐富古史的真面貌為職志。這

派最有代表性的學者有王國維、李濟、陳寅恪、陳垣等，其中尤以王國維的成就最大。王氏提出「二重證據法」，利用地下史料與文字史料互證，從而檢出古史中可信的記載。王氏甚至利用所謂僞書與文學作品考證古史的可信部分，不但掃除疑古派對古史記載的諸多疑慮，更大幅擴大了史料的基礎與範圍，對繁榮古史的研究，貢獻尤多。其後李濟利用大批考古發掘資料重建中國上古的歷史，陳寅恪、陳垣等利用大量史部以外的資料，不同語文資料、宗教和文學資料證史，也都可說是王國維開創的實證史學學風的承繼和發展。

# 五、總　結

近代中國新史學的誕生，基本上由於西方史學思想、史學著作及史學研究方法內輸的影響而成，而乾嘉以來的考據史學和清末的今文經學的活躍以及新史料的湧現，也爲此一新史學傳統的出現提供有利的條件。無論從史書體裁的更新、新史觀的產生以及史學研究理論的建立等各項的成果和表現看來，十九、二十世紀間興起的新史學不但對中國固有的史學傳統帶來突破，且更爲日後中國史學發展揭示重要的方向。

本文原載於《歷史教育論壇》第 3 期（1997 年 12 月）

# 1.3 廿一世紀中國歷史教育改革芻議

廿一世紀對中國人來說，應該是一個重視建設、重視繼承、重視對固有優秀文化的累積、和重視對民族的重新認同的時代。廿一世紀中國的國民教育，也應循此方向、本此精神以策劃、以開展。中國歷史科的教育，尤應如此。

往者已矣。與其懷悔或譴責過去中國和香港地區教育當局對歷史教育所犯的失誤與偏差，不如積極地謀劃今後富有民族意識和文化意識的歷史教育的新天地。

個人認為，一向以來香港地區中國歷史科的教育，都過份重視政治史尤其是治亂史的講授，而對於經濟發展和社會文化演進的歷史，則甚少關注。在對中國近代歷史的論述上，這缺點尤其顯著。多數的歷史教科書，都擺脫不了一種強調滿漢種族矛盾的史觀，或者是譴責封建王朝而提倡革命鬥爭史觀所產生的歷史解釋的影響。我姑且把這種史觀概括名為「否定的史觀」。我曾粗略地看過坊間一兩種中學歷史教科書對十九、二十世紀中國歷史的描述，結果發現總體的印象和結論是要讀者對近代以來所有當政的政府產生一種離棄和討厭的心理狀態，對他們一切施政的措施很少作正面的評價，使人覺得他們的管治一無是處。對清廷、對

北洋政府、對國民黨政府、對共產黨政府，無不如此。這都是這種否定的史觀所造成的教育效果。我認爲這對發展健康的、理性的民族文化教育是不利的。我不是說，這些政府的施政不容批判，只許擁護，而是說，我們如何能夠在這種歷史的認識之中，養成國民愛護國家，並以積極的態度來幫助政府改革進步呢？

對近代一部歷史，個人認爲理應要重寫。現只舉一例說一說。近代中國教育的改革，清朝政府的功勞是重大的，由派遣留學生，到創辦新式學堂，到課程改革，到學制改革，乃至科舉制廢止，無一事不對近代中國的社會進步、學術文化革新，和民智改進有正面的作用，爲什麼我們不大書特書呢？北洋、國共兩黨統治時代，何嘗沒有可以稱述的文化、社會、經濟乃至政治外交上的成績？

我建議我們香港地區的史學工作者，應開始考慮以一種公正的、實事求是的、民族的和國民的立場來評論十九至二十世紀清廷的統治和民國以來的政治、經濟、社會以及學術文化建設上的成就。我認爲這是一種「肯定的史觀」，只有以這種史觀來治史論史，歷史學科的價值才能顯彰，我們的民族才懂得如何珍惜和累積自己的文化上的成就，才能對自己的民族孕育出一種由衷的摯愛。

本文原載於《歷史教育論壇》第 1 期（1996 年 12 月）

# *1.4* 近三十年來香港的
# 孫中山研究

　　孫中山一生的事業和香港有過甚深的因緣。孫中山的青年時代在香港度過，他的正規西方教育也是在香港完成的。自一八九四年興中會成立以來，孫中山領導和策劃的反清革命活動，每多以香港爲重要的基地。一九〇五年同盟會成立以後，香港更成爲同盟會南方支部的所在地。可以說，在辛亥以前，香港與孫中山的革命事業幾乎維持著最密切的關係。故此，評介香港的孫中山研究狀況，不只爲有興趣研究孫中山的學者所樂於聽聞，而且也是一椿十分有意義的事。

　　若與中國內地及台灣比較，在過去三十年中，香港的孫中山研究的成果，只能說是差強人意而已。真正有學術水準的孫中山研究，在六十年代中才開始出現。六十年代中期以前，不要說孫中山的研究，就是中國近代史的研究，也還只是一片未闢之地。當時香港唯一的公立高等學府 —— 香港大學之內，唯有中文系的羅香林教授出版了幾種有關孫中山早年在香港的活動和事蹟的考訂文章。[1]除此之外，當時香港幾家私立的大專學院，如新亞、崇

---

1 羅氏曾著有《國父之大學時代》、《國父家世源流考》及《國父的高明光大》
　　等書，均多屬考據文字。

基、聯合、浸會等，雖均有自己的學報刊行和不乏講授中國近代
史的課程，但對孫中山的研究，始終仍付之闕如。

　　一九六三年，香港中文大學成立（成員學院有新亞書院、崇
基學院、聯合書院），中國歷史文化的研究，才漸受社會的重視，
而中國近代史的研究，才增加一重要的基地。一九六六年，王德
昭教授受聘來到中文大學新亞書院講學，方為中文大學的近代史
研究和教學，特別是孫中山的研究，奠下良好的基礎。王教授來
港以前，曾於一九六二年在台灣出版了《國父革命思想研究》一
書，這可以說是一部較早期的以學術角度論衡孫中山早年思想演
變的重要著作，對中大學生的教育和啟發，作用甚大。王教授於
六十年代末、七十年代初，指導學生撰寫辛亥革命時期史事的碩
士論文有多篇[2]，自可視為王氏欲開展孫中山研究的一種嘗試。自
一九七〇年起，王教授移席聯合書院，近代史研究之風氣，遂於
聯合書院校園內熱烈掀起。一九七一年，聯合歷史系學生會主辦
了「辛亥革命六十周年學術討論會」，高度評價孫中山先生在辛亥
革命中的功績。此後數年間，又於其所出版的學術刊物《史潮》
上，刊出有關孫中山的專題研究或演講記錄多篇。[3]王氏於一九七
七年自中文大學退休，惟其對孫中山晚年之思想，仍孜孜不倦地
繼續研究。自一九七七至七九年間，他以英文發表了三篇研究孫

---

2　王德昭教授曾指導學生寫過的碩士論文有：林啟彥：《留日學生與辛亥革命》
　　（1972 年，未刊）；陳萬雄：《新文化運動前的陳獨秀》（1975 年，1979 年中
　　文大學出版社出版）；周佳榮：《蘇報與清末政治思潮》（1976 年，日本廣島
　　大學碩士論文，1979 香港昭明出版社初版）。
3　主要的論文有：李宏憲：〈辛亥革命期間的孫中山先生〉（《史潮》第 9 期）；
　　賴莽天：〈孫中山的民生思想〉（《史潮》，新刊號第 1 期）；王德昭：〈孫中山
　　的聯俄政策及其對中國革命的影響〉（《史潮》，新刊號第 4 期）。

中山晚年政治思想的論文[4]，廣受海外學界所推重。王氏在同期亦指導研究生完成了兩篇有關孫中山研究的碩士論文。[5]一九八一年，中文大學學生會出版了《辛亥革命七十周年紀念特刊》，刊出多篇師生的論文，足可反映中大校園內重視中國近代史研究風氣的一斑。毫無疑問，七十年代以來，中文大學的孫中山研究傳統的建立，特別是以非正統立場（國、共兩黨以外的立場）考察孫中山思想演變的研究的展開，王氏的倡導和培育，居功至偉。

　　羅香林教授從香港大學退休後，於一九七四年轉任香港珠海書院文史研究所所長。珠海書院為一台灣國民黨政府資助的高等學術機構，一向頗為重視孫中山三民主義之教學，自羅氏掌研究所事以來，更對推動孫中山的學術研究，大有助益。羅氏為一稔於香港史及孫中山早年事跡及掌故的專家學者，以此之故，香港史之研究及孫中山與香港關係之類的研究，均由其門人弟子繼續發揚推廣。[6]珠海書院於一九八一年為慶祝辛亥革命七十周年，更召開了一次國際學術會議，主題為「孫逸仙博士與香港」。與會者包括本港及台灣、歐美、日本、星加坡等地學者六十餘人，可謂

---

4 計有：1. The Nationalism of Dr. Sun yat-sen; Its Last Phase（1919-1925），（1977）; 2. The Impact of the May 4th Movement on the Revolutionary Thought of Dr. Sun Yat-sen（1979）; 3. The Influence of the First Entente with Soviet Russia and the Chinese Communist on Dr. Sun Yat-sen's Thought of Revolution（1979）。

5 計有：1. 陸文彬：《孫中山與第一次國共合作 —— 三民主義思想的發展與三大政策的採用》（1978）; 2. 李學全：《孫中山的外交主張：原則和策略》（1980）。

6 有關的論文，主要有：林天蔚：〈七十年來的香港史研究〉，《珠海學報》第 12 期，1981；蕭國鍵：〈香港史研究書目〉，同上誌；余偉雄：〈孫逸仙博士策進革命運動與香港的關係及香港所保存的革命史蹟〉，《珠海學報》第 13 期，1982。

香港學術界近年來罕見的一次學術盛會。會後更出版了厚達四百餘頁的論文集，收錄孫中山研究的論文達三十餘篇，其中接近半數爲香港學者的新作。因受此次會議的刺激和啓發，部分與會的學者成立了香港孫中山學會，於一九八三年更創刊《中山季刊》雜誌，宗旨爲研究及發揚孫中山先生之學術思想，現已出版了兩期。此項創舉，似欲爲香港地區的孫中山研究揭開新的一頁。

總括過去三十年間香港的孫中山研究概況，無可否認，成就最大者爲王德昭及羅香林兩位先生。他們二人幾可視爲香港的孫中山研究的兩個主要學派的宗匠。王教授的孫中山研究，長於對中山先生思想演變的分析。以清季至民初中國思想發展之大趨爲背景，論述孫中山所受時代思潮的激盪，兼追溯其西方近代思想和中國傳統思想之源，並申論經其本人融會貫通之處，從而乃得以完整地、具體地和平實地評估孫中山先生思想之進步性及其時代意義。王氏逝世後，其近代史的論文交由國內中華書局編集刊印，有關孫中山的論文，亦全數錄入，書名爲：《從改良到革命》。羅香林教授的孫中山研究，以史料整理及掌故考訂見長。雖對於孫中山革命思想的內容及他後期的事蹟，注意較少，但於孫中山先生早年在香港的生活，所受教育的情況，與香港知名人士的關係以及若干的革命軼事軼聞，固已論證詳確，後人鮮能超越。近年來，有部分學者開始重視孫中山先生民主革命思想與傳統中國儒家政治理想的關係的闡釋，多年前逝世的徐復觀先生可謂其中的代表者，浸會學院歷史系劉家駒先生曾撰文予以抉發[7]，此或可成爲今後孫中山研究開拓一新路向。

---

7 劉家駒先生撰有：〈徐復觀政治思想脈絡試析 —— 徐復觀所瞭解的孫中山先生〉，見《展望》第 498-502 期（1982/11 - 1983/2）。

　　除此以外，香港大學歷史系一向有一香港史教學及研究的傳統，早年的學者如 E.J. Eitel、G.B. Endacott，較近期的如 Alan Birch，都有關於香港史研究的專著；亞洲研究中心方面，則有 James Hayes 氏，曾發表多篇有關香港區域研究的論文，貢獻甚大；至於中文系方面，則以林仰山、羅香林兩教授成就最高。港大整理及研究香港地區的歷史，堪稱碩果纍纍。這又給予新一代的香港學者研究孫中山問題很重要的啓發和幫助。港大歷史系的霍啓昌先生及中大歷史系的吳倫霓霞女士均能運用第一手的香港史料（包括港英政府的殖民地檔案、英政府的外交部檔案以及香港早期的報刊雜誌等），對孫中山及其革命同志早年在香港活動的實況，加以核正和申論，而卓有成績。這種以香港史的立場來看近代中國的歷史問題的研究風氣，於香港學界，近正方興未艾。[8] 可以相信，今後香港研究的進一步發展，必將有利於孫中山及辛亥革命研究課題和領域之開拓。

　　展望將來，香港地區的孫中山研究及辛亥革命研究，將因新一代的學者的逐漸成長而得有更進一步的發展。今後香港學界對孫中山及辛亥革命的研究，最主要的貢獻，將有兩方面。第一，繼續發掘及利用香港本地的原始文獻，以增進學者對孫中山和革命黨人早年在香港活動的實況的瞭解。第二，繼續善用香港特殊地位及較優越的物質條件，充分利用學術資料入手及流通的便利

---

8 有關的學者論文比較多，現僅錄出較主要者：Ng Lun, Ngai-ha（吳倫霓霞）："The Role of Hong Kong Educated Chinese in the Shaping of Modern China"（中文譯名：〈香港知識份子對近代中國形成的貢獻〉），*Modern Asian Studies*, Vol. XVII, no. 1, 1983。吳倫霓霞：〈孫中山早期革命活動與香港〉，1984 年廣州孫中山學術討論會提交論文。林啓彥：〈清季中國的近代化運動與香港知識份子〉，《香港浸會學院學報》第 11 卷，1984。馮培榮：〈孫中山先生眼中的香港〉，《歷史系年刊》（香港浸會學院歷史學會刊行）第 4 期，1985。

和學術研究自由開放的環境，建立一個能面向世界、兼收並蓄，同時又具有民族立場的國際性學術重鎮，以令孫中山的研究，可以在一個更客觀的、多元的、實事求是的基礎上，取得更美好的成績。

## 附：近三十年香港孫中山研究論著目錄[*]

### 甲、專書

羅香林：《國父之大學時代》，臺北，台灣商務印書館，1954。
羅香林：《國父家世源流考》，臺北，台灣商務印書館，1954。
鄒聲編：《孫中山 —— 中國人民偉大的革命兒子》，香港，中華書局，1957。
新地出版社編：《偉大的孫中山》，香港，新地出版社，1957。
王德昭：《國父革命思想研究》，臺北，中國文化研究所，國防研究院印行，1962。
羅香林：《國父的高明光大》，臺北，文星書店，1965。
羅香林：《國父在香港之歷史遺蹟》，香港，珠海書院出版委員會，1971。
羅香林：《國父之家世與學養》，臺北，台灣商務印書館，1972。
陸文彬：《孫中山與第一次國共合作 —— 三民主義思想的發展與三大政策的採用》，香港中文大學哲學碩士論文，1978。（未刊，指導教授，王德昭）

---

[*] 所收書目亦包括香港學者在外地出版的著作及外地學者在本港學術雜誌上發表的論文。

李學全：《孫中山的外交主張：原則和策略》，香港中文大學哲學碩士論文，1980。（未刊，指導教授：王德昭）

## 乙、論文

簡又文：〈國父的青年時期〉，《新希望》第 55-57 期，1955/ 3。

羅香林：〈國父革命主張對於何啟與鄭觀應等之影響〉，《國父九十誕辰紀念論文集》（臺北，中華文化出版事業委員會）第 1 冊，1955。

許家驥：〈國父香港學醫考〉，《暢流》第 24 卷 6 期，1961/ 11。

高桂芬：〈孫中山先生的大學時代〉，《東方》第 16 期，1965/ 11。

羅香林：〈國父在香港之歷史遺蹟〉，《國父百年誕辰紀念論文集》（臺北，中華民國各界紀念國父百年誕辰籌備委員會）第 1 冊，1965。

吳壽頤：〈國父在香港〉，同上書第 1 冊，1965。

馬湘：〈中山先生在香港〉，《明報月刊》第 2 卷 10 期，1967/ 10。

郁欽：〈國父與香港〉，《廣東文獻季刊》第 1 卷 3 期，1971/ 10。

李宏憲：〈辛亥革命期間的孫中山先生〉，《史潮》（香港中文大學聯合書院歷史學會）第 9 期，1973/ 12。

乙堂（羅香林）：〈國父孫中山先生逸文 —— 與美洲諸同志書〉，《珠海學報》（香港珠海書院）第 7 期，1974。

賴莽天：〈孫中山的民生思想〉，《史潮》，新刊號第 1 期，1975/ 2。

Bing, Dov. "Dr. Sun, Mr. Dalin and CCP/ KMT alliance"（中文篇名:〈孫中山先生之聯俄容共政策〉），*Journal of Oriental Studies*（《東方文化》），香港大學亞洲研究中心出版，卷 13，1975。

Wang, Teh-chao（王德昭）: "The Nationalism of Dr. Sun Yat-sen; Its Last Phase （1919-1925）"（中文譯名:〈孫中山晚年的民族主義思想〉），載於 *Proceedings of the Seventh IAHA Conference, Bangkok, 1977*, Bangkok: Chulalongkorn Univ Press, 1977。

王德昭:〈孫中山的聯俄政策及其對中國革命的影響〉（演講記錄），《史潮》新刊號第 4 期，1978/ 8。

羅香林:〈國父孫中山先生的立志救國及其在檀香山與香港的肄業〉，《珠海學報》（香港珠海書院），第 10 期，1978。

Wang, Teh-chao（王德昭）: "The Impact of the May 4th Movement on the Revolutionary Thought of Dr. Sun Yat-sen"（中文篇名〈五四運動對孫中山革命思想之影響〉），《中文大學學報》（香港中文大學），第 5 卷 1 期，1979。

Wang, Teh-chao（王德昭）: "The Influence of the First Entente with Soviet Russia and the Chinese Communist on Dr. Sun Yat-sen's Thought of Revolution（中文譯名〈聯俄容共對孫中山革命思想之影響〉），載於 *China: Development and Challenge*, Vol. 1; *Historical Experiences and Marxism, Maoism and Politics*, Center of Asian Studies, Univ. of Hong Kong, 1979.

王德昭:〈評史扶鄰新著《孫中山 —— 勉為其難的革命家》〉，《抖擻》（香港抖擻雜誌社），第 47 期，1981/ 11。

Ng Lun, Ngai-ha（吳倫霓霞）: "The Hong Kong Origins of Dr. Sun Yat-sen's Address to Li Hung-chang1894"（中文譯名〈孫中山

上李鴻章書之香港淵源〉,《珠海學報》第 13 期 (《孫逸仙博士與香港國際學術會議論文集》專號),1982。

　　吳景宏:〈孫逸仙博士、黎刹博士、香港〉,同上誌。

　　高家裕:〈三民主義對不同形態國家之普遍適用性〉,同上誌。

　　伍鎮雄:〈七十年來民生主義經濟思想的發展〉,同上誌。

　　彭家發:〈謅述孫逸仙博士思想中之均富原理〉,同上誌。

　　陳錫餘:〈孫逸仙博士的革命與宣傳〉,同上誌。

　　余偉雄:〈孫逸仙博士策進革命運動與香港的關係及香港所保存的革命史蹟〉,同上誌。

　　劉家駒:〈羅香林論孫逸仙思想〉,同上誌。

　　王爾敏:〈評介徐高阮著《孫中山先生的全面利用外資政策》〉,同上誌。

　　李金強:〈孫逸仙博士之早期思想 —— 農業改良言論探討 (1887-1895)〉,同上誌。

　　羅夢冊:〈中山先生在中國歷史的地位〉,同上誌。

　　John D. Young (楊意龍):"Outline of Dr. Sun Yat-sen in Hong Kong, 1887-1892: The Western Impact"(中文譯名〈孫中山早年在香港所受西方的影響的發言大綱〉),同上誌。

　　劉家駒:〈徐復觀政治思想脈絡試析 —— 徐復觀所瞭解的孫中山先生〉,《展望》,第 498-502 期,1982/ 11 - 1983/ 2。

　　羅香林:〈孫中山先生與香港大學〉,《中山季刊》(香港中山學會)創刊號,1983/ 1。(羅氏遺稿)

　　陳錫餘:〈從大眾傳播功能發揚孫中山先生學術思想〉,同上誌。

王爾敏：〈孫中山先生教人做大事〉，同上誌。

梁永樂：〈孫文主義學會的回顧及其啓示〉，同上誌。

金耀基：〈中山學之時代意義〉，《中山季刊》第 2 期，1983/ 5。

黃昆章：〈孫中山先生與印度尼西亞民族獨立運動〉，《抖擻》第 53 期，1983/ 7。

李鍔、林啓彥：〈孫中山的軍事思想〉，1984 年 11 月廣州孫中山學術討論會提交論文。

吳倫霓霞：〈孫中山早期革命活動與香港〉，1984 年 11 月廣州孫中山學術討論會提交論文。

馮培榮：〈孫中山先生眼中的香港〉，《歷史系年刊》（香港浸會學院歷史學會）第 4 期，1985。

霍啓昌：〈幾種有關孫中山先生在港策進革命的香港史料試析〉，1985 年 3 月北京孫中山研究述評國際學術討論會提交論文。

本文原載於《回顧與展望 —— 國內外孫中山
研究述評》（北京：中華書局，1986）

# *1.5*　戰後香港地區的中國 近代史教研成果

## 一、引　言

　　香港位居中國南端，自 1842 年成為英國的殖民地後，開始其獨特的發展道路。但百多年來，它的發展卻與中國近代國運息息相關。無論從政治、經濟，抑或思想文化的角度去評估，香港都曾發揮過重要而顯著的作用，今天有不少有關這方面的論證和研究。其中部分學者更認為香港是中國近代化運動思想和動力之源。事實上，不少推動近代化改革事業的先驅者都是出身於香港、或受香港社會影響和造就的人。從魏源、林則徐以後，像洪秀全、洪仁玕、容閎、王韜、鄭觀應、康有為、梁啓超、孫中山等，哪一位的西學知識和改革思想，不是受惠於與香港的接觸及在香港生活和學習的呢？中華民國第一屆政府內閣中就有四名首長級人物是出身於香港的知識分子，包括孫中山、陳錦濤、伍廷芳和王寵惠。這就清楚說明了一點：若撇除香港因素，是無法清楚解釋近代中國的發展的。

　　也許正因為這個緣故，香港地區學者從事中國近代史教研工作時，除了要客觀地認識中國近代史發展的真相和規律外，在他

們潛意識中，也就較容易以突出香港在中國近代變遷過程中的重要角色作為其研究和講論歷史的主要課題。

　　香港的中國近代史教研傳統，嚴格地說，在戰後始起步，到了七十年代後期才漸見規模。有三種因素影響著這個傳統的形成與發展。首先，1949年以後，國內學者在香港講學辦教育，帶來了富有民族主義色彩的史學研究的學風。1949年以後，在香港大學這個教育系統以外，還出現了一些由中國大陸南來的知名學者所創辦的大專院校。這些院校秉承在國內的學術研究傳統。在史學教研方面，更羅致了一批國內早負盛名的學者講授中國近代史，包括左舜生、李璜、黃福鑾、陳安仁、李定一、羅香林、王德昭、全漢昇、司馬長風（原名胡靈雨）等，另闢了殖民地教育以外的教學傳統。這些學者致力於把中國大陸民族主義的史學傳統移植到香港來，若無此輩學者的耕耘努力，中國近代史的教研傳統恐怕便無從建立。

　　其次，六十年代中期以來，香港政府的殖民地精英教育政策改變，大學教育逐步開放；與此同時，香港政府對學術自由的尊重以及致力維持高質素的大專教育，使香港地區的中國近代史教研活動獲得更好的發展動力。中文大學三成員學院（崇基、新亞與聯合），與及香港浸會學院先後取得與香港大學平等的學術地位，對培育學生，壯大近代史教研隊伍，促進學術研究活動，都有著顯著的作用與成績。因此，中國近代史的教研傳統，才得以健康地成長與發展。

　　最後，來自歐美的學者，早在初期即參與中國近代史的教研事業，帶來西方研究中國史的理論、方法、經驗與成果，給予本地史學界頗大的啟發與影響。以上種種因素使香港的近代史教研

者，能在最快的時間內，以開放的態度，吸納西方學者研究的成果，同時又結合本身治學的長處，開創出一套多元的、平衡的及調和中西觀點的研究學風，使得香港學者在近代史研究方面，具有本身的特點。

戰後香港地區的中國近代史教研成果十分豐碩。本文僅就筆者所知，擇其犖犖大者予以論介，希望有助於讀者對過去數十年香港學者的辛勤勞動與創獲，有一概略的認識。由於學力所限，錯漏之處想必不少，尚希各方專家學者指出訂正。

## 二、中國近代史教研機構和組織

1949 年以後，從中國內地南下辦校講學的一批中國史學工作者，努力於開拓香港地區史學研究的風氣，從而建立中國歷史教學的傳統，其中以錢穆先生最為人所熟悉。錢先生於 1950 年創辦新亞書院，致力發揚民族主義的歷史教育，加強香港學生對中國傳統歷史文化的認識和瞭解。在他的支持和鼓勵下，從 1952 年起，就由孫甄陶、左舜生等教授開始講授中國近現代史。此實為香港大專院校正式開設中國近代史課程的濫觴。1963 年當新亞書院成為中文大學一員後，歷史系的教授陣營更大大增強。1965 年經濟史專家全漢昇教授到新亞任教中國近代經濟史、並兼任新亞研究所研究生導師迄今。多年來，全氏培育了不少中國經濟史的研究者，使新亞書院及新亞研究所能以中國近代經濟史見長。

五十年代開始，陸續有多家大專院校成立，中國內地的一些近代史學者也相繼抵港，於這些大專院校中任教中國近代史。

崇基學院創校於 1951 年，60 年代起成立史地系，並設有中國近代史課程，任教者為黃福鑾教授。聯合書院創校於 1956 年，

翌年成立史學系,設有中國近代史課程,1963 年起由李定一教授
主講中國近代史。崇基、新亞、聯合三院校於 1963 年合組成香港
中文大學。最初三院各自保留原有的系制組織和課程結構。1965
年起,中國近代史成為三院共同課程,由李定一教授講授。中大
歷史系早期畢業生以中國近代史為研究專業者,應歸功於李教授
悉心栽培所致。1970 年起,王德昭教授繼任主講中國近代史課
程,並出任聯合書院及中文大學歷史系主任多年,以迄 1977 年退
休。期間他推動中大歷史系師生研究中國近代史,可謂不遺餘力。
中大三院之中,聯合書院一直保持著重視中國近代史教研的傳
統,李、王兩先生的倡導,實居首功。

　香港大學成立於 1911 年,乃香港歷史最悠久的高等學府。戰
前文學院即設有中文系和歷史系。戰後以還,有關近代中國的課
程,基本上由歷史系開設,以英語講授,而教學的傳統一向重視
中英關係史及香港史,當中較有表現的學者有 G.B. Endacott、Alan
Birch 和 L.K. Young。中文系方面,則以教授傳統中國的歷史、文
學、哲學為主。從六十年代起,港大歷史系開始聘用華裔學者主
講中國近、現代史的課程,如謝文孫、薛君度、張榮洋、李鍔、
陳劉潔貞等。另於 1967 年成立亞洲研究中心,藉以推動關於中國
的學術研究活動,太平天國史專家簡又文教授亦曾任該中心的專
任研究員。自五十年代後期起,中文系因羅香林教授的加盟和努
力,逐漸開辦了一些與中國近代史有關的教研課題,如孫中山與
香港、香港知識分子與近代中國、香港在近代中西文化交流中的
角色等。對港大中文、歷史兩系畢業生日後繼續從事中國近代史
的教研及深造,產生頗大的啟迪作用。

　珠海書院(前身為珠海大學)於 1949 年在香港復校,五十

年代起即設有文史系，中國近現代史的課程，由左舜生、陳安仁、李璜等教授長期任教。1969 年更開設文史研究所，並邀請羅香林教授主持所務。嗣後，珠海書院成爲香港大學、香港中文大學以外頒授歷史學高級學位（獲臺灣中華民國政府承認）的機構，而中國近現代史更成爲珠海文史研究所較出色的研究課程，從七十年代起培育了不少以中國近現代史爲專業的研究生。

香港浸會學院於 1956 年創校，1957 年起設有中國近代史課程，1963 年成立史地系。七十年代後期，由於司馬長風、蕭作樑、許冠三等學者加盟，奠定了浸會學院歷史系以中國近現代史爲教研重點的傳統。1983 年起浸會學院獲得香港政府資助承認學歷資格以後，歷史系的課程改革亦以體現此一傳統爲目標。自 1988 年度起開辦的學位課程中，中國近現代史及中外關係史成爲開設科目的兩大重心。1992 年度更開始招收研究生。

香港樹仁學院創辦於 1971 年，1976 年獲香港政府承認其私立大專院校的資格。1977 年成立歷史系，於該校講授中國近現代史課程的學者先後有司馬長風、林啓彥、陳萬雄、李木妙和余炎光等。

自 1985 年以降，香港的中國近代史研究者，更組織了一個註冊的專業團體，名爲香港中國近代史學會。目前該會有會員逾五十人，主要爲香港各大專院校的教授、講師和研究生。該會創立的宗旨是「希望提供一個場所，讓志同道合者有機會交流心得，並促進香港對中國近代史的研究。」[1]該會前任會長楊意龍博士更指出：「香港中國近代史學會是一個年輕的學術團體，成員來自一

---

1 陳善偉〈會務回顧〉，見《香港中國近代史學會會刊》，第一期（1987 年 1 月）頁 48。

臺部分曾在外國受歷史學訓練的本地學者，他們對臺灣和大陸所撰述的中國歷史，特別是近代史，並不滿意，他們希望以自己所學的專長，以學術公正的態度，去看待本國近代的歷史……他們希望利用香港學術自由的環境，去從事有別於海峽兩岸的歷史研究。」[2]該會同人認為，由於香港特殊的地理和政治環境，在中國近代史研究方面具有相當優越的條件。香港與中國大陸毗鄰、與臺灣亦只是一海之隔，學者在史料搜集與消息往來方面獨具地利。此外，香港作為一個自由社會，史學研究方面無所顧忌，而近代史的研究者無論在語言運用、治學訓練及資料掌握等方面都不遜於其他地區的學者。基於上述的有利條件下，香港將不難成為中國近代史研究的學術重鎮。[3]

　　香港中國近代史學會自創立以來，已先後組織了多次的學術討論會，並刊行《香港中國近代史學會會刊》，至今共出版了十期。該刊的編輯方針是「兼容並蓄、溝通中外」。[4]內容主要包括專題論文、研究資料及概況介紹、香港史學家志、書評及學術活動報告等欄。會刊創刊以來，深受海內外學界注意，除了刊載該會會員及香港學者的著作外，還得到不少外地的知名學者寄稿支持。該會同人希望在香港建立起「以香港為本位」的中國近代史研究的傳統，並對海內外的中國近代史研究的發展與交流，能產生積極的作用。

---

2 楊意龍〈以公正態度看待歷史，圖建立香港本位史學〉，見香港《星島日報》1987年7月12日「專題」欄。
3 同注1。
4 《香港中國近代史學會會刊》第3期（1989年1月）〈編者語〉。

# 三、香港中國近代史教研活動的發展

戰後 40 多年來，香港的中國近代史教研活動的發展歷程，大致可分為三期，即：1945-62 年的開拓期；1963-76 年的培育期和 1977 年迄今的成長期。

## （1）開拓期（1945-62 年）

五、六十年代可說是香港中國近代史研究的開創期。香港大學雖設有正式的歷史系課程，但五十至六十年代初仍以培養殖民地行政官員為主要任務，因此作為民族主義教育重要一環的中國近代史教學，便無法展開。各私立大專院授此時又在掙扎求存之中，雖有開辦歷史課程，但近代史的教研在社會上及學術上亦難以獲得應有的重視。講授中國近代史課程的學者如左舜生、李璜、簡又文、黃福鑾、陳安仁等，大都來自中國大陸或臺灣。他們多是政論家、專欄作家或近代中國政治歷程的親身經歷者，故一般較重視政治史和政治人物的講授。他們當中不少懷著對祖國的強烈感情，試圖透過研究歷史和教導學生以傳播中國近代史知識，並希望藉此向年青一代闡明歷史的教訓，以期對中國的前途有所啟示。由於材料及研究條件的限制，這些學者較少進行正規的學術專題研究，而以撰述通論性的著作為主，如左舜生的《中國近代史四講》、黃福鑾的《中國近代史》、陳安仁的《中國近代史要》等。此時期的近代史教學，在極困難的環境下得以開拓與維持，此輩學者蓽路藍縷之功，實不可忘。

## （2）培育期（1963-76 年）

六十年代中期至七十年代後期可說是香港的中國近代史研究的培育期。自 1963 年中文大學成立以後，中國近代史的教學獲得正規大學程度的發展機會。1967 年起中文大學更設立研究院課程及創立《學報》，使教學與研究互相配合，近代史的教研質素也因此得以大大的改善和提高。另一方面，為數不少曾接受正式史學訓練的中國學者紛從中國大陸及臺灣來港，任教於本港兩家大學和私立大專的，如羅香林、李定一、王德昭、全漢昇、司馬長風等。在他們的傳授和薰陶下，中國近代史的研習風氣逐漸得以形成。這些學者除了撰有通論性的著作外，更開展了不少專題性研究，從以往偏重政治史和人物評論擴展至思想史、經濟史、文化史和中外關係史等方面。經他們培養出來的學生部分負笈海外，繼續進修，取得高級學位，成為下一階段香港的中國近代史教研隊伍的骨幹。

## (3) 成長期（1977 年迄今）

七十年代後期迄今，可說是中國近代史研究的成長期。這時期可算是新舊交替的階段。前一代的近代史學者相繼退休或去世，而他們所栽培的弟子門人亦已在本港或海外深造歸來，並在本港或海外大學擔任中國近代史的教學與研究工作。他們雖不及上一代學者的博通，但亦能以各自的專業研究見長。自 1977 年起，由這一輩學者撰述的近代史著作紛紛面世。[5]從這批著作看

---

5 年青一代的學者的近代史撰述多自 1978 年起面世，舉其較重要的有：梁元生《林樂知在華事業與萬國公報》（1978）；陳萬雄《新文化運動前之陳獨秀》（1979）；何漢威《京漢鐵路初期史略》（1979）；岑練英《中英煙台條約研究》（1979）；周佳榮《辛亥革命前的蔡元培》（1980）；李志剛《容閎與近代中

來,這一代本土成長的中國近代史研究者,不但做到了縱的傳承,即與中國大陸的史學傳統相連;亦能做到橫的移植,即從歐、美、日、澳等地學成歸來而能擷取其史學撰述的長處。而在這一時期亦確立了本土化的中國近代史研究方向,並且取得顯著的成果,其中較重要者有:孫中山及辛亥革命研究、中港及近代中外關係研究、人物思想研究、經濟史研究等。

要言之,自七十年代後期起,香港地區中國近代史的專題研究領域不斷擴大,教研人員也日益增多。經五、六十年代的開拓,和六、七十年代的培育,終於在八十年代結出了果實。

## 四、香港地區學者的主要研究成果

香港地區數十年來有關中國近代史研究的成果,可算相當豐碩。香港學界對中港及近代中外關係史;中國近代化運動:包括從洋務運動、變法維新到共和革命的歷程;對人物思想尤其關於孫中山與辛亥革命史等研究課題,都得到出色的成績,就算以國際水準來衡量,香港地區在上述課題的研究,也應佔有一席重要的位置。

### (1) 中港及近代中外關係史研究

由於香港地區資訊發達,加以學者一般都具備兩種或以上的語文修養,並熟悉本地的資料,故對中港及中外關係（尤其是中

---

國》(1981);周漢光《張之洞與廣雅書院》(1983);鄺兆江 *A Mosaic of The Hundred Days* (1984);陳善偉 *Buddhism in Late Ch'ing Political Thought* (1985);林啓彥《步向民主》(1989);霍啓昌 *Lectures on Hong Kong History: Hong Kong's Role in Modern Chinese History* (1990)。

英關係）等研究，最見其成績。

　　探討近代中外關係的通論性著作有廖光生（Kwang-sheng Liao）*Antiforeignism and Modernization in China, 1860-1980*，此書已有中譯本，名爲《排外與中國政治》。[6]廖氏以政治學觀點分析產生於十九世紀的排外主義如何影響著近代中國的外交政策，使中國現代化進程搖擺不定。以討論香港對近代中西文化交流產生何種作用爲題的，羅香林的《香港與中西文化交流》可算是開山之作。[7]此書透過研究近代人物如王韜、何啓、容閎等人的事蹟，說明他們對近代中西文化和思想交流的貢獻。

　　此外，香港學者又能充分利用本地各種原始資料，研究中港和中英的歷史關係。其中利用港英政府的檔案、英國外交部檔案，以及一些重要的私人文書而寫成的論著，計有：楊倫國（Leonard K. Young）*British Policy in China, 1895-1902*、陳劉潔貞（Kit-Ching Chan Lau）*Anglo-Chinese Diplomacy in the Careers of Sir John Jordan and Yuan Shih-kai, 1906-1920*。[8]楊氏一書檢討了英日同盟締結前的中英外交關係，指出英國的外交政策的轉變，如何由視中國爲英國的禁臠轉而參與列強在華勢力範圍的劃分以及積極在遠東尋求盟友。劉書考察了英國駐華大使朱爾典對袁世凱政權的影響力，認爲這是袁氏政治權力的重要來源。Peter Wesley-Smith 的 *Unequal Treaty 1898-1997, China, Great Britain*

---

6 Kwang-sheng Liao, *Antiforeignism and Modernization in China, 1860-1980* （Hong Kong: The Chinese University Press, 1984）。中譯本爲廖光生：《排外與中國政治》（香港：明窗出版社，1987）。

7 羅香林《香港與中西文化交流》（香港：中國學社，1961）。

8 Kit-Ching Chan Lau, *Anglo-Chinese Diplomacy in the Careers of Sir John Jordon and Yuan Shih-kai, 1906-1920* （Hong Kong: Hong Kong University Press,1980）。

*and Hong Kong's New Territories* [9]研究 1898 年《拓展香港界址專條》簽訂的歷史背景、談判過程的細節和影響，指出英國與中國簽訂的條約是不平等條約，目的是維護英國在香港的殖民地利益。Pamela Arwell 著有 *British Mandarins and Chinese Reformers: the British Administration of Weihaiwei（1898-1930）and the Territory's Return to Chinese Rule*[10]，探討在英國統治下的威海衛的發展歷史，認為英國人管治威海衛是成功的，而當英國撤出後，威海衛即陷入混亂之局。

更有一些學者進一步利用香港地區早期的報章、雜誌、及教會、學校等有關資料，撰成專著，討論中港早期的政治、教育及文化思想等各方面的密切關係。較重要的著作有霍啓昌（K.C. Fok）的 *Lectures on Hong Kong History: Hong Kong's Role in Modern Chinese History*[11]，陸鴻基的《中國近世的教育發展（1840-1949）》[12]與吳倫霓霞（N.H.Ng Lun）的 *Interaction of East and West: Development of Public Education in Early Hong Kong*。[13]以上三者以霍氏一書最能突出香港對近代中國政治變革和經濟發展的重要地位。

對清末至民國時期的外交家研究，香港學者也出版了一些著

9　Peter, Wesley-Smith, *Unequal Treaty 1898-1997, China, Great Britain and Hong Kong's New Territories*（Hong Kong: Oxford University Press, 1980）.

10　Pamela Atwell, *British Mandarins and Chinese Reformers: The British Administration of Weihaiwei（1898-1930）and the Territory's Return to Chinese Rule*（Hong Kong: Oxford University Press, 1980）.

11　K.C. Fok, *Lectures on Hong Kong History: Hong Kong's Role in Modern Chinese History*（Hong Kong: The Commercial Press, 1990）.

12　陸鴻基《中國近世的教育發展（1840-1949）》（香港：華風書局，1983）。

13　N.H. Ng, *Interactions of East and West: Development of Public Education in Early Hong Kong*（Hong Kong: The Chinese University Press, 1984）.

作。在這批外交人物中，部分更有著在香港或英國生活和受教育的背景。這批重要著作有羅香林的《梁誠出使美國》和《傅秉常與近代中國》[14]；黃康顯（Owen H.H. Wong）的 *A New Profile in Sino-Western Diplomacy: the First Chinese Minister to Great Britain*。[15]《梁誠出使美國》一書討論梁氏出使美國任內（1903-1907）所完成的交涉和成就，包括爭取退還庚子賠款超額部分、收回粵漢鐵路權益及向美交涉制止販賣華工和歧視華工的政策。《傅秉常與近代中國》主要論述作為香港大學畢業生的傅氏，對近代中國法律與外交兩方面的重要貢獻。黃氏一書則利用英國政府所藏外交檔案，對郭嵩燾使英期間的事蹟作出詳細論述，對郭氏能使中英雙方關係由緊張猜疑到轉為和平、融洽的成績讚揚備至。

此外，一些與中國近代政治有密切關係而曾受香港教育影響的歷史人物，也都是香港學者研究的對象，這方面的著作有：蔡永業（C.H. Choa）*The Life and Times of Sir Kai Ho Kai: A Prominent Figure in Nineteenth Century Hong Kong*、李志剛的《容閎與近代中國》等。[16]

前書討論了何啓不僅是十九世紀香港的重要政治領袖，更是孫中山革命事業的支持者；後書旨在說明容閎一生與近代中國歷次重要改革運動的密切關係。

---

14 羅香林《梁誠出使美國》（香港：香港大學亞洲研究中心，1977）及《傅秉常與近代中國》（香港：中國學社，1973）。

15 Owen H.H. Wong, *A New Profile in Sino-Western Diplomacy: the First Chinese Minister to Great Britain*（Hong Kong: Chung Hwa Book Co., 1987）.

16 C.H. Choa, *The Life and Times of Sir Kai Ho Kai: A Prominent Figure in Nineteenth-Century Hong Kong*（Hong Kong: The Chinese University Press, 1981），李志剛《容閎與近代中國》（臺北：正中書局，1981）。

探討鴉片貿易對中英早期關係所產生的作用有汪瑞焵
（W.S.K. Waung）的 *The Controversy: Opium and Sino-British Relations*（中文書名爲《洋藥》）[17]一書，而岑練英則撰有《中英煙台條約研究》，著重說明中英煙台條約締結過程及其對英國對華政策演變的影響。[18]

在中日關係的研究方面，主要有譚汝謙的《近代中日文化關係研究》及譚汝謙、林啓彥合譯日本學者實藤惠秀所著的《中國人留學日本史》兩書。[19] 前者主要探討中日兩國近代文化交流的情況，並試圖說明中日文化關係的特色及其所牽涉近代中日兩國的政治變遷；是書亦有對當前中日關係的熱門課題如釣魚臺主權紛爭及日本教科書篡改等問題加以析論。後者則以介紹清末至民國時期中國留日學潮的興起及其對近代中國政治、軍事、文化、教育等方面的巨大影響爲主題。至於討論中俄關係的論著則有郭玫曼（R.K.I. Quested）的 *'Matey' Impertalists: The Tsarist Russians in Manchuria, 1895-1917*。[20]本書主要探討俄國自清末以來經營滿洲的歷史，認爲俄國的管治有其建設性的作用，並贊同沙俄在滿洲是友善的帝國主義者。

## （2）中國近代化的研究

17 W.S.K. Waung, *The Controversy: Opium and Sino-British Relations, 1858-1887*（Hong Kong: Lung Men Press, 1977）.
18 岑練英《中英煙台條約的研究》（香港：珠海書院中國文史研究所，1979）。
19 譚汝謙《近代中日文化關係研究》（香港：日本研究所，1988），及譚汝謙、林啓彥合譯《中國人留學日本史》（香港：中文大學出版社，1982）。
20 R.K.I. Quested, *'Matey' Imperialists: The Tsarist Russians in Manchuria, 1895-1917*（Hong Kong: Centre of Asian Studies, University of Hong Kong, 1982）.

　　香港學界對中國近代化歷程的研究也相當重視，社會學家金耀基出版了多本探討傳統與近代中國轉型研究的論著，其中對史學工作者有較大參考價值的有《從傳統到現代》和《中國民主之困局與發展》二書。[21]至於全漢昇有關中國近代經濟史研究的多篇論文，均以中國工業化成敗的關鍵與因由為探討的主題，並一併收入全氏所著的《中國經濟史研究》（下）及《中國經濟史論叢》第二冊二書中，全氏另有《漢冶萍公司史略》，詳細檢討了中國近代鋼鐵企業經營失敗的原因。[22]何漢威的《京漢鐵路初期史略》，則探討中國興辦近代鐵路的困難和經營失敗的經驗。[23]王德昭著有《從改良到革命》，主要考察了一些中國近代知識分子的典型，如黃遵憲、梁啓超、譚嗣同、秦力山和孫中山等，並以近代中國政治從改革到革命的變遷為線索貫串其間，從而論證其歷史的位置與角色。[24]林啓彥所著的《步向民主 —— 中國知識分子與近代民主思想》一書，則從民主思想興起的歷程著手，研究由洋務運動到辛亥革命的過程中，知識分子受西方民主思想的影響及其在近代中國民主思潮演進歷史中的角色。[25]陳善偉（Sin-wai Chan）的 *Buddhism in Late Ch'ing Political Thought* 主要探討近代佛教的

---

21 金耀基《從傳統到現代》（臺北：時報文化出版事業有限公司，1978）及《中國民主之困局與發展》（臺北：時報文化出版事業有限公司，1984）。

22 全漢昇《中國經濟史研究》（下）（香港：新亞研究所，1978）《中國經濟史論叢》第二冊（香港：新亞研究所，1972）及《漢冶萍公司史略》（香港：中文大學出版社，1972）。

23 何漢威《京漢鐵路初期史略》（香港：中文大學出版社，1979）。

24 王德昭《從改良到革命》（北京:中華書局，1987）。

25 林啓彥《步向民主 —— 中國知識分子與近代民主思想》（香港：中華書局，1989）。

革新與晚清政治運動的關係。[26]黃振權撰有《香港與清季洋務運動建設之關係》，肯定了香港對中國近代化建設的重要作用。[27]張榮洋（W.Y. Cheong）著有 *Mandarin and Merchants: Jardine Matheson and Co., A China Agency of the Early Nineteenth Century*，討論了怡和洋行早期的歷史。[28]景復朗（Frank H.H. King）以研究中國金融政策和匯豐銀行歷史著稱，對戰前香港上海匯豐銀行在近代中國財政金融方面的重要角色，作出深入而細緻的研究，計有: *Money and Monetary Policy in China, 1845-1895, Eastern Banking: Essays on the History of the Hong Kong and Shanghai Banking Corporation, The Hong Kong Bank in Late Imperial China, 1864-1902* 等。[29]科大衛（David Faure）則著有 *The Rural Economy of Pre-liberation China: Trade Expansion and Peasant Livehood in Jiangsu and Guangdong, 1870-1937*，主要討論清代江蘇及廣東兩地農村受對外貿易的影響而產生的土地經營方

---

26　Sin-wai Chan, *Buddhism in Late Ch'ing Political Thought* （Hong Kong: The Chinese University Press, 1985）.

27　黃振權《香港與清季洋務運動建設之關係》（香港：珠海書院中國文史研究所，1980）。

28　W.Y. Cheong, *Mandarin and Merchants: Jardine Matheson and Co., A China Agency of the Early Nineteenth Century* （London: Curzon Press, 1979）.

29　Frank H.H. King, Money and *Monetary Policy in China, 1845-1895* （Cambridge, Mass.: Harvard University Press, 1965）; Frank H.M. King（ed.）, *Eastern Banking: Essays on the History of the Hong Kong and Shanghai Banking Corporation* （London, Atholone Press, 1983）. 此外，他尚有下列兩部著作: *The Hong Kong Bank in Late Imperial China, 1864-1902: on an Even Keel* （Cambridge: Cambridge University Press, 1987）, *The Hong Kong Bank in the Period of Imperialism and War, 1895-1918: Wayfoong, the Focus of Wealth* （Cambridge: Cambridge University Press, 1988）.

式的變化。[30]張德昌的《清季一個京官的生活》則探討清代京官
經濟生活的窮困及官場生活的積弊，從而解釋清廷吏治改革的困
難所在。[31]王德昭著有《清代科舉制度研究》，說明清代教育與銓
選制度蛻變的過程，以助瞭解清代政治面臨的重大變遷的關鍵。[32]
梁元生的《林樂知在華事業與萬國公報》著重揭示來華傳教士在
維新運動中的積極作用。[33]李志剛的《容閎與近代中國》則旨在
說明來華傳教士對容閎的影響，以及容閎對近代中國教育與洋務
建設事業的貢獻。[34]王爾敏的《上海格致書院志略》，通過上海格
致書院的創辦始末，以考察中國推行近代化教育的一個典型案
例。[35]周漢光的《張之洞與廣雅書院》則對洋務派領袖張之洞在
推動近代化教育事業中的積極作用，予以肯定的評價。[36]關於近
代中國社會的救災和改革事業方面的研究，則有何漢威的《光緒
初年華北的大旱災》和程凱禮（K.L. MacPherson）的 *A Wilderness
of Marshes: The Origins of Public Health in Shanghai, 1843-1893*。[37]
前書對光緒初年（1876-1879）出現於華北五省（即山東、山西、
河北、河南及陝西）的大旱災發生的背景、災情的嚴重性，以及

---

30 David Faure, *The Rural Economy of Pre-liberation China: Trade Expansion
and Peasant Livehood in Jiangsu and Guangdong, 1870-1937*（Hong Kong:
Oxford University Press, 1989）.
31 張德昌《清季一個京官的生活》（香港：中文大學出版社，1970）。
32 王德昭《清代科舉制度研究》（香港：中文大學出版社，1982）。
33 梁元生《林樂知在華事業與萬國公報》（香港:中文大學出版社，1978）。
34 李志剛《容閎與近代中國》（臺北：正中書局，1981）。
35 王爾敏《上海格致書院志略》（香港：中文大學出版社，1980）。
36 周漢光《張之洞與廣雅書院》（臺北：中國文化大學出版部，1983）。
37 何漢威《光緒初年華北的大旱災》（香港：中文大學出版社，1980）及
MacPherson, K.L., *A Wilderness of Marshes: The Origins of Public Health in
Shanghai, 1843-1893*（Hong Kong: Oxford University Press, 1987）.

中央政府救災措施的成效和災荒的影響等，均有詳細而深入的論述。後書則集中討論在西洋人管治下的上海的公共衛生制度的推行，作者認爲這是有利上海城市現代化發展的一項措施，並指出外籍醫生、傳教士和企業家等類人士對此項制度的設立，貢獻良多。

## （3）人物研究

　　香港學者對近代中國的歷史人物，一般都沒有預設的觀點與立場，大抵都以實事求是的態度評述其一生事功。學者大多喜歡選取對一些與香港背景有關或是與中國近代化事業有密切關係的歷史人物進行研究。前文在討論中港關係及中國近代化歷程兩項時，對此已作過一些介紹，這裏對於另一些值得注意的人物研究再作補充。

　　陳耀南著有《魏源研究》，全面介紹了魏源生平、著述及其學術思想的源流，並論述了他的改革思想。[38]簡又文之《洪秀全載記增訂本》，增補及訂正不少清代史傳所載有關洪秀全事蹟資料的謬誤。[39]黃嫣梨近刊《蔣春霖評傳》，對生於咸同年間的蔣氏之際遇有極深刻的描述，藉以窺視太平天國時期身處內外戰亂之中的江南知識分子的悲慘生活，揭示出蔣氏的《水雲樓詞》對研究太平天國史有重要的史料價值。[40]吳天任有《黃公度先生傳稿》[41]，詳細論證了黃遵憲的生平與學術思想的成就。李雲光的《康有爲

---

38　陳耀南《魏源研究》（香港：昭明出版社，1979）。
39　簡又文《洪秀全載記增訂本》（香港：猛進書房，1967）。
40　黃嫣梨《蔣春霖評傳》（臺北：文史哲出版社，1993）。
41　吳天任《黃公度先生傳稿》（香港：中文大學出版社，1972）。

先生家書釋考 —— 康有為晚年思想及生活新證》，為研究康有為晚年思想的發展提供有力的史料。[42] 陳善偉以英文編有《譚嗣同研究書目》，亦撰有《唐才常年譜長編》，對唐才常關係的研究資料，蒐集甚備，為研究譚、唐二人提供了史料基礎。[43] 鄺兆江（Luke S.K. Kwong）撰有 *A Mosaic of the Hundred Days: Personalities, Politics, and Ideas of 1898*，評估了慈禧太后和光緒帝二人在戊戌維新中各自扮演的重要歷史角色。作者認為不要高估慈禧的謀略，應多考慮當時清廷的權力結構，並指出慈禧擁有權威、光緒具有權位，而軍機大臣則持有權力。[44]

## （4）孫中山與辛亥革命史研究

　　孫中山與辛亥革命歷史人物的研究，更可以說是香港學者在人物研究方面一個極重要的課題。這與早期學者十分重視和積極倡導有關。這方面的著作，不但數量多，而質量也高。對於辛亥革命人物的研究，雖然較多集中於孫中山研究，但其他革命人物也得到相當的重視。

　　左舜生早年著有《辛亥革命史》（1934 年）一書，其後增補前書，收入《中國近代史四講》中，成為〈辛亥革命〉一章。羅香林和王德昭分別發表了多種關於孫中山早年事蹟及革命思想演變的專著。羅氏有《國父家世源流考》、《國父之大學時代》和《國父與歐美之友好》等，對孫中山的祖籍、家世、思想的形成及與

---

42 陳善偉 *T'an Ssu-t'ung: An Annotated Bibliography*（Hong Kong: The Chinese University Press, 1980）.

43 陳善偉《唐才常年譜長編》（香港：中文大學出版社，1990）。

44 S.K. Luke Kwong, *A Mosaic of the Hundred Days: Personalities, Politics and Ideas of 1898*（Cambridge, Mass.: Harvard University Press, 1984）.

歐美學者友人的交往關係等，均作出詳細的考訂和論述。[45]王德昭著有《國父革命思想研究》，對孫中山早期的革命思想的源流與演變分析入微，闡明孫中山革命思想的時代性與進步性。[46]左舜生撰有《黃興評傳》，強調黃興對辛亥革命的貢獻不下於孫中山。[47]周佳榮有《辛亥革命前的蔡元培》，指出了蔡元培早期的思想趨向和對革命運動的貢獻。[48]陳萬雄著有《新文化運動前的陳獨秀》，通過對陳獨秀早期的政治活動和思想演變的詳密考訂，指出從辛亥革命到五四新文化運動之間革命知識分子羣體中一脈相承的關係。陳氏近刊《五四新文化的源流》，仍持上述的觀點，從更廣闊的人物譜系和文化層面考察了辛亥革命與五四新文化運動間實有著密切的內在聯繫。[49]黃福鑾有《華僑與中國革命》，對華僑與辛亥革命有關的歷史資料完成了初步的整理工作。[50]周佳榮著有《蘇報與清末政治思潮》，深入探討了《蘇報》如何由一份保皇報章轉為革命報章的過程。[51]林啓彥譯注了日人宮崎滔天的《三十三年之夢》（1981 年），有助理解孫中山早期的革命思想和革命活動的實貌。[52]

　　香港地區於 1971、1981 及 1985 年先後舉行過三次較大規模

---

45 羅香林《國父家世源流考》（臺北：臺灣商務印書館，1954）；《國父之大學時代》（臺北：臺灣商務印書館，1954）及《國父與歐美之友好》（臺北：中央文物供應社，1951）。
46 王德昭《國父革命思想研究》（臺北：中國文化研究所，1962）。
47 左舜生《黃興評傳》（臺北：傳記文學出版社，1968）。
48 周佳榮《辛亥革命前的蔡元培》（香港：波文書局，1980）。
49 陳萬雄《新文化運動前的陳獨秀》（香港：中文大學出版社，1979）及《五四新文化的源流》（香港：三聯書店，1992）。
50 黃福鑾《華僑與中國革命》（香港：亞洲出版社，1992）。
51 周佳榮《蘇報與清末政治思潮》（香港：昭明出版社，1979）。
52 林啓彥譯《三十三年之夢》（香港：三聯書店，1981）。

的有關孫中山及辛亥革命的學術討論會，其後並出版了相關的史
料集及學術論文集，計有：《辛亥革命七十周年紀念特刊》[53]；《孫
逸仙博士與香港國際學術會議論文集》（即《珠海學報》第 13 期
特刊號，1982 年）；《孫中山與中國現代化國際學術會議論文集》
（即《珠海學報》第 15 期特刊號，1987 年）。歷次會議都吸引了
香港地區大部分研究孫中山和辛亥革命史的專家學者，而論文集
亦可反映出香港地區孫中山及辛亥革命研究的水準。林啓彥撰有
《近三十年來香港的孫中山研究》（載於《回顧與展望》）[54]，爲
首篇介紹香港地區孫中山研究的論文。李金強（Kam-keung Lee）
著有 *A Brief Report on Conference on China's 1911 Revolution: Two
Important Issues, 1961-1982*，介紹了世界各地辛亥革命研究的概
況及主要的論爭議題，並兼述香港地區辛亥革命的研究成績。李
氏另撰有〈辛亥革命研究〉一文，爲目前對世界各地辛亥革命研
究狀況評介最詳盡的文章，其中有關香港地區的孫中山及辛亥革
命研究的書目更見詳備，可供讀者進一步參考之用。[55]

## 五、香港地區學者研究的重點和特色

綜合上述的介紹，可以見到香港學者的中國近代史研究有其
一貫的重點和特長。歸納起來，有下列數點：

第一、重視中港的歷史關係。香港學者非常重視香港在促進

---

53 《辛亥革命七十周年紀念特刊》（香港：中文大學歷史系會，1981）。

54 林啓彥《近三十年來香港的孫中山研究》載於《回顧與展望》（北京：中華
書局，1986）。

55 Lee, Kam-keung, *A Brief Report on Conference on China's 1911 Revolution:
Two Important Issues 1961-1982* （Hong Kong: Modern Chinese History
Society of Hong Kong, 1987）.

清末改革和革命運動方面所擔當的角色及作用。學者
大多集中論述王韜、容閎、何啟、鄭觀應等知識分子
對洋務運動的貢獻。其他重要的歷史人物如孫中山、
梁誠、伍廷芳、傅秉常、王寵惠等，也都有不少學者
加以研究，探討其與近代中國政治、外交、法律變革
所起的作用。而這批歷史人物的事業成就，正足以反
映出香港社會對他們的造就，以及中港關係的密切
性。近年來，更有一些專門研究香港史的學者把他們
的興趣和視野從香港研究轉到中港關係的問題上來，
較多地注意香港與辛亥革命的關係。另一方面，不少
外籍學者則從另一角度探討香港與近代中國的關係，
如研究新界租借的歷史過程、匯豐銀行和怡和洋行的
歷史，以說明外資財團在近代中國經濟發展中所佔的
重要位置。簡言之，華人學者大多數強調香港對中國
的貢獻，主要從政治及思想文化角度來說明；而外籍
學者則傾向於討論香港作為西方國家踏足中國的跳
板，以及如何藉香港為基地，發展其經濟、政治與外
交等方面特殊權益和影響力的過程。

第二、重視中國近代化歷程的研究。從筆者統計所得的數字
　　可見，四十多年來的研究，人物研究在數量上高踞首
　　席，其中孫中山的研究更佔壓倒性；在專題研究方面，
　　則以經濟史和中外關係史研究最盛；事件的研究似乎
　　集中於清末近代化的歷程，而以洋務、變法和革命為
　　主軸。結合來看，孫中山和辛亥革命史的研究，確是
　　香港學者在中國近代史研究課題中貢獻最多的一項，

而以羅香林和于德昭兩教授的倡導和推動，居功至
偉。從上述研究課題在數量上居於多數的趨勢看，實
可反映出香港學者研究的重點所在。

第三、比較強調平衡和開放的史觀。由於香港享有特殊的地
理和政治條件，學術研究不受黨派政見所左右，不論
強調民族史觀或抨擊帝國主義的觀點，都較諸中國大
陸和臺灣的學界溫和。就以傳教士的研究為例，香港
學者在這方面的著作甚多，如羅香林、簡又文、梁元
生、李志剛等有關傳教士的評價，都有相當正面的肯
定，有異於海峽兩岸的學者就此問題所採的觀點——
多從負面的角度來論述。在近代史分期的上下限問題
上，香港學者有多種不同的意見並存，如左舜生主張
甲午戰爭到抗戰勝利，司馬長風主張洋務運動到中共
建政，李定一更把上限推到明清之際。此外對人物的
評價和討論，亦多能擺脫國共兩黨的黨派史觀，以較
同情和實事求是的態度論述遭此兩派史家冷待或苛評
的歷史人物。香港的史學工作者似乎希望在兩黨史觀
的支配以外，寫出一部近代中國的信史。司馬長風曾
慨歎地說:「今天坊間的中國近現代史，不是國民黨
史，便是共產黨史，但是找不到一部國史，海外青年
欲瞭解現代中國的真相，便戛戛乎其難了。」[56] 李定
一在接受香港中國近代史學會訪問時，亦強調香港是
撰寫中國近代史的理想地方。[57] 已故的臺灣中央研究

---

56 司馬長風《中國近代史輯要》（香港：創作書社，1977），頁 3。
57 劉義章〈訪問李定一教授〉，見《香港中國近代史學會會刊》第 3 期（1989

院近代史研究所前所長郭廷以的《近代中國史綱》至今仍獲相當重視，在港不斷再版，足證李氏所言不虛。

# 六、結　語

　　香港地區的中國近代史研究雖然起步較晚，但由於社會開放、資訊發達，加上學術研究自由，至今已成為中國近代史研究的重要地區之一。回顧過去四十餘年的發展，香港學界在某些課題上，實有所突破並取得一定的成績的，如孫中山與辛亥革命的研究、中英港關係的研究、香港知識分子在中國近代化運動中的角色的研究等。這些研究的成果和觀點，在在顯示出香港的因素對中國近代歷史發展極具意義。不過，香港學者的中國近代史研究，也存在一些弱點與不足。對於中國近代史的一些重要專題，如華僑史、軍事史，一些重大的歷史事件如鴉片戰爭、義和團、甲午戰爭等，至今仍未獲得應有的重視，對近代史的認識還不夠全面。此外，香港的史學界，大多純從個人的研究興趣出發，對個別具體的歷史問題進行分析討論，但對於中國近代史的整體發展路向，卻還未能形成一套有系統的解釋和看法，相對於歐美、日本和中國的史學界，這無疑是較為遜色的。

　　不過，隨著香港中國近代史教研隊伍的日見壯大，研究活動的日益發達，香港當有可能進一步發展成為一個面向世界、兼收並蓄，同時又具有民族立場的中國近代史研究的學術重鎮。

　　補注：本文於 1992 年底定稿，有關中國近代史研究之最新

---

年 1 月），頁 78-79。

的重要著作，未能收錄及評介，故特舉其中較重要者，推薦於後，敬祈讀者留意。

1. 金觀濤、劉青峯《開放中的變遷 ── 再論中國社會超穩定結構》（香港：中文大學出版社，1993）。

2. 劉青峯主編《胡適與現代中國文化轉型》（香港：中文大學出版社，1994）。

3. Linda Pomerantz-Zhang, Wu Ting-fang （1842-1922）, *Reform and Modernization in Modern Chinese History* （Hong Kong: Hong Kong University Press, 1992）。此書的中文書名為：《近代改革者伍廷芳》。

4. 余繩武、劉存寬主編《十九世紀的香港》（香港：麒麟書業有限公司，1993）。

本文原載於《中國近代史研究新趨勢》
（香港：香港教育圖書公司，1994）

# 1.6　日本近年來研究中國近代史的概況

## 一、引　言

　　一九七七年以來，日本的中國近代史研究，可說是進入了一個嶄新的發展階段。無可否認，中國文化大革命的結束，對日本史學界帶來了巨大的衝擊。十多年來日本的學術界，不論在對中國近代史發展的基本看法上，或是在研究的理論和方法上，或是在重要歷史課題的論爭上，乃至在研究出版的活動上，都予人耳目一新的感覺。本文擬就基本看法及論爭課題兩項，摘要介紹，以供學界參考。

## 二、對中國近代史發展的基本看法

　　首先，有關中國近代史發展的基本看法，就日本學界近年研究的趨勢所見，正出現了一些重大的改變。

　　戰後以還，日本學界針對戰前官僚史學派的停滯史觀，進行了嚴厲的批判，努力建立中國歷史發展具有進步性格的論證。最先有同情中國社會主義革命的學者如安藤彥太郎、岩村三千夫[1]

---

1 關於岩村三千夫等學者的說法，可參考以下論著：岩村三千夫《民國革命》（東京：日本評論社，1950）；岩村三千夫、野原四郎《中國現代史》（東京：

等，沿襲中共的「反帝、反殖、反封」的人民革命史觀來介紹中
國近代歷史發展的進步性。繼而，又出現了受西方史學界流行一
時的「挑戰 —— 反應」的理論所影響而治史的學派，與及運用馬
克思唯物史觀治史的學派。兩者對中國近代史均以實證的方法建
立符合歷史普遍法則的解釋的進步史觀。前者以波多野善大[2]作為
代表，特別重視資本主義及外部動因在中國近代史的重要作用。
波多野研究中國早期工業化及軍閥的歷史，認為中國的近代化由
洋務派及軍閥官僚所推動，資本主義（包括帝國主義）對中國社
會的發展具有正面的作用和積極的影響。後者分為兩支，一支以
野澤豐[3]、菊池貴晴[4]等學者為代表，在肯定資產階級的重要性的
同時，致力研究民族資產階級的作用，而對官僚資產階級也不全
面否定，對立憲派與革命派推動中國社會的資本主義化，更予以
很高的評價；另一支則留意於資產階級以外的社會勢力，對庶民
大眾在歷史演進中的主導角色，尤為重視，認為中國近代史的變
革主體不是資產階級，而屬庶民大眾，庶民大眾經階級覺醒過程
後便形成了中國近代的無產階級，正是這一階級主導了中國近代
的革命運動（中國近代無產階級產生過程的研究，由田中正俊啓

---

岩波書店，1954）。

2 波多野善大主張中國近代化動力源自帝國主義列強之說，可參看以下論著：
波多野善大〈中国近代史に関する三つの問題 —— 中国の近代化は何故おく
れたか〉，刊於《名古屋大學文學部研究論集・史學》第 7 號（1958 年 3 月）；
波多野善大〈辛亥革命への動因 —— ウェスタン・イムパクトを中国はどう
受け取めたか〉，刊於《歷史學研究》第 235 號（1959 年 2 月）。

3 野澤豐之說可參看下列論著：〈辛亥革命の階級構成〉，刊於《歷史學研究》
第 150 號（1951 年 3 月）；野澤豐《辛亥革命》（東京：岩波書店，1972）。

4 菊池貴晴的代表作有如下兩種：《中国民族運動の基本構造》（東京：大安，
1966）；《現代中国革命の起源 —— 辛亥革命の史的意義》（東京：嚴南堂，
1970）。

其端、狹間直樹繼其緒，提出了「爲資本主義而活的隸農」的概念）。首先倡此說的學者爲里井彥七郎[5]、演繹其理論而作深入的學術論證的學者有狹間直樹[6]、石田米子[7]等人。

　　此外，自六十年代後期起，戰前的停滯史觀轉生出另一種的形態的學說解釋中國近代史。這一派學者否認中國近代有資本主義的要素存在，而辛亥革命也不可視爲一場資產階級革命，只能算是一次封建的改朝換代的事件的重演（促成辛亥革命成功的社會力量是官僚和士紳而非近代社會的資產階級），代表的學者有市古宙三[8]。另一派學者雖同意中國近代社會存在若干資本主義的因素，而其歷史的發展也非停滯不前，但辛亥革命及晚清的種種改革，都尚未達到近代西歐資本主義革命的水準，只屬於近代歐洲絕對主義變革的範疇，而絕對主義是歐洲近代社會的前期形態。此派的代表學者有今堀誠二[9]、橫山英[10]等。以上各派對中國近代史的發展的幾套重要解釋，都是文革結束以前論述中國近代史整

---

5　里井彥七郎之說可參看以下論著：里井彥七郎〈中国近代化過程に関する三つのとらえ方について〉，刊於《歷史學研究》第 312 號（1966 年 5 月）；里井彥七郎《近代中国における民衆運動とその思想》（東京：東京大學出版会，1972）。

6　狹間直樹的見解可參看如下論著：狹間直樹〈山東萊陽暴動小論 —— 辛亥革命における人民鬥爭の役割〉，刊於《東洋史研究》第 22 卷 2 號（1963 年 9 月）；狹間直樹〈中国近代史における"資本のための隸農"の創出とそれをめぐる農民鬥爭〉，刊於《新しい歷史學のために》第 99 號（1964）。

7　石田米子之說可參閱氏著〈辛亥革命の時期の民衆運動〉，收入《東洋文化研究所紀要》第 37 號（1965）。

8　巿古宙三之說可參看〈郷紳と辛亥革命〉，收入氏著《近代中国の政治と社会》（東京：東京大學出版会，1971）一書中。

9　今堀誠二之說可參閱氏著《中国の民衆と權力》（東京：勁草書房，1973）。

10　橫山英之說詳見氏著《辛亥革命研究覚書》，收入《広島大學文學部紀要》特輯 1 號（1976 年 12 月）。

體象貌的基本看法

　　不過，在文革結束以來，以上各派對日本學術界的影響，漸漸出現了一些變化。

　　首先，沿襲一九四九年後中國共產黨的歷史觀的岩村一派，影響力已日漸式微，文革後的日本學術界，對中國史學界一些僵化了的理論教條和歷史解釋，不能無懷疑地接受。事實上，這十年間，出現了不少批判及檢討中共及毛澤東的歷史理論的文章。岩村一派的歷史解釋因此更難維持其在學術界較大的影響力。

　　其次，強調中國近代社會的非資本主義性質的歷史觀點（市古一派）也再沒有發展的餘地。原因是越來越多的實證研究，無論在日本抑在中國，都充分證明了資本主義與資產階級在近代中國社會發展中所居的重要位置。

　　目前，日本史學界似乎以野澤豐所代表的資產階級主導派及狹間直樹所代表的無產階級（庶民大眾）主導派作為中國近代史發展的主要動力之說法，最具聲勢。踏入八十年代，兩派繼續在其原來的理論基礎上重申其說。近年日本史學界就五四運動及國民政府統治時期的研究，論議最熱烈，兩派的觀點經常正面交鋒。在肯定資產階級在中國近代歷史發展的積極作用的一點看法上，野澤豐的意見，普遍得到東京、名古屋、廣島地區的學者所同意，橫山英所代表的絕對主義說一派，從其近年有關中國近代化與地方自治的研究觀察之，漸有與野澤一派互相匯流的跡象。而狹間一派，則仍持無產階級（庶民大眾）為近代中國發展的主導勢力的基本觀點，其論證五四以來中國社會經濟的發展，仍較多注力於庶民大眾階層的積極作用的一面，對資產階級的進步性及正面作用，始終保持比較審慎和保留的態度。京都、大阪、神戶一帶

的學者，多有附和其說的。近刊京大人文研編印《五四運動之研究》[11]及中央大學人文研編印《五四運動史像之再檢討》[12]兩書，實可充分反映兩派陣營對壘的情況。事實上，無論野澤派或狹間派，二者都是沿著馬克思主義的歷史唯物論立論。野澤所重視者乃馬克思歷史法則的普遍性的運用與解釋。簡言之，野澤等學者的意見認為資本主義世界（中國近代社會已入資本主義時期）當以資產階級為領導階級，資產階級的作用應予肯定，資本主義社會乃人類歷史發展必經階段之一。狹間所重視者乃馬列主義（特別是列寧對帝國主義的論斷）的歷史法則的特殊性的運用與解釋。亦即認為世界個別地區的民族與國家未盡符合資本主義社會發展進程的差異性與特殊性需予重視。中國近代社會，由於資本主義發展不順利、欠成熟、資產階級相對處於弱位弱勢，實踐上便只能由無產階級代替資產階級去完成其「反帝、反封」的歷史任務。觀兩派的理論之爭，今後仍會繼續下去。

## 三、中國近代史重要課題的論爭

　　關於重要的歷史課題的論爭方面，在過去的十年間，日本學界環繞著洋務運動與清末新政的評價、辛亥革命的性質與五四運動的性質的討論、以及國民政府統治時期的功過的檢討等重要課題所作出的討論與研究，可謂異見紛呈，論爭熱烈。

　　首先，關於洋務運動的爭論，日本學術界一般意見多仍認為

---

11　《五四運動の研究》共出四函（京都：同朋舍，1982-1987），其中狹間直樹所著《五四運動研究序說》（收入第一函）一冊為整理該派主要觀點之作。

12　《五四運動史像の再檢討》（東京：中央大學出版部，1986）一書有野澤豐的〈序文〉及齋藤道彥的〈前言〉，可大致了解該派的重要見解。

洋務運動雖有若干資本主義生產方式的採納，但基本上算不上是
一個資本主義的改革。它只強化了封建官僚的統治，促成了地主
體制的重組而已（高橋孝助之說[13]）；它鎮壓國內民眾、壓抑民族
資本的發展、優待外國的資本主義勢力，其結果並不可能成為一
個維持國家獨立的近代化改革運動，與明治維新本質不同（芝原
拓自之說[14]）；它助長了帝國主義、外國資本對中國市場的控制（鈴
木智夫之說[15]）。但另一方面，卻有溝口雄三[16]、曾田三郎[17]、中井
英基[18]等學者，強調此一運動推動了中國資本主義的前進、洋務
派的官僚如張之洞之輩，不但沒有壓抑民族產業，而且更有積極
保護育成之功。溝口雄三甚至認為，日本學界因為長期受著「毛
澤東的一些教條式的歷史理論」（如人民革命一元史觀）的籠罩和

---

13 高橋孝助之說可參看《講座中國近現代史》第 2 冊（東京：東京大學出版
　　会，1978）所收高橋氏撰寫的〈総論〉一文。

14 芝原拓自之說可參看氏著《日本近代化の世界史的位置 —— その方法論的
　　研究》（東京：岩波書店，1981）一書。

15 鈴木智夫之說可參看以下論著：鈴木智夫〈上海機械製絲業の成立〉，刊於
　　《中島敏先生古稀紀念論集》第 1 卷（1981）；鈴木智夫〈清末無錫におけ
　　る繭取引の発達と外国資本〉，刊於《東洋學報》第 63 卷 12 號（1981 年
　　12 月）。

16 溝口雄三的代表性說法見於如下論著：溝口雄三〈近代中国像は歪んでい
　　ないか —— 洋務と民権および中体西用と儒教〉，刊於《歷史と社會》第 2
　　卷（1983 年 5 月）；溝口雄三〈ふたたび“近代中国像”をめぐって〉，刊於
　　《思想》第 19 號（1986 年 7 月）。

17 曾田三郎之說可參看氏著〈洋務政策の展開と中国の近代化〉一文，刊於
　　《史學研究》第 139 號（1978 年 4 月）。

18 中井英基之說可參閱以下論著：中井英基《中国近代企業者史研究 —— 張
　　謇と通海墾牧公司》（東京：アジア政経學会，1976）；中井英基〈清末の
　　棉紡績企業の経営と市場条件 —— 中国民族紡における大生紗廠の位置〉，
　　刊於《社会経済史學》第 45 卷 5 號（1980 年 2 月）；中井英基〈清末中国
　　棉紡績業について —— 民族紡不振の原因再考〉，刊於《人文科學論集》（北
　　海道大學）第 16 號（1980 年 3 月）。

影響，使其對近代中國歷史真貌的認識受到歪曲。他並主張對洋務運動中的工業化路線、中體西用議論以及強化國權官權等向來只有消極評價的事物，均應一一予以平反，不能一概視爲封建、反動的東西。[19]另一方面，當若干日本學者仍認爲清末的新政爲近代中國資本主義發展的障礙的時候（中村義之說[20]），另一些學者如倉橋正直[21]、曾田三郎[22]、渡邊惇[23]等則積極評價清廷的新政有推動經濟建設的作用。曾田認爲在清廷的鼓勵和支持下，清末的商會對資本主義的發展有促進的功能。渡邊惇則指出洋務運動與清末新政間的延續性，認爲光緒末年的新政是洋務運動的延長線上發展之物，反與康、梁的戊戌變法關係不大，袁世凱繼承了曾國藩、李鴻章推行第二次的洋務（即資本主義的改良政策）運動。這些翻案的論文，招來了久保田文次對溝口雄三的反駁[24]，他認爲中國歷史真相並未受到歪曲，而洋務運動的積極作用亦不能過早輕率地下斷言。

　　其次，關於辛亥革命性質的爭論，實際上是久保田文次對橫山英絕對主義變革說的質疑。[25]久保田認爲日本學界並未如橫山

---

19 同注 16。

20 中村義著有《辛亥革命史研究》（東京：未來社，1979）一書，申述其觀點。

21 倉橋正直的論點見於氏著〈清末の実業振興〉一文，收入《講座中国近現代史》第 3 卷（東京：東京大學出版会，1978）中。

22 曾田三郎的論點見於氏者〈商会の設立〉一文，刊於《歷史學研究》第 422 號(1975 年 7 月)。

23 渡邊惇之說可參看如下論著：渡邊惇〈袁世凱政權の経済的基盤 — 北洋派の企業活動〉，刊於東京教育大學文學部東洋史學研究會編《中国近代化の社会構造》（東京：大安，1960）;渡邊惇〈清末袁世凱と北洋新政 — 北洋派の形成をめぐって〉，刊於《歷史教育》第 16 卷 1、2 期(1968 年 2 月)。

24 久保田文次之說見於所著〈近代中国像は歪んでいるか — 溝口雄三氏の洋務運動史理解に対して〉，刊於《史潮》新第 16 號（1985 年 3 月）。

25 久保田文次之說可參看氏著〈辛亥革命は絶対主義變革か〉一文，刊於滕

所指完全接受了毛澤東資產階級革命論所影響而證成其說，日本學界本身有其實證的研究爲基礎才作出辛亥革命爲資產階級革命的論述。橫山所提出中華民國臨時約法因有限制人權的條文，從而缺乏資產階級民主革命的性質的論斷也不公平。蓋歐洲早期的憲法莫不有限制人權的條文，此種情況非辛亥憲法所獨有，主張學界對西歐資本主義民主革命要進行更深入的探討。久保田亦反對橫山以明治憲法與辛亥憲法類比。

第三，關於五四運動的論爭，這主要是狹間直樹一派與野澤豐、齋藤道彥一派間的爭論。[26]過去日本學術界多偏重五四運動中文化思想史側面的研究，而特別重視個別知識分子角色的討論。但此十年間，日本學界對五四運動的研究，已由注重政治史、思想史的方面轉移到注意經濟史、社會史的方面，特別是資產階級所擔任的角色的討論。

野澤豐等人強調五四運動中資產階級的角色，認爲五四是以資產階級爲主導，並聯合社會各階層而形成統一陣線的民族、民主運動。此與日本學界一般意見，認爲五四促成了無產階級的誕生，由此階級推動反帝、反封建運動之說，頗有不同的旨趣。另一方面，狹間直樹仍堅持其一貫的主張，認爲五四運動是新的庶民大眾運動。六月八日的總罷工具有劃時代意義，此乃無產階級躍登政治鬥爭運動的領導地位的象徵性事件。他認爲五四運動本

---

維藻・奧崎裕司等編《東アジア世界史探究》（東京：汲古書院，1986）一書中。

26 關於狹間直樹與野澤豐、齋藤道彥兩派間的學術論爭，可參考注 11 及注 12；另亦可參看狹間直樹〈最近の日本における五四運動研究 —— 五四運動の歷史的意義をめぐる若干の問題〉，刊於《中国研究月報》（1985 年 10 月號）及野澤豐〈五四運動史研究についての往復書簡〉，刊於《近きに在りて》第 3 卷（1983 年 3 月）兩文。

質上是由無產階級主導的全面反帝國主義的運動，並非如野澤所稱只是反日本的鬥爭。

第四，是關於國民政府統治期的評價問題。在這方面，明顯的論爭尚未出現。日本學界近年致力於糾正過去對國民政府統治評價過低的偏差。過去較多的研究偏向於對國民黨右翼的研究，而對國民黨右翼的統治（主要是蔣介石政權）的反動性格較多揭露，對蔣氏的評價亦低。此大體沿襲中共對國民黨的史觀而來。近年日本學界對國民黨左翼及第三勢力有較多的討論（山田辰雄更大力鼓吹之[27]），亦對國民政府被指為買辦的、屈從於帝國主義列強的政權的一項指責抱有疑問。作為野澤豐還曆紀念論文集的《中國國民政府史之研究》（東京：汲古書院，1986 年）與橫山英主編的《中國近代化與地方政治》（東京：勁草書房，1985 年）兩書，均著眼於對國民黨統治期的功過的再評價。坂野良吉批判了中共新民主主義革命史觀對一九二〇年代的改革作出不適當的低估[28]，而久保亨則重視國民政府統治時期的經濟成就，高度評價其稅制改革和幣制改革，指出其政策具有民族主義及資本主義的性格。[29]笠原十九司[30]、中嶌太一[31]、奧村哲[32]、石島紀之[33]等也

---

27 山田辰雄著有《中国国民党左派の研究》（東京：慶應通信，1980）一書，闡述其觀點。

28 坂野良吉之說可參看氏著〈中国における一九二〇年代変革と新民主主義革命史觀〉，收入《名古屋大學東洋史研究報告》第 9 號（1984 年 5 月）中。

29 久保亨之說可參看以下論著：久保亨〈南京政府の関税政策とその歴史的意義〉，刊於《土地制度史學》第 86 號（1980 年 1 月）；久保亨〈幣制改革以降の中国経済〉，刊於野澤豐編《中国の幣制改革と国際関係》（東京：東京大學出版会，1981）。

30 笠原十九司之說可參看以下論著：笠原十九司〈中国民族産業の発展とブルジョワジ —— 五四運動期の上海を中心に〉，刊於《歷史學研究》特號（1977 年 11 月）；笠原十九司〈ボイコット運動と民族産業 —— 上海を中

從不同的角度，研究民國時期尤其是國民政府統治時期的經濟建設，對其進步意義予以肯定，並認爲國民政府推動了中國近代史上最具規模的資本主義的改革和建設。久保亨[34]和以上各學者都眾口一詞地對所謂「半殖民地」、「半封建社會」的概念的廣泛有效性表示懷疑，尤其認爲用以描述國民政府時期的社會經濟形態爲不合時宜。總之，近十年日本的中國近代史研究，較多的成績表現於社會經濟史研究的方面，而民國以來國民黨的政權在社會經濟各方面的成就，都引起了日本學界的關注與重視，並獲得較高的評價。這或許對前一時期一面倒的低貶國民黨的歷史角色的做法，有點平衡的作用吧。

## 四、結　語

總括而言，一九七七年以來，日本史學界的中國近代史研究，可說是經歷了一個懷疑、反思、摸索與重建的過程。我們不敢說這十餘年間日本學界的成就一定比過去任何一個十年的成就

---

心に〉，刊於《講座中国近現代史》第四卷（東京：東京大學出版会，1978）。

31 中嶌太一之說可參看氏著〈国民党官僚資本に関する若干の理論的問題〉，收入藤井昇三編《1930 年代中国の研究》（東京：アジア経済出版会，1975）一書中。

32 奧村哲之說可參看以下論著：奧村哲〈抗日戰爭前中国工業の研究をめぐって〉，刊於《東洋史研究》第 35 卷 2 號（1976 年 9 月）；奧村哲〈恐慌下江浙蚕絲業の再編〉，刊於《東洋史研究》第 37 卷 2 號（1978 年 9 月）。

33 石島紀之之說可參看以下論著：石島紀之〈国民党政權の対日抗戰力 —— 重工業建設を中心に〉，刊於《講座中国近現代史》第 4 卷（東京：東京大學出版会，1978）；石島紀之〈南京政權の經濟建設についての一試論〉，刊於《茨城大學人文科學學部紀要文學論集》第 11 號（1978 年 12 月）。

34 久保亨之說可參看氏著〈戰間期中国経済史の研究視角をめぐって ——"半植民地半封建"概念の再檢討〉，刊於《歷史學研究》第 506 號（1982 年 7 月）。

更爲重要或收穫更多，但可以肯定的是，這一階段的研究成果，
必將成爲日後日本在中國研究方面闢創更新的發展路向的重要根
基。

## 附錄：本文主要參考資料

島田虔次等編《アジア歷史研究入門》II，同朋舍，1983。

山根幸夫等編《中國史研究入門》下，山川出版社，1983。

Kubota Bunji, *Japanese Studies on Modern Chinese History
（1840-1949）, 1973-1983*, The Centre for East Asian Cultural
Studies, Tokyo, 1986.

国際歷史学会議日本国内委員会編《日本における歷史学の
発達と現状》V，東京大学出版会，1980。

国際歷史学会議日本国内委員会編《日本における歷史学の
発達と現状》VI，山川出版社，1985。

《史学雑誌》，東京大学史学会，1977 年至 1987 年各年五月
號所刊《歷史学界回顧と展望》。

アジア經濟研究所編《発展途上国研究 —— 70 年代日本にお
ける成果と課題》，アジア經濟研究所，1978。

本文原載於《中國近代史研究新趨勢》（香港：
香港教育圖書公司，1994）

# *1.7* 關於鄒容一篇最早的傳記

鄒容（1885-1905），是中國近代史上一位勇敢而卓越的民主主義鬥士。他生活在中國近代史中一個悲壯而激盪的年代。他一生為民主革命的事業而堅持戰鬥，不憚犧牲；對加速帝制滿清的覆滅和民主中國的誕生的運動，作出了重大的貢獻。因此，學術界歷來不乏研究鄒容的論文和專書。時至今日，出版的資料已不下十數種之多。可是，一般似乎都忽略了一篇相當早期而值得參考的鄒容傳記。最近，從閱讀有關的史料中，我偶然發現了這篇寶貴的材料。所以特地把它介紹出來，希望關心鄒容事蹟的人士能多注意。

上海週報社編印的《上海研究資料續集》中，載有由蔣慎吾寫的〈蘇報案始末〉一文，文後並附錄了兩篇文字，一為蔣維喬的〈中國教育會的回憶〉，另一為吳稚暉的〈回憶蔣竹莊先生的回憶〉。蔣維喬的文中，提到蘇報案發生的經過，採用了章炳麟的說法，以為章炳麟和鄒容的被捕下獄與吳稚暉向清吏俞明震告密有關。對此，吳氏在其文中反駁蔣氏，並反覆申辯章、鄒的入獄與己無關，章氏說他告密純屬推想虛構而已。章揭發吳的告密事，見於他在《革命評論》上寫的一篇〈鄒容傳〉中，吳稚暉在其文中僅節引了它的部分文辭，加以批駁。我在這裏無意參加這件難定是非的疑案的討論，倒是對章氏這篇最先寫成的鄒容傳記感到

興趣。由於吳氏只節引其中的一小部分，而《上海研究資料續集》的編者又把吳文所附〈鄒容傳〉的影印原本刪去，使我無從窺見全豹，殊覺遺憾。

其後，我在《太炎文錄》初編卷二找到了〈鄒容傳〉，以為這問題當可解決。可是，核對之下，發覺其文字內容與吳氏所節引的頗不相符。因此，我懷疑《文錄》上這篇〈鄒容傳〉並非章炳麟當年出獄後亡命日本時在《革命評論》上所發表的原本。及後，再查《太炎文錄》續篇卷五中，有章氏在民國十三年所寫的〈贈大將軍鄒君墓表〉，也說到他在亡命日本時，曾撰寫過一篇〈鄒容傳〉，而現在的〈墓表〉不過稍加損益該傳而成。這樣，益發增加我對這篇章氏早年寫成的〈鄒容傳〉的興趣。因為，這無疑是一篇珍貴的史料；而且恐怕也是有關鄒容生平最早的一篇權威的報導。最近，我終於在明治四十年（1907）三月廿五日出版的《革命評論》第十號上找到了它。

章炳麟於一九〇六年六月二十九日刑滿出獄，旋即應同盟會的邀請到了日本，隨即加入了同盟會並擔任《民報》的編輯工作。此後，章氏一直成為東京方面革命黨人的言論領袖之一。他除了經常在《民報》上發表宣揚革命的文字外，也與當時日本的一些社會主義運動者有過接觸。他的〈鄒容傳〉和另一首題為〈失題〉的四言詩即在一份宣傳無政府主義的刊物《革命評論》上發表。主持這份雜誌的骨幹人物，有我們熟知的宮崎滔天、萱野長知、平山周、北輝次郎等人。

刊於《革命評論》第十號上的〈鄒容傳〉是用漢文排印的。文長約一千六百多字，是章氏關於鄒容事蹟最長的一篇報導文字。細讀這篇〈鄒容傳〉（以下略稱為〈舊傳〉），我們發現不少與

《太炎文錄》的〈鄒容傳〉（以下略稱為〈新傳〉）

及〈墓表〉不同的異文。茲特錄出其中較大要者如後：

## 一、關於鄒容與其父親事

a.〈新傳〉謂：

父以甲科期之，容弗欲，時憙彫刻，父怒，輒榜笞至流血，然愈重愛。

b.〈墓表〉謂：

父以甲科期之，君弗欲，時喜彫刻，父怒，輒榜笞至流血，然愈愛重。

c.〈舊傳〉謂：

父常以翰林期之，容弗欲，時以語抵其父，父怒。令伏榻上，笞其臀流血，以為常。父嗜鴉粟膏。容於廣坐語人曰：嗜鴉粟者當斷頭。父默然，良久曰：爾不知為親者諱乎。

## 二、關於中國協會的規設事

a.〈新傳〉謂：

與同學鈕永建規設中國協會，未就。

b.〈墓表〉同。

c.〈舊傳〉謂：

諸留學者皆分省相保為同鄉會，容曰：中國人皆同鄉，豈以方域相格。與同學鈕永建規設中國協會，未就。

## 三、關於鄒容與愛國學社社生交惡事

a.〈新傳〉謂：

與章炳麟見於愛國學社。是時，社生多習英吉利語，容調之曰：諸君堪爲賈人耳。社生皆怒，欲毆之。

b.〈墓表〉同。

c.〈舊傳〉謂：

是時，余在愛國學社，始識容。諸教員爭與交。容性倜儻，喜詈人，謂諸社生曰：爾曹居上海，在聲色狗馬間，學英文數歲，他日堪爲洋奴耳，寧知中外之學乎？社生群聚欲毆之。

## 四、關於章炳麟、鄒容、張繼、章士釗
## 　　四人之結爲昆弟事

a.〈新傳〉無載。

b.〈墓表〉謂：

時又有蘇報社者，以論議相應和，則長沙章士釗所爲也。君與士釗、繼皆年少，獨炳麟差長，相得歡甚，約爲昆弟交。

c.〈舊傳〉謂：

容既明種界，又任氣，視朋輩無足語者，獨深信余，約爲昆弟。

## 五、關於吳稚暉告密事

a.〈新傳〉輕輕道出，謂：

會虜遣江蘇候補道俞明震檢察革命黨事，將逮愛國學社教習吳朓〔吳朓即吳稚暉 —— 筆者按〕。朓故墓容、炳麟，又幸脫禍，直詣明震自歸，且以革命軍進。明震緩朓，朓逸，

　　遂名捕容、炳麟。

b.〈墓表〉直隱其事。

c.〈舊傳〉則詳細說明。


　　此外，〈舊傳〉末段縷述鄒容在獄中的生活及受獄吏迫害致死的事情，均較〈新傳〉及〈墓表〉所述的爲詳。此段記述如與章炳麟的〈與篔溪書述獄中事〉及《太炎先生自定年譜》中「光緒三〇年」，和「光緒三一年」二條併讀，當更能曉明真相。

　　如所周知，章炳麟自與鄒容在愛國學社結識以來，一直到最後見鄒容的逝世，其間將近整整兩年當中，他幾乎日夕與鄒容爲伴，可說是與鄒容最接近，相交最深的人。而他這篇關於鄒容的最早的傳記，又是距離鄒容逝世最近的時間內寫成的，所以這實爲研究鄒容事蹟最應珍貴的文字之一。

本文原載於《抖擻》第 28 期（1978 年 7 月）

# 1.8 有關香港早期歷史的
# 一篇重要文獻

## —— 王韜的《香港略論》

有關香港開埠早期的中文歷史資料，並不太多。我們在這裡要介紹的一篇資料，也就顯得非常珍貴。這是王韜在 1865 年撰寫的《香港略論》。

《香港略論》收入王韜的《弢園文錄外編》中，文章的篇幅不大，約有 3000 字，但已能勾劃出香港早期華人生活的大略，而且更能突出香港市政建設管理之善，地理環境之優及文教之盛各點。從而申論香港在英人統治下發展的快速及所以能成為中外貿易重鎮的理由。可以說此後百餘年香港歷史發展的趨向及其要因，亦不難藉此文以窺知一二。

王韜首先描述了香港開埠初期的地理形勢說：「香港四周約百餘里，地形三角一群峯攢簇。英人既定居……就山之麓結居構宇。即其彎環曲折之形，名之曰上環、中環、下環。……地雖蕞爾，稱名頗繁。曰紅香爐峯、曰裙帶路、其西北曰仰（昂）船，南曰赤柱，其東曰登龍、曰灣仔，而香港，其大名也。」

王韜在文中，還推測香港的名稱由來，與一般人的說法稍有

不同。他認為可能因為香港的居民早期以飲用山澗溪水為活，而山水味甘香清冷，香港因以得名。他說：「山上多澗溪，名泉噴溢，活活聲盈耳，味甘洌異常，香港之名或以此歟？」

在英人佔據香港以前，香港曾是海盜出沒之地，居民多蛋戶漁人，以栽種禾苗及捕魚為業，魚汛既過，隨而他徙，因此土著不滿二千。在薄扶林一帶，相傳有明季的遺民後裔在此避亂聚居，結廬二十餘家，算得上是較有中國文化氣息和歷史遺跡之地。

英人佔領此島以後，便開始銳意經營，利用香港優越的海港，從事對華貿易，以致商業日益發達，人口大增，而社會財富不斷累積，成為了英人在遠東的貿易重鎮。他說：「居是邦者，率以財雄，每脫略禮文，迂噬道德。值江、浙多故，衣冠之避難至粵者，附海舶來，必道香港，遂為孔道。香港不設關市，無譏察徵索之煩，行賈者樂出其境，於是各口通商之地，亦於香港首屈一指。前之所謂棄土者，今成雄鎮，洵乎在人為之哉！」王韜對香港早期成功之道，其分析可謂精確無比，即使時至今日，這段話仍相當合用。

王韜在文中，對英人市政的管理與建設的良善，娓娓道來，讚賞不已。這正好說明了當日香港繁榮進步的關鍵所在。

香港的政制簡單而有效率，總督雖然獨攬大權，代表英王管治香港，但行政、立法、司法三權分立，有條不紊。王氏對香港的司法制度，尤其欣賞。他說：「臬憲之外，有提刑官，僚佐官，更立陪審之人十有二員，以習法之律正充其事，而民間所舉公正之紳士，亦得與焉。專在持法嚴明，定案鞫獄，期無妄濫……顧訊鞫之時，不先鞭撲，定案後，以罪之輕重為笞之多寡，禁之久暫，有在獄終身不釋者，故刑法鮮死罪。」

其次王氏亦提到香港的治安防務方面的施設甚佳。他說:「港中晝夜有丁役分班邏察,往來如織。有司獄專管獄囚,一歲中犯案千百,狴犴每至充斥。……下環兩旁多兵房。……最高山頂建立一旗,專設員兵,俾司瞭望,兵房外,環列巨砲,逢期預習,分別功賞,糈餉頗厚,足以自給。……自山麓至顛,每相距數十武輒立木柱,繫以鐵線,聯輟比屬,相互不斷,是曰電氣通標,用遞警信,頃刻可達,其兵防周詳如此。」

王氏認為香港早期的成功及富庶,亦有賴於香港政府善於開源和理財之故。王韜說:「港中無田賦,但計地納稅,量屋徵銀,分四季,首月貢於官,號曰國餉。此外水火悉有輸納,大抵民屋一間,歲必輸以十金,稅亦準是,行舖倍之。他如榷酤徵煙,其餉尤重。妓館悉詣官領牌,按月輸銀。下至艇子輿夫負販傭豎,無不歲給以牌,月徵其課。所謂取之務盡錙銖,算之幾無遺纖悉。其賦稅之繁旺如此。」

王韜在文中,還提到香港開埠早期的一些市政建設,如在黃泥涌、薄扶林等地建水塘儲水,並敷設地下水管提供自來水的供應,使市民可汲用無窮,另又於上環建煤氣局,使夜間街市燈火,光耀如晝,這都是中國內地市政無法比擬的先進設施。王氏亦留意到香港早期的教育及傳播事業,提出當時已設有保羅、華英等書院及大書館,專教學生肄習英文,另又設立義塾數處,專授華文,而教育的費用,全由政府負擔。王韜頗稱許香港政府教育人民的勤懇態度。

開埠初期的香港,由於地狹人稠,經濟發達,房租十分貴,而華人的生活環境比較差。王韜說:「華民所居者率多小如蝸舍,密若蜂房。計一椽之賃,月必費十餘金,故一屋中多者常至七八

家，少亦二三家，同居異爨。尋丈之地，而一家之男婦老穉，眠食盥浴，咸聚處其中，有若蠶之在繭、螻之蟄穴，非復人類所居。」他指出香港已發展至「寸地寸金」的地步。

王韜指出，香港的華民雖然在英人的統治之下，但除了需要納稅及守法外，其他日常生活、風俗習慣、衣冠飲食、文化活動，都受到政府的尊重，不加干涉。故此年中拜神、崇佛、祀祖等事，都例行如舊。而元旦、中元節、盂蘭節等其他的令節佳辰，都能讓華民盡情慶賞，所謂「無一不準諸內地」。在王韜的心目中，香港雖然已劃歸英國統治，但她仍是一塊浸潤著中國文化氣息的樂土。

儘管香港有這麼多令王韜感動和讚賞的事物，但王氏在文章的結尾中仍然為清朝政府因禁煙而導致割讓香港之事而感到痛惜。他熱切希望中國政府能夠鑒前之失，奮發圖強。他作總結時說：「然則居今日者將奈何？惟鑒前則後平，惟懼外則內寧，必修己而後治民，必自強而後睦鄰。」

本文原載於《華僑日報》「香港史天地」版

（1991 年 9 月 16 日）

# *1.9* 鄒容有沒有參加東京
# 拒俄學生軍

　　當八國聯軍入侵中國的時候，俄國乘機強佔了中國的東北三省，《辛丑和約》簽訂後，各國依約退兵，可是，俄國軍隊卻賴著不走。英日等國眼見俄國在東北利益大爲擴張，心有不甘，出面干涉沙俄退兵，而中國的民衆對於俄國的侵略，表示強烈的反抗，俄國終於被迫與清廷締結《滿州撤兵條約》，答應分三期撤兵。1903年 4 月間，沙俄第二次撤兵期限已屆，可是它不但不肯撤兵，反而向中國政府提出七項新要求，並以增兵爲要脅。消息傳來，東京、上海、北京各地的中國人民均有集會，商討對抗之策。東京留學生數百人召開了拒俄大會，決議組織拒俄義勇隊（隨後改爲學生軍），日夕操練軍事，準備開赴前線，與俄兵決戰；同時並選派代表到北京，請求清朝政府堅決抗俄，並表示留學生的義勇軍隨時願赴前線爲國捐軀。這就是所謂拒俄運動，是留日學界一次大規模的反帝國主義的運動。鄒容在 1902 年至 1903 年間，留學日本，而且是留日學界中一個非常活躍而富有愛國民主思想的激進份子，他曾在 1903 年留學生元旦敍會上發表排滿演說，聲名鵲起，備受留日學界中的進步派所重視。對於拒俄運動，以鄒容的作風與爲人，當是義不容辭地積極參與的。所以，自鄒魯的《中

國國民黨史稿》的〈鄒容略傳〉與馮自由的《革命逸史》的〈革命軍作者鄒容〉出現以來，學術界都認為鄒容參加了拒俄義勇隊，並且是拒俄運動的發起人之一。歷來有關鄒容的論著，往往多沿襲鄒、馮之說。鄒容在 1903 年 4、5 月間參加了東京的拒俄運動一事幾已成了定說。

　　可是，我們根據當時的材料的報導，顯示出鄒容因為種種因素，沒有參加發起留日學界的拒俄義勇隊的大會，並且也不是拒俄義勇隊的成員。

　　關於鄒容生平的傳記，除了鄒、馮二氏所撰者之外，章太炎為鄒容所寫的傳記同樣具有權威性。章太炎與鄒容有著親密的革命同志的關係，他也是鄒容走上革命道路以後，唯一相處時日最久的摯友。他自從 1903 年 4、5 月間在愛國學社與鄒容結識以來，經歷蘇報案而與鄒容同被判下獄，直至 1905 年 4 月鄒容死於獄中，整整兩年的歲月，與鄒容幾乎是朝夕相對的。章太炎曾經為鄒容寫過三篇傳記，第一篇發表在《革命評論》第十號（1907 年 3 月 25 日發行）上，題為〈鄒容傳〉；另一篇也叫做〈鄒容傳〉，發表年月與地點不詳，收入《太炎文錄》初編卷二中；第三篇是〈贈大將軍鄒君墓表〉，發表於 1924 年，也收入《太炎文錄》續篇卷五中。三篇有關鄒容的傳記，都沒有提到鄒容與東京拒俄運動的關係，這是我們應該提出懷疑的第一點理由。

　　其次，讓我們回到拒俄運動發生的過程來觀察一下。根據日本學者研究所示[1]，1903 年 4 月 28 日，東京各報章報導了俄國拒絕撤兵的消息，並將七項俄方的新要求的詳細內容披露。29 日晨

---

1　中村哲夫〈拒俄義勇隊、軍國民教育會〉，《東洋學報》五四卷第一號，頁 80-86。

早七時，留學生會館幹事、評議員四十餘人集會，商討對策。會上，湯槱（爾和）提出向南北洋當局致電，要求堅決拒絕俄人的要求並促撤兵。而鈕永建（惕生）則主張先成立義勇隊，準備赴敵，然後再致電南北洋當政人臣。鈕永建的提案結果獲得通過，同時並議決下午一時在神田錦輝館留學生會館召開會員大會謀求大會的支持。當時出席者五百多人，討論結果決定：1、兩日內完成志願參加義勇隊的登記工作，迅速成立義勇軍以備作戰；2、同時致電北洋大臣袁世凱及上海各團體，表示留學生抗敵決心；3、選派湯槱與鈕永建為全權代表，回國與袁世凱接觸，商定學生軍編入麾下作戰的事宜。4月30日，志願參軍者有百三十人，本部職員有五十餘人的登記工作完畢。5月2日，再開大會，議決義勇軍改名為學生軍，以及通過其組織與各項細則，學生軍便正式成立。自此以後，留日學界拒俄運動的消息在各省留學生所辦的雜誌上均有詳細報導。[2]可是，我們不單止在各雜誌就學生軍成立的過程報導中，找不到關於鄒容為拒俄運動發起人之一的資料，甚至連在學生軍成員的名單內[3]，也找不到鄒容的名字。

　　為什麼會這樣？鄒容的活動會不會被漏記了？我們的答案是否定的，因為鄒容根本沒有機會參加這一個盛會。

　　鄒容是在 1902 年春天赴日本留學的，至 1903 年春夏之間，便被迫回國。他回國的主要理由，恐怕是因為參加了揭發留學生監督姚文甫與女人的姦情，憤而剪掉姚某的辮髮而觸怒了監管留學生的清吏，不得不回國。章太炎贈鄒容的詩中也有「快剪刀除

---

2　參看《江蘇》第二期，外國時評〈軍國民教育會之成立〉，《浙江潮》第四期，留學界記事〈拒俄事件〉，《湖北學生界》第四期，留學記錄〈學生軍緣起〉。
3　參閱《蘇報》一九〇三年五月十八日「學生軍名單」。

辮」之句，即是指這件事。鄒容剪姚辮的事發生在 3 月 31 日[4]，約在一星期後，鄒容似乎已動身回國。鄒容回國之事，曾與鈕永建磋商。鈕永建爲他寫了一封信介紹給上海愛國學社的教員吳稚暉，請他接待鄒容。鈕氏的信寫在舊曆三月九日，即陽曆 4 月 6 日，他在信中這樣說：「有四川鄒容者，年二十三、四，聰明勁悍，在東京未見其匹，弟欲紹介先生一晤之，已與之約與寶航〔筆者按：寶航似爲廣東留學生程沃鈺 —— 參看房兆楹輯《清末民初洋學學生題名錄》頁四一〕俱西至上海住愛國學社，以十日或一月爲幸，先生可詳察之。」[5]鄒容也許在 4 月 6 日之後便已離東京買棹返回上海。這段行程，按當時一般情況，約需一個星期至十天左右。鄒容什麼時候返抵上海，確切日期已不可考。不過，在 4 月 25 日，鄒容已經和吳稚暉、蔡元培等人參加了上海商紳各界在張園舉行的集會。這會是爲了反對桂撫王之春爲討好法國、出賣廣西利益而召開的，鄒容並曾發表演說。[6]這事下距東京傳出俄拒撤兵的消息尚有三天，距學生軍正式成立更有七、八天之譜。鄒容此後一直在中國教育會主持的愛國學社從事鼓吹革命的活動，更沒有重蹈日本的國土。至蘇報案發生以後的經歷，即爲我們所熟知的了。

那麼，鄒魯、馮自由的記載何以會有此錯誤呢？我想很有可能鄒、馮二人把鄒容返回上海之後的活動誤爲在東京的活動所致。根據《蘇報》的記錄，鄒容確實是上海一地拒俄活動的參加

---

4 參閱《蘇報》一九〇三年四月十日〈東京留學界彙述〉。
5 楊愷齡輯，《鈕惕生先生遺札選集》（台北：文海出版社，1976），頁 72。
6 參閱《蘇報》一九〇三年四月二十六日〈張園集議粵西事〉，及一九〇三年四月二十七日〈張園演說摘錄〉。

者。茲將鄒容返抵上海後的重要活動列表如下：

| 月／日 | 與鄒容有直接關係的集會及事件 | 地點 | 主催者 | 出席者 | 備考 |
|---|---|---|---|---|---|
| 4/28 | 拒俄集會 | 張園 | 汪穰卿 | 上海各界中國教育會全體成員 | 《蘇報》1903年5月6日，「海上熱力史」 |
| 5/1 | 成立國民總會(亦名國民公會)討論會，謀藉此保障國家與國民之權益。會上亦商議編一滬上拒俄義勇隊，以響應東京。鄒容於會中斥滬商馮鏡如無資格參加國民公會。 | 張園 | 中國教育會與愛國學社 | 上海各界人士。又鄒容更簽名支持國民總會 | 《蘇報》1903年5月2日、「張園集會」，5月4日、「陸師退學生與陸師畢業諸君函」，5月8日「譯西報記張園會議事」，5月11日「四川諸君公鑒」。章太炎「鄒容傳」。 |
| 5月 | 鄒容欲聯合各地愛國學生團體組成一爭國民權益的大組織，名為中國學生同盟會。會 | 上海 | 鄒容 | 不詳 | 《蘇報》1903年5月30日、「論中國學生同盟會之發起」。 |

| | 中小處理拒俄工作。 | | | | |
|---|---|---|---|---|---|
| 5 月末 | 鄒容《革命軍》出版。 | 上海 | | | |
| 6/30 | 蘇報案爆發，章太炎被捕。 | 上海 | | | |
| 7/1 | 鄒容牽連案中，自動投案。 | 上海 | | | |

　　從上表所見，我們有理由相信在《革命軍》出版前一個月，鄒容與上海的拒俄活動有關係。鄒、馮的鄒容傳記由於是後來的追述，難免把一些事件混淆起來。

本文原載於《抖擻》第 30 期（1978 年 11 月）

# *1.10*　所謂辛亥革命

## —— 譯自《辛亥革命研究覺書》之結論部分

*橫山英著　林啓彦譯*

## 譯者序言

　　關於辛亥革命的性質問題，近年來在國外史學界，引起了廣泛的注意和討論。這些討論，是環繞著如下的問題而進行的：1、辛亥革命是一場甚麼性質的革命？2、這個革命的主動力量何在？3、這個革命的對象是甚麼？以及4、這究竟是不是一場革命？針對這些問題，日本學界自六十年代以還，議論蠭起，眾說紛呈。直到現在，似乎還未得出一致的結論。在美國方面，較近的數年來，學界亦開始注視同樣的問題。最近，Joseph W. Esherick 氏在整理和總結六十年代以來美國學界研究辛亥革命的總成績時，也提出了辛亥革命應否稱爲革命的疑問。[1]

　　過去，我國史學界對辛亥革命也曾進行過相當深入而錯綜的研究。我們一般的瞭解是：辛亥革命是一場民主主義革命（唯物

---

1　參看 Joseph W. Esherick 著 "1911: A Review" 一文，該文刊於 *Modern China* 第二卷第二號，1976年4月由 Sage 出版社出版。

史家則認爲是資產階級民主革命），或至少是一場政治革命。我們覺得，我們這種看法基本上是可靠的。不過，我們也不能排除異見存在的可能，並且，我們有責任充份瞭解這些異見，容納這些異見而進行反覆的論辯，以求對辛亥革命有更客觀、更健全、更正確的認識。

　　基於如上的理由，筆者在這裏打算譯介的一篇探討辛亥革命性質的文章，是日本廣島大學中國史教授橫山英氏的近作《辛亥革命研究覺書》的結論部分。該書由廣島大學文學部於一九七六年十二月出版，列爲該大學文學部紀要特輯一號。橫山英先生是一位受歷史唯物論影響的中國史專家，早年的研究偏重於中國近代社會經濟史方面，出版了的重要著作有《中国近代化の経済構造》（亞紀書房，1972 年）。近七、八年來，卻集中力量在中國近代革命史和政治思想史的鑽研，發表了的論著有六、七種之多。他對辛亥革命的看法，在日本學界中，可算是獨樹一幟的。

　　橫山英一九六六年即發表了〈清末変革における指導と同盟〉（《史學研究》97 號，廣島史學研究會），首先提出了對中國近代史理解的新途徑，他認爲中國近代史的發展是兩種變革路線的衝突鬥爭，但又是在互相影響下進行的。一線是反帝國主義、反封建主義的變革道路，另一線是半殖民地化、半封建主義化的變革道路。前一線主要的鬥爭力量來自民眾（成員主要來自農民、城市中小企業生產者及部份小資產階級），表現於具體的歷史運動是：太平天國 —— 義和團 —— 五四運動，這個過程客觀地、實際地發揮了反帝、反封建的效果。後一線的主導力量是資產階級（成員主要來自資產階級化的官僚、地主、買辦資產階級、資產階級及小資產階級等），表現於具體的歷史運動是：洋務運動 —— 戊戌

變法 ── 辛亥革命，這個過程在客觀上和實際上不但不能達成反帝、反封建的任務，相反地使中國更逐步陷入半殖民地、半封建社會的深淵。他提到辛亥革命時，以農民爲主的民眾鬥爭所達成的歷史任務，有如下的論斷：

> 辛亥革命時期的大眾反抗鬥爭，決不是革命鬥爭，主要地是反對政府政策 ── 新政 ── 的大眾鬥爭而已。這基本上是軍閥與資產階級的同盟所推動的半殖民地、半封建主義化的變革，與潛在地和前者處於對立關係的反帝國主義、反封建主義的變革的結合所生，以此，它能而且只能停止在釀成革命情勢的階段，而客觀地卻對半殖民地、半封建主義的政權的樹立提供了有利的條件。[2]

　　一九七一年他進一步研究中國國內史學界的「辛亥革命爲資產階級民主革命」說的形成過程及其理論的弱點，寫成〈辛亥ブルジョア革命説の系譜〉，發表在《史學研究》111 及 112 號上。一方面依舊堅持上述的二線說，一方面把陳獨秀、瞿秋白、毛澤東等人的辛亥革命觀作一系譜式的整理，認爲各人都爲了當時的政治環境和革命的需要而立論，以致影響了他們對辛亥革命的真相和性格的認識與捕捉。在他們的理論籠罩下的中共史學界對辛亥革命的客觀理解自然受到局限。他重覆辛亥革命在反帝、反封建的革命任務上沒有建樹，反而深化了半殖民地、半封建社會的發展的基本論斷；同時，更指出真正的『革命』不應如此，再次否定辛亥革命爲一場革命，而只是一個變革。

　　自六十年代中期以來，日本學界對辛亥革命的評價有很大的

---

2 橫山英，〈清末の変革における指導と同盟〉，《史學研究》97 號，廣島史學研究會，1966 年 8 月，頁 85。

分歧和爭論。據 J.K. Fairbank，S. Ichiko（市古），N. Kamachi（蒲地）合編的 *Japanese Studies of Modern China Since 1953: A Bibliographical Guide to Historical and Social Science Research on the Nineteenth and Twentieth Centuries*（哈佛大學東亞研究中心，1975 年）一書中所錄，異論有七種之多。[3]不過，照日本學界自己的整理，則分爲三類。第一類以市古宙三、波多野善大爲代表，認爲中國近代化的動力源自帝國主義列強，但中國沒有相應的社會條件，致近代化成績不著。此皆由於資產階級民主要素在清末的中國社會未成熟之故，所以辛亥革命不是一場資產階級民主革命。第二類以野澤豐、中村義、菊池貴晴爲代表，認爲中國近代化的動力源自中國近代社會，在一定程度上，資本主義條件的成熟與資產階級的發展，在這基礎上才發生了辛亥革命。所以辛亥革命即使未獲預期的成功，但不失爲一場資產階級民主革命。第三類以狹間直樹、石田米子爲代表，他們從另一角度看近代化問題，認爲前二者過分著重歐美資產階級民主革命爲近代化的典型是不對的，因爲這會抹煞了東方世界的特殊的歷史時空，使近代化容易陷於等如歐化的解釋上去。事實上，中國的近代化的主體卻是人民大衆和部分革命的先進的資產階級，其目標則是反帝國主義和反封建主義，故中國近代化的任務與西歐世界近代化的任務不盡雷同。辛亥革命是這種近代化過程中的一重要階段，且爲以後的無產階級領導的新民主主義革命開路，所以辛亥革命是帝國主義時代發生於資本主義發展不健全的中國的一場特有的革命；所以辛亥革命雖不盡可能界定爲『傳統的』資產階級民主革

---

3 參看該書〈序論〉部分，頁 XXVII —— 頁 XXIX。

命，卻是帶有特定革命內容的一個政治運動。這三類的主張，在里井彥七郎的〈中国近代化過程に関する三つのとらえ方について〉一文中，有提示式的說明[4]，其後並得不少日本學者深入的檢討與發揮。限於篇幅，於此不能一一介紹。橫山氏的看法，似可置於上述三派主張之外。雖然他否定辛亥革命爲『革命』的見解與第一派多少吻合，不過他不同意中國近代史的發展沒有資產階級民主主義的要素的存在之說，同時他也基本上接受了中國近代化的強大動力是人民大衆，其任務是反帝、反封建的觀點。故此，我們譯介他在《辛亥革命研究覺書》中關於辛亥革命歷史位置的討論時，不得不附帶一提有關理論的狀況，以加深讀者對同問題的瞭解。

　　《辛亥革命研究覺書》總結了橫山氏自己對辛亥革命的一個接近成熟階段的看法。他在書中明確地否定了辛亥革命是一場馬列史觀下的所謂革命，指出這僅是一個不純粹的絕對主義的變

---

4 里井彥七郎，〈中国近代化過程に関する三つのとらえ方について〉，《歷史學研究》312 號，歷史學研究會，1966 年 5 月，頁 1-10。又三派闡述其理論的重要論文有：

　　a. 波多野善大，〈中国近代史に関する三つの問題 —— 中国の近代化は何故おくれたか ——〉，《名古屋大學文學部研究論集》（史學）XX，1958 年。

　　b. 市古宙三，〈辛亥革命と鄉紳〉，《近代中國の政治と社會》，東京大學出版會，1971 年。

　　c. 菊池貴晴，《現代中國革命の起源 —— 辛亥革命の史的意義》，巖南堂書店，1970 年。

　　d. 野澤豐，《辛亥革命》，岩波書店，1972 年。

　　e. 狹間直樹，〈山東萊陽暴動小論 —— 辛亥革命における人民鬪爭の役割 ——〉，《東洋史研究》第 22 卷 2 號，1963 年。

　　f. 同前，〈中國近代史における"資本のための隷農"の創出とそれをめぐる農民鬪爭〉，《新しい歷史學のために》第 99 號，1964 年。

　　g. 石田米子，〈辛亥革命の時期の民衆運動〉，《東洋文化研究所紀要》第 37 冊，1965 年。

革。這種變革與西歐十七、八世紀絕對主義王政成立的歷史事象
有類似之處。但由於當日東方諸國受特殊的時空條件的限制，遂
發展成一種既有普遍性又具特殊性的東方式絕對主義。具體地
說，發生在日本的絕對主義變革是明治維新，發生在中國的絕對
主義變革則爲辛亥革命。而辛亥革命更可視爲半殖民地的絕對主
義變革的一種型態。

《覺書》全文共分六章，分別爲：1、毛澤東之辛亥資產階
級革命說，2、辛亥革命期中清朝政權之內部結構，3、資產階級
的反清諸勢力，4、各省軍政府之政治性格，5、中華民國臨時約
法之主權論與基本權思想，6、所謂辛亥革命。除第六章結論部分
的「所謂辛亥革命」將在正文譯出，於此毋庸贅述外，其餘五章
的論旨，似有稍加說明之必要。

第一章主要是回顧中日史學界過去的辛亥革命爲資產階級
民主革命說的理論結構，並批判其弱點。指出毛氏和中共其他領
導人首倡的辛亥革命爲資產階級民主革命的說法，是在抗日戰爭
時期爲了政治上需要謀求推進與國民黨合作而提出來的。雖然理
論上、實證上都有毛病，但長期以來深刻地影響中日兩國史學界
的辛亥革命觀。正因各人在對辛亥革命作出評斷的時候，並未嚴
格地遵循資產階級民主革命的社會科學上的定義，以致對辛亥革
命的性質每因人因時而有不同的解釋，而所謂資產階級民主革命
運動時期的劃分，革命的資產階級的成員的構成等重要問題，其
說法亦往往前後不一致。

第二章指出歷來史家對革命對象的認識並不很正確。支持辛
亥革命爲政治革命的唯一而有力的論據是它推翻了封建的專制政
權 —— 清朝。一般人往往有如下的擬樣：清廷守舊派＝滿清政權

＝封建的專制政權。橫山氏卻認為事實上自義和團事件以後，清政權的領導集團已起了重大的變化。封建的專制政權已實際地操縱於新洋務派（袁世凱、張之洞、劉坤一等所代表和領導的政治集團）手中而非固有的滿族統治階層。因此，革命勢力要打倒的政治對象應該是新洋務派，而辛亥革命的主要革命對象顯非如此。

　　第三章指出辛亥革命期的政治勢力與階級的對立並不可以簡單地以擁清與反清兩大派系來劃分。其實當時的反清諸勢力的構成異常複雜。新洋務派，立憲派，同盟會派和農民等社會勢力在非常微妙的情況下，產生了既合作又對立的關係，並且直接和間接地構成為反清政權的政治力量。在分析各社會勢力的政治要求和活動情形後，橫山氏認為『革命』的主導勢力不是代表小資產階級的政治經濟利益的同盟會派，而是代表資產階級和大資產階級利益的商紳層及其政治上的代表的立憲派。

　　第四章從各省軍政府成立的過程，其組織及其政治性格實證了橫山氏自己所提出的立憲派主導了這場『革命』的說法。

　　第五章檢討中華民國成立時的憲法內容，特別著重對其中有關國家主權與人民基本權的兩項重要思想的分析。結果橫山氏發現其中存在著嚴重的法理上的缺陷，距離一部民主憲法的精神甚遠。他認為臨時約法本質上是屬於在絕對主義的前提下的偽立憲主義的憲法體系，一如明治時代所定的大日本帝國憲法。由於辛亥革命所爭取到的是這樣的一部憲法，因此就不能視為民主革命。

## 譯文：所謂辛亥革命

　　如所周知，列寧在所著《第二國際的破產》一文中，對革命的各種條件有如下法則性的規定：

沒有革命形勢，就不可能有革命，但並不是任何革命形勢都將引起革命。一般說來，革命形勢的特徵是什麼呢？如果我們舉出下面三個主要特徵，那我們大概是不會錯的：1、統治階級不可能照舊不變地維持自己的統治；『上層』的某種危機，即統治階級的政治危機；給被壓迫階級的憤怒和不滿造成一個爆破的缺口。光是『下層不願』照舊生活下去，對革命的到來通常是不夠的；要革命到來還須『上層不能』照舊生活下去。2、被壓迫階級的貧困和災難超乎尋常的加劇。3、由於上述原因，群眾積極性大大提高，這些群眾在『和平』時期忍氣吞聲地受人掠奪，而在動盪時期，整個危機形勢和『上層』本身都迫使他們去進行獨立的歷史性的發動。

沒有這些不僅不依各個集團和政黨的意志，而且也不依各個階級的意志的轉移而起的客觀變化，革命——按照一般規律——是不可能的。這些客觀變化總起來說就叫做革命形勢。[5]

我們即使不回溯自鴉片戰爭失敗時期起，光是瀏覽從義和團戰爭失敗以後十年間的歷史現象，對我們來說已十分足夠。其間，清朝推行了一系列的彌縫政策——包括《辛丑和約》導致的對外從屬政策、殖產興業政策、新教育政策及立憲政策等「新政」的實施，鐵路國有化的強制執行——，帶來了統治階級內部新派別的產生（新洋務派、立憲派）以及其與守舊派的對立，立憲派領導的對外杯葛、收回利權、速開國會等運動的高漲，同盟會派領

---

5　〔作者原註，下同〕我國譯本《レーニン全集》卷 21，208 頁。（譯者據中
　　譯本《列寧選集》卷 2 錄出同一引文，見於該書頁 594-595。）

導的反清武裝起義的持續，加上「貧困和災難超乎尋常的加劇」
的農民、都市貧民的各種鬥爭的激化、蔓延等等的現象，真恰如
列寧所指示的革命形勢的生成和發展。

可是，列寧在同文中繼續說：

> 這種形勢在 1905 年的俄國和西歐各個革命時代都有過；而
> 這種形勢在德國上一世紀 60 年代，在俄國 1859-1861 年，
> 1879-1880 年也曾有過，雖然那時並沒有發生革命。為什
> 麼呢？因為不是任何革命形勢都會引起革命，只有上述客
> 觀變化加上主觀變化的形勢下才會產生革命，這種主觀變
> 化就是：革命階級能夠發動足以打倒（或摧毀）舊政府的
> 強大的群眾革命行動，因為這種政府，如果不『推』它，
> 即使在危機時代，也是不會『倒』的。[6]

又當他論及 1913 年俄國政治的危機成熟，號召無產階級起
來革命之際，他這樣說：

> 如果在這個國家沒有一個革命階級能夠把遭受壓迫的消極
> 局面變成憤怒和起義的積極局面的話，任何下層社會的遭
> 受壓迫或上層社會的危機都不能造成革命，而只能造成國
> 家的腐朽。[7]

---

6 レーニン〈革命的プロレタリアーのメーデ〉，《レーニン全集》卷 19，226
　頁。（譯者據中譯本《列寧全集》卷 19 "革命無產階級的五一示威游行"一
　文錄出同一引文，見於該書頁 215。）

7 在中國，自先秦以來，有易姓革命意味的所謂『革命』的用語與概念是經常
　用的。可是，到了清末，也接受了西歐的 Revolution 意義的概念，同時亦以
　『革命』一詞來表示之。於是，清末時期作為史料上用語的『革命』一詞，
　便往往含有二重意義。（有時候『造反』或『反正』的一般概念也似含進去。）
　為此，我們試圖作科學的分析的時候，對此史料上用語的『革命』的內容，
　使需要深入的注意和正確的解釋。又，其他相同的例子如『民主』一詞，也

　　在清末辛亥革命時期的革命形勢之下，「主體的變化」，亦即「能夠發動足以打倒（或摧毀）舊政府的強大的群眾革命行動的階級」，或者「能夠把遭受壓迫的消極局面變成憤怒和起義的積極局面的革命階級」，存在過嗎？作為嘗試解答這個問題的前提，我們必須重新明確一下究竟近代中國的革命，應該是甚麼政治內容的東西。因為：第一而且是最基本的，我們要明確地弄清楚中國傳統用語上的易姓革命的『革命』與今天習用於社會科學範疇中的『革命』的概念是不同的，後者意義的革命才應是我們在此要處理的問題。第二，這情形下，革命的政治內容就不得不受客觀的條件所規定而帶有特殊的內容。1923 年，陳獨秀在其論文〈中國的國民革命與社會各階級〉[8]中，規定了在殖民地或半殖民地的資產階級革命要帶有「對內作為民主革命對外作為民族革命的雙重意義」，換言之，即帶有「對外要求經濟的政治的獨立、對內要求一般國民的政治的自由」的意義的『國民革命』的特殊型態。處於半殖民地半封建社會狀態下的中國所面臨的真正的革命，正如陳獨秀所提示出來的一樣，只能是負有反帝國主義、反封建主義兩大任務的特殊型態的資產階級民主主義革命。其後，第三國際及毛澤東等中國共產黨的領導人也重覆地強調此點。[9]以這樣的革命論作為標準來考察關係著清末變革的各種勢力的政治和階級

往往帶有 Republic 和 Democracy 的兩重意義，我們應要小心。

8　《前鋒》第 2 期，我國編譯《中國共產黨史資料集》第一卷（已見前），資料 66。

9　當時階段的資產階級民主主義革命的任務是反帝反封建。可是，當資產階級民主主義革命的勝利，即中華人民共和國成立時的革命任務卻負有「反對帝國主義、封建主義及官僚資本主義」的三大任務。見陳伯達著〈論毛澤東思想〉。該文收入日本國際問題研究所中國部會編《新中國資料集成》卷三，資料 72，頁 300。（註文過長，譯者作了必要的刪節。）

的性格時，我們見不到可以稱爲『革命的階級』、當然是指「能夠發動足以打倒（或摧毀）舊政府的強大的群眾革命行動的革命階級」、或「能夠把遭受壓迫的消極局面變成憤怒和起義的積極局面的革命階級」、又或者是這樣內容的『主體的變化』，曾經存在過。對這個判斷，我已經在第三章有關各資產階級勢力的分析的討論中清楚交代過。可以視爲革命形勢的『客觀變化』雖確曾存在過，可是尚未由任何一個階級或階層發動過革命。所謂辛亥革命的清末變革，其實只能說是在這種條件下以政治變革或政治改良爲內容的一種政變而已。

　　然而，這樣的講法也不是意味著把辛亥革命看成是單純的王朝『革命』或種族『革命』。原因是這個變革正是當時中國的資產階級進化的必然途徑。但我們亦不可貿然地由於它有著資產階級要素的存在而直認這是『革命性的』。鴉片戰爭以來的中國，在資本主義和帝國主義列強的容許及其指導下，資產階級進化的過程得以加速，半殖民地半封建性的社會經濟狀態得以產生，合適這種狀態的階級關係或社會諸勢力的調整得以完成（簡言之即外國資本主義與帝國主義的限制下的資產階級化）。所謂半殖民地（Semi-colonial）半封建（Semi-feudal）的社會狀態，本來不過是歷史性的過渡狀態；就內容而言，是指既不是殖民地也不是獨立國的國際地位與由封建制轉移至資本制過程的社會經濟狀況的一種結合狀態。職是之故，合適這種狀態的階級立場是多樣的。故清末的中國社會出現了新洋務派即軍閥、立憲派、同盟會派的三大政治勢力。各種勢力爲應各自的階級立場而提出各自的政治主張。三者俱是企圖適應這半殖民地半封建性的社會經濟狀態而謀求發展自己力量的勢力，亦即筆者所稱的半殖民地半封建性的

勢力，同時也正是半殖民地半封建社會的變革過程的推動者。故此，清末變革的內容不是革命，而僅是追求資產階級化的半殖民地半封建性的各種勢力，在不改變現存的政治體制的基本結構的原則上，把資產階級的要素納入上層建築中以整頓原有的封建統治秩序，創造合適自己要求的政治體制，而以建立半殖民地半封建統治權力為目標的政治變革而已。

　　辛亥革命既如上面所言是新洋務派即軍閥、立憲派和同盟會派三種資產階級政治勢力尋求建立獨自的政權的一種變革，則此三勢力相互間的關係又如何呢？立憲派與同盟會派為統治型態而存在著敵對的關係是眾所共知之事，而新洋務派與立憲派之間，除了袁世凱與立憲派上層的張謇等一部分人有勾結外，整體來看，似見不到有明顯的合作關係。大致說來，三派勢力是沒有合作關係的，倒該可以說是處於對立的狀態。不過，問題是：究竟那是什麼內容的對立呢？正如我在前文所作過的分析，三派勢力在作為以資本的原始累積為目標，以樹立資產階級政治體制為志向的半殖民地半封建性的政治勢力的一點上是共通的。然而，對具體的變革課題和程式及應實現的政治型態，則由於各自的階級要求和現實存在的差異而產生不同的路線和構想。假如直截地以圖式表示出來的話，三派實採取了各自的方式：換言之，新洋務派是利用清朝的權力、立憲派是借限制君權（專制權力）來滲入政權，同盟會派 —— 雖欠缺具體的政權構想 —— 是藉漢族共和制的統治型態，來謀求實現各自的政治參與及適應各自的資產階級進化的環境。所以，三派勢力儘管就政治型態、政策和奪取領導權等方面表示了變革方針上的對立，但由於目標中蘊含有共通性，妥協的可能性客觀地存在著。因此，三派勢力雖然一方面互

相對立並進行獨自的變革活動，但客觀上卻可說是處於合作的關係。1911 年 10 月武昌起義到民國成立期間三派勢力的妥協的聯繫是持續下去的。但，這其實也不過是在這以前已客觀存在的（現實來說，在某些地方同盟會派和立憲派之間嚴重對立是不存在的，無寧說存在過合作的關係）共通性與合作關係，借武昌起義為契機，在擴大了的自然爆發的『革命』狀況之下，急速地現實化而成功的事。對民國成立時期三派勢力結合的原因，如果僅求之於袁世凱及立憲派對『革命』的欺詐性的投機或同盟會的認識不足和力量薄弱等等，都只不過是不充份的現象說明而已。

那麼，這三派勢力的「客觀的合作關係」之中，各勢力分別佔有什麼位置或擔任甚麼角色呢？如果我們觀察辛亥革命時期的政治情況，明顯可見的事實是：新洋務派即軍閥絕對沒有展開過領導活動，它只是靜觀立憲派、同盟會派或農民所掀起的變革情勢，設法因應之和利用之以謀在清朝政權的內部擴大自己的實權；從事『革命』點火活動的同盟會派的革命活動，正如前文論述過的一樣，雖然採用了以反清作口號的武裝起義的『革命』的戰術，但其影響並不能波及全國。在資產階級的勢力中，擁有最進步的生產力，並提出了最具體、最系統和最現實的政權變革或『政治革命』的構想，且又形成及保有在社會上和地方上最大的政治影響力的是立憲派。他們以不斷地資產階級化的商紳層為其階級基礎並且把集結於商會、諮議局、自治局和立憲團體等機構的地方上開明實力派人士組織起來。此項事實，如從實際的歷史進程述之，首先是立憲派在義和團失敗以後，通過種種政治、社會、經濟的活動，形成了在社會上和政治上的領導勢力；從武昌起義到民國成立期間，在他們領導之下，聯合了同盟會派和土著

的舊勢力共同建立起新政權（省軍政府→南京臨時政府），繼而與在全國軍事上及與帝國主義結合關係上處優越地位的新洋務派即袁世凱等達成了合作；此後，領導權就移到新洋務派的手中。這樣的歷史變革過程，從當時中國所處的國際環境（帝國主義階段中的半殖民地性的從屬）及更基本的從當時中國的資產階級發展階程（從上而下的原始累積階段）來看，應可說是必然的吧。

言之，辛亥革命這場變革之所以成功，實由於資產階級各派勢力有共同追求的東西：一面既與帝國主義妥協（更重要的是以半殖民地狀態爲先決前提）以維護封建的各種關係，一面又要建立資產階級的改良政權亦即半殖民地半封建性的政權所致。

如上所言，所謂辛亥革命，可以明確地作以下的概括：以變革過程來說，它基本上作了半殖民地半封建社會變革道路的推動者，但亦同時利用了在其對立方的潛在和萌芽的反帝國主義反封建主義的變革道路的發展條件去進行與清朝守舊勢力對抗（次要的對抗）及奪取其政權 —— 即是要建立一個吸收了資產階級要素及追求封建統治秩序的重整的半殖民地半封建性的政治權力 —— 的工作；以變革的主體來說，作爲這半殖民地半封建社會變革道路的推動者的主體的三派政治勢力之中，以商紳層爲階級基礎的立憲派扮演了領導的角色。那麼，對如上述這樣的政治變革，究竟應給予甚麼本質的界定呢？

如所周知，今堀誠二通過對清末農村結構的一番實證研究，對辛亥革命的性質界定問題提出了新的見解，他認爲這是以寄生地主制爲基礎的『絕對主義』的成立。[10]其後又把這種說法修改

---

10 今堀誠二〈清代における農村機構の近代化について〉1、2，《歷史學研究》191 期、192 期。

為「半殖民地性的絕對主義」（引號為今堀所加）的格式。[11]我們
要理解所謂辛亥革命的本質，並以歷史學一般的概念掌握的時
候，我們當可以接受今堀的見解並取消其引號直截認定這是半殖
民地的絕對主義的成立，就其理由，下面擬加若干的說明。

　　首先，第一點要說明的是，中國可以被外國資本主義所容許
的是哪種型態的變革？我們大家都知道，馬克思、恩格斯在《共
產黨宣言》中，對資本主義的向外侵略的特徵，是這樣解說的：

　　資產階級在歷史上曾經起過非常革命的作用。

　　資產階級在它已經取得了統治的地方把一切封建的、宗法
　　的和田園詩般的關係都破壞了。……

　　資產階級，由於一切生產工具的迅速改進，由於交通的極
　　其便利，把一切民族甚至最野蠻的民族都捲到文明中來
　　了。它的商品的低廉價格，是它用來摧毀一切萬里長城，
　　征服野蠻人最頑強和仇外心理的重砲。它迫使一切民族
　　── 如果它們不想滅亡的話 ── 採用資產階級的生產方
　　式；它迫使它們在自己那裏推行所謂文明制度，即變成資
　　產者。一句話，它按照自己的面貌為自己創造出一個世界。[12]

　　資產階級不單在其母國扮演成功『革命的角色』即使對所侵
略的外國「野蠻國與半野蠻國」也完成其『革命的任務』。也就是
說，不光是奪取了「野蠻國與半野蠻國」的主權，使之從屬於資
本主義的「文明國」而已，而是要迫使「野蠻國與半野蠻國」的
國民去「成為資產階級」，易言之，要破壞「野蠻國與半野蠻國」

---

11　今堀誠二《中國の民眾と主權力》，勁草書房，1973 年，頁 9。
12　我邦譯本〈マルクス・エンゲルス全集〉卷 4，頁 478-479。（譯者據中譯本
　　《馬克思恩格斯選集》卷 1 同文錄出，該節引文見於頁 253-255。）

的舊有的生產關係，強制地使它改變成爲以商品生產和交換爲媒介的新的資產階級的生產關係。對此，馬克思就印度的問題作更具體的論述。例如，他在〈不列顛在印度統治的未來結果〉中，對英國在印度所充當的歷史角色作這樣的論述：

> 英國，在印度要完成雙重的使命：一個是破壞性的使命，即消滅舊的亞洲式的社會；另一個是建設性的使命，即在亞洲爲西方式的社會奠定物質基礎。[13]

又指出：英國摧毀了以「農業和手工業的家內結合」爲基礎的「田園詩般的共同體」，以致引起了「亞洲前所未見的最大的實際也是唯一的社會革命」，進而作出了「英國不管是幹出了多大的罪行，它在造成這個革命的時候，畢竟是充當了歷史的不自覺的工具」[14]的評價。所謂「奠定西歐社會的物質基礎」就不過是意味著印度的資產階級的變革。至此，資產階級對「野蠻國與半野蠻」所做的歷史任務的辯證說明獲得了恰當的表現。

可是，受此外來壓力而迫使自己資產階級化的落後國卻又具體地以何種型態「輸入文明到本國、以完成資產階級之變」的呢？當然，其辦法會因各國、各民族的主體條件的不同而基本上受到限制。過去，服部之總把明治四年後絕對王政實行的諸改革，僅視爲資產階級的變革，下面是他的說明：

> 儘管那樣，法國人民的自由主義的解放，並不是由絕對王政 —— 它縱然也算是啟蒙的 —— 、而是由革命的資產階級

---

13 同前註，卷 9，頁 213。（譯者據中譯本《馬克思恩格斯全集》卷 9 同文錄出，該節引文見於頁 247。）

14 同前註 9，頁 126。（譯者據中譯本《馬克思恩格斯全集》卷 9，頁 143-150〈不列顛在印度的統治〉錄出，該節引文見於頁 149。）

的手來完成的，形式也好，內容也好都完成了純粹的資產
階級革命。對此，我國的絕對王政卻已超越其歷史的限度
而自己著手實現資產階級解放的工作。這椿事可以輕率地
歸究於日本的『歷史特殊性』嗎？

不。一般而言，當那些想發展但又落後的封建乃至半封建
的國家處於先進的國際資本主義的環境中，及其經濟和政
治的強壓之下，為免滅亡而努力衝破自己命運枷鎖的時
候，這種資產階級革命的變種 —— 即「自上而下的資產階
級革命」，往往要發生。我國的情況也是這典型的一例。[15]

在西歐，歷史的發展是從領主制自發地產生「以封建性的土
地所有的最後及最高階段 —— 半封建性的土地所有 —— 為固有物
質基礎的最後及最高階段的封建國家」的絕對王政，繼而又向否
定絕對王政的市民革命階段進展。可是，在中國和日本，情況均
有不同，由於社會內部自發的封建制解體未得成熟（封建性的土
地所有的未盡解體或強固殘留）之際，就被迫進行從外部開始解
體的資產階級化。作為適合這樣的歷史演進途徑（從上而下的封
建制解體）並負起這任務的所謂絕對主義的政治型態的變革就非
加速進行不可。這就是一面是外國資本主義所要求的，一面也是
中國可選擇的「要不滅亡」的唯一活路。於此，我們就有了界定
半殖民地性的絕對主義的一個根據。

第二點我們要闡明的問題是：當我們要理論地剖析清末具體
的變革歷程的本質時，怎麼樣的剖析才算是確切的呢？對古典絕
對主義的基本特質做過明快的分析的中木康夫，指出絕對王政成

---

15 服部之總《明治維新史》（青木文庫），頁113。

立的「最低限條件」是：

1、作爲經濟的過程是 —— 舊領主制的解體（領主財產的危機）與從下而來加速其解體的農民商品經濟（從而出現自律的社會分業 —— 局部性的市場圈）的展開，及由此而帶來各種生產力發展的必然結果即初期的資產階級分解的形成。另外爲應付領主制解體與農民商品經濟發展所產生的新的半封建土地所有的擴張。

2、作爲政治的過程是 —— 以農民商品經濟的分解爲基礎的群眾反領主運動與使領主的下屬階層統治感到困難的大規模農民運動的擴大（基本性的對抗）。再而，在上述基本性的對抗的展開之上，作爲次要性的對抗但有利於刺激前者發展的領主間的戰爭（爲領主制危機擬作制度的重整爲目標的上、下級領主之爭及其對下級騎士之爭）的展開。這樣的封建統治層內部的對抗關係，發展爲尋求權力集中的全國性的內亂。[16]

其次，中木更指出自主地構築絕對王政及成爲其直接的階級支柱是「都市商人層（前期的商人層）及商人出身的新地主、新貴族層」，他認爲這是絕對王政形成過程的指導階層。[17] 固然，在比較清末中國與西歐絕對主義成立期的情況時，像領主制的欠缺、帝國主義對殖民地的統治等明顯的差異條件是我們輕易看得出來的。不過，把中木有關絕對王政問題的整理盡可能一般化地用於分析清末狀況的話，仍可以見出其本質上的一致。換言之，清末絕對王政成立的「最低限條件」，也可以約略代入說明：

1、作爲經濟的過程是 —— 農民商品經濟的展開及以之爲基礎的環境中出現了民族資本主義的初期形成（這是受外國資本主義

---

16 中木康夫《フランス絶対王政の構造》，未來社，1963 年，頁 41。
17 同前註，頁 20，頁 27。

的促進與限制及在地主性的前期資本主義化的演進過程中形成的)。半封建性的土地所有即寄生地主制的廣泛存在(農民層分解的未熟所致)。

2、作爲政治的過程是 —— 由資產階級各種勢力所結成的多樣而廣泛的政治革新運動與清朝統治機構的對立的危機,特別是廣泛的農民鬥爭的擴大與繼續爆發(基本性的對抗)。以基本性的對抗的展開爲基礎的次要性的對抗,包括了半殖民地半封建性的諸勢力的分化,諸勢力與清朝守舊派的對抗、及諸勢力相互間的對抗(爲封建性的危機擬作制度的重整爲目標的諸勢力的對抗)。

可見,這樣粗略的剖析是可能的。那麼,我們當可承認:像這樣的經濟、政治過程,固然是外國資本主義的限制下及其半殖民地統治的結構內進行的,不過,由此亦得具有受『半殖民地性』的特殊限制的絕對主義的形成條件。中國的半殖民地性的絕對主義的成立,即是中華民國政權的建立,是由於立憲派所領導下的半殖民地半封建諸勢力的聯合及妥協而成。這已是我們一再申述的論點。故此,作爲日後二十年代的國民革命(資產階級民主主義革命運動的第一階段)及由它促發而生的與其後的革命所直接對峙的權力 —— 半殖民地半封建性的權力或半殖民地性的絕對主義權力,當然須由清朝傳統王朝的蛻變過程而產生。筆者所擬定的中國資產階級變革的兩種道路之中的半殖民地半封建社會的道路,實即是指半殖民地性的絕對主義的形成與發展的道路。

針對我們把辛亥革命理解爲半殖民地性的絕對主義成立的一過程,把中華民國界定爲半殖民地性的絕對主義的政權的論斷,則如:權力集中或統一國家的欠缺(軍閥對抗的問題)、帝國主義半殖民地性的統治及其與絕對主義的關連、寄生地主制即半

封建性的土地所有等很多是基本性的理論與實證的問題，就將會成爲大家提出來的疑問吧！本文若能引發起學者對此等問題作深入的探討，實感欣幸之至。

本文原載於《抖擻》第 31 期（1979 年 1 月）

# *1.11* 美國對日本近代化的研究
## ——其動向及問題點

正田健一郎著　林啓彥譯

## 譯者序言

自六十年代以還，美國的日本研究進入黃金時代，名家輩出，成績斐然。如以具體的研究設施與成果來說，在西方世界的學術圈內，無疑是首屈一指的。與同時美國的中國研究相比，某些個別問題的整理與研究領域的開拓，甚至每能領先一籌。過去，我國的學術界，比較少發展日本研究，也似乎甚少留意其他國家對日本研究的動向。其實，為了了解日本，也為了知道美國，對於美國的日本研究是不能忽視的。原因是：美國對日本以至亞洲各國的國策的釐定，是深受他們自己的學術研究的成果所影響的。

戰後，美國的日本研究，有著一個共同的特點。正如本文著者所指出的，幾乎大部份的研究力量都集中在研究日本近代化何以會成功的大主題。美國人喜歡拿明治維新以後的日本作為東方世界獨一無二的近代化成功的樣本，進行研究，希望藉此找出其所以成功的條件與因素，從而幫助解釋其他東方各國在近代化過程的遲緩與挫折的原因。自然，美國人心目中所謂的近代化，主要是指經濟體系的西歐化，及由此而引動的社會結構由傳統型態過渡到近代型態的過程。美國研究者運用其科際整合的研究方法，排除恪守西歐社會發展模式作為立論的根據，對日本與亞洲

諸國的社會與歷史，從事比較的研究．他們發現對其些歷史問題或現象就不能純用世界史發展的法則與普遍性尋求解釋，而必須照顧到日本歷史發展與社會性質的特殊性。這樣，美國的日本研究便成為對抗歷史唯物主義最強固的堡壘。

另一方面，戰後日本史學界對其本國近代史亦投入巨大的精力從事研究。他們猛烈抨擊戰前執研究主導權的官僚史學派的傳統，認為在軍國主義的強力壓制下，此派的維新史觀與近代史觀一無是處。於是他們襲用了和發展了戰前史學研究的一個伏流──歷史唯物主義學派──的研究路向。由五十年代至六十年代中期，日本的史學研究幾乎可以說是唯物史觀的天下，他們對美國學者所提出的近代化論，尤其是他們的歷史相對主義的觀點，頗有非議。六十年代的中期，在日本左翼史學界與美國的近代化論者之間，就曾發生過很激烈的駁難與論爭。最後雖未有產生結論；但對日本史學界卻留下一定的影響。其中較重要者是：近代化論受到了更多的日本學者的注意，刺激他們對自己的一向的研究觀點與方法重新評估與反省。宮本又次所編的《アメリカの日本研究》（《美國的日本研究》）就是在這種動機和背景下編寫而成的。

本文根據宮本又次編《アメリカの日本研究》（東京、東洋經濟新報社，1970 年出版）一書中正田健一郎的撰文迻譯。正田健一郎在文中所介紹的史家，俱為美國在七十年代以前日本史研究的一流人物，其作品的建樹，早為西方學界所重視。但在中國學界方面，知者似仍不多。在學術無國界，知識貴交流的前提下，美國學者的研究成果，雖或仍不免有一定的偏見，但可資參考借鏡之處是會有的。

# 一、研究動向

對我國〔譯者按：指日本〕維新和明治期的歷史的研究，戰前的外國人的入手方法有兩方面。其間的差異，正如 Norman 與 Sansom 的對比，Hirschmeier 已爲我們清楚地說明了。[1]

Sansom 很強調一些爲西歐所缺而爲日本所獨有的特性，指出這些特性正是日本近代發展的優點。[2]另一方面，Norman 雖然也對日本的特性予以充分的考慮，但認爲日本的發展基調是與西歐有著共通性的，而其特性反大大地困擾和扭曲了近代日本的發展方向。[3]這種見解上的差異，表現爲把維新運動的主體及其客觀的原動力從武士階級和傳統文化的自我變革中找出、抑或從農民暴動的反體制勢力和精神中找出的論點的不同。

戰後，特別是最近十年間，美國的日本近代化研究在質和量上都有顯著的提高，其中大部分是沿著 Sansom 的方向而進行，而且使他的見解更直截了當地發揮出來。當愈把特殊性視爲優點的時候，則愈只能強調近代日本的成果多於矛盾。而事實上，美國對近代日本的評價正是如此。

# 二、戰後的研究方向

要知道戰後美國的日本近代化研究的特徵，我們首先應檢討

---

1 J. Hirschmeier, *The Origins of Entrepreneurship in Meiji Japan*, Cambridge Mass., 1964.

2 G.B. Sansom, *The Western World and Japan*, New York, 1940.

3 E.H. Norman, *Japan's Emergence as a Modern State*, New York, 1940. 又同氏，Soldier and Peasant, New York, 1943. Norman 對維新的性格的看法和態度，在所著的 *Ando Shoeki and the Anatomy of Japanese Feudalism* 一書中，表現得最爲明確。

一下美國的日本研究是在什麼情況和環境之下產生出來的問題。其實，戰後美國的日本近代化研究熱，是由於它早年在後進國開發的問題上遭遇失敗而刺激起來的。

西歐各國，最初把後進國所以落後的原因，歸咎於有形無形的資本不足，所以以爲若把資本、技術等輸進後進國，便與當地豐富的勞動力結合的話，就能叫經濟發展的巨輪滾動起來。但是，結果令人失望。因而，他們逐漸發覺到只有物質的、技術的生產要素，是不可能引起後進國產生自主的經濟發展的。換言之，產業革命是不能輸出的。這同時也意味到理論經濟學的分析受到了限制。西歐的經濟學者已認識到過去的經濟理論已變成了局限的理論，如果要再建一套完整普遍的理論的話，勢不得不大膽地導入那些向來被忽視或被認爲是無足輕重的非經濟要素，使與經濟要素結合以進行摸索不可。這樣的反省，正和現實問題的考慮併行，在西歐經濟學者間廣泛地展開著。[4]

在西歐世界中，以後進國開發領導者自任的美國，這種反省和衝擊是最爲深刻的。因而，要尋求更現實的後進國開發理論的研究工作，在美國也是最有組織地展開著。美國的後進國開發理論已擺脫了從來經濟理論的框框，移到在時間上更高瞻遠矚、空間上更廣闊深入的地域研究的架構之中。[5]他們的研究，也由以經濟學者爲主的，蛻變爲由經濟學者、歷史學者、政治學者和文化人類學者等廣泛的合作而成的東西。

日本近代化的研究，是在這種情勢下漸次成爲研究者集中致

---

4 G. Myrdal, *Economic Theory and Underdeveloped Regions*, London, 1958.

5 參閱：B.F. Hoselitz, *The Sociological Aspect of Economic Growth*, New York, 1960 及 B. Hirschmeier, *The Strategy of Economic Development*, Yale, 1961.

力研究的主題。此乃因為自十九世紀中葉以來，日本是唯一的幾乎完全地依靠自力而獲得經濟發展成功的非西歐國家，它正好作為打開後進國開發理論之門的綜合性的地域研究的絕佳對象。

1950 年以來，特別自 1955 年開始，美國國內的優秀的歷史學家、經濟學家、政治學家、社會學家們均傾注全力於日本近代化的研究。研究的對象包括有江戶時代、明治維新、明治時代的政治、經濟、思想和文化等等。他們的態度和方法，有著顯著的共通點。那就是所有的研究都是為了解釋日本的近代化。

關於戰後美國學者的日本近代化的研究態度，賴世和（Reischauer）說得清楚：

> ……十九世紀的日本與中國的近代化速度的差異，雖老早為人所共知，但何以有此差異的產生？關於此點，至今尚未能徹底地解釋明白。事實上，研究日本近代史的學者，既已視日本的急速近代化為當然，則更欲追問為何日本不能有更大速度而且完全的近代化，這是美國學者所重視的一面。與此相反，研究十九世紀的中國的專家則對中國近代化遠遠停頓於一個較低的水平亦視為當然，職是之故，只把重點反覆置於少數的幾個近代化的實例上。[6]

美國人認為維新和明治期的歷史為偉大的成功的態度，實由於對亞洲其他後進國家的絕望所釀成。對美國的研究者來說，維新和明治期的歷史不單是不必疑惑的，而且是罕有共匹的進步的歷史。他們這樣的態度，更由於獲得日本以資本主義方式達成經濟發展的成功的事實的佐證，而愈加不可動搖。

---

6 E.O. Reischauer, 〈日本與中國的近代化〉，《中央公論》，1963 年 3 月號，頁 60-61。

　　陷於停滯泥沼中的後進國次第以社會主義的方式來尋找它們的出路。事實上，社會主義與各國的民族主義結合後，遂使各國的近代化的力量湧生出來。最鉅大而輝煌的國家首推中國。美國看到後進國家正一個跟一個追隨中國之後來完成國家的近代化，因而感到非常困惑。以資本主義方式，促進經濟發展，從後進國的傳統文化的條件來說，果是不可能的嗎？對此，由於日本的存在，正好給美國在解答這個疑問時，提供了正面、肯定而有力的論據。

　　所以，美國的日本近代化研究實基於上述的兩重意義而展開的。它不獨理解維新和明治期的歷史是極光輝的成功，且視現在的日本也還是它的延續。這樣的研究動機自然產生對日本的政治、經濟、社會和文化中存在的矛盾面的輕視和對優越面的重視的態度。因為既然要肯定現實歷史的過程，並予以讚賞，則不得不珍視生出這過程的諸要素而鄙棄那些與之相頡抗的。

　　更進一步而言，要理解戰後美國的日本近代化研究的性格，單憑以上的看法還是不夠的。更重要的是，作為他們底分析近代化過程的方法，我們非知不可。這種方法可以說是在美國地域研究的範圍內，試圖超越後進國開發理論及近代化理論而把目標放在經濟發展和社會發展的綜合理論上。要約言之，有如下兩點：

　　第一種講法，認為社會發展不過是前工業社會（傳統社會）到工業社會的過渡，這個過渡同時也是劃分各個社會的性質的一重要關鍵。因此，所謂近代化，實指傳統社會的工業化而已。資本主義、社會主義本身並不是發展的序列，只不過是工業化的形式。

　　羅斯托（Rostow）指出，工業化（近代化）的成功與否，端在於能否維持國民所得的10%以上用作有效的投資率或累積率而

定。他這講法實有如下之涵意。[7]實現工業化的經濟手段（物質的條件）是超越資本主義和社會主義兩種社會體制而共通的。只不過，把這物質的條件作有效而持續地運用和調度時的組織則有不同，大別之爲資本主義體制和社會主義體制。

Gerschenkron 的講法基本上亦相同。[8]他認爲後進國的工業化方式的不同是與該國的落後程度相對應的。他指出工業化過程中的多樣性並非就是純經濟政策的多樣性，而是指爲達經濟政策的有效實施而產生的社會關係、制度、意識形態所組合而成的多樣性。故資本主義至社會主義之間所出現的眾多的方式，正是爲了達到共同的工業化的目的而各以不同的對應形態而存在的。

總而言之，據此論點，當然只得承認社會主義乃工業化方式的一種，而且，由於它往往含有後進性的意味 —— 後進社會倚爲近代化的手段，遂被視爲一種不值得推薦的選擇。

另一種講法，是以行爲理論（行動科學）應用於經濟和歷史的解釋中。換言之，經濟發展過程是放在行爲理論的基礎上來說明。據 Bellah 所主張，要約言之，是這樣的。他認爲人類的社會關係可由普遍主義（universalism）個別主義（Particularism）、表現主義（Performance）和品質主義（ascription）等四種類型變數的組合而生成。這種組合構成了所謂政治體系、經濟體系、統合體系和文化體系的四種社會體系。各自有其固有的價值模式，亦即是：目標達成模式（goal attainment）、適應模式（adaptation）、

---

7 W.W. Rostow, *Stages of Economic Growth*, Cambridge, 1960. 同氏, *Economics of Take-off into Sustained Growth*, London, 1963.

8 A. Gerschenkron, *Economic Backwardness in Historical Perspective*, Cambridge, Mass., 1962.

整合模式（integration）和休息模式（latency）。據他的說法，日本傳統是個別主義與表現主義為重點的社會，美國是普遍主義和表現主義為重的社會，而中國則是個別主義與品質主義為重的社會。換言之，日本是以政治體系、美國是以經濟體系而中國是以統合體系為中心體系的社會。因而各國的近代化過程即為這些社會體系的對應和合理化的過程。[9]

這個理論，其實犯了一種同義詞反覆使用的危險。因其只從不同的歷史之中，抽出其各自的社會體系，又用這個體系去解釋它的歷史。因此，表現成功的歷史，常常只去解釋其成功之處，失敗了的歷史，也只顧說出其失敗之道。但是，這個理論畢竟能擺脫政體和國民性等非理論性的範疇，大致能合理地、機能地說明各自的歷史，則亦是不能否認的事實。

戰後美國的日本近代化研究，所以不沿襲 Norman 的方向而走 Sansom 的方向的理由，由上文就動機和方法的闡釋，大抵可推而求之。

# 三、各家說法介紹

## （1）W.W. Lockwood 與 T.C. Smith

戰後美國的日本近代化研究首先應介紹的人物為 W.W. Lockwood。1955 年 Lockwood 氏發表的大作中，以其經濟分析理論及豐富的資料，對維新至昭和十年代中葉為主的日本的經濟發展，做了一個踏實的研究，並對一些足以作為經濟成長的基礎的

---

9 R.N. Bellah, *Tokugawa Religions-The Values of Pre-Industrial Japan*, New York, 1957.

非經濟要素，給予很高的評價。[10]他推翻了從來認為軍國主義和財閥等反動勢力是經濟發展的推動者的說法，他認為國民之間廣泛存在著的指導力和具創造性的企業精神更應比上者受到重視才對。而這樣的經濟主體卻是沿著德川時代的傳統文化的發展而形成的。1956 年所發表的論文之中，更對非經濟的要素的內容作了很詳盡的說明。約而言之，即價值觀念，個性和行動模式。

1.對地位和官職遠比對其保有者表示更大的尊敬。亦即是說，他們要求司其職，充其任者應具有相應的能力。

2.地位高和身份的顯要，不能單是意味著特權的擁有，更應伴隨著強烈的義務感。

3.各種社會集團之中，出現一致的意見多屬自發性，並非為了卑屈和盲從。在身份甚低的人仕之中，並不抗拒迅速的模倣。這就可以解釋為什麼在近代日本歷史中，進步的指導者一旦出現之後，新的價值和技術能比較迅速地在更多的中小企業者、官吏、農民和學生之間普及起來。[11]

總之，Lockwood 所要說的是：明治政府官僚和財閥們由上而下的指導怎樣攪也好，光靠這些力量絕不能使經濟發展動得起來。國民方面的接受和欲望才是真正的問題所在。那麼，為何這個問題又能在短時間內輕而易舉地解決呢？其理由是上述那些價值觀念、個性和行動模式早已存在於傳統的社會之中。換言之，日本的經濟發展，首先是由於傳統文化的優點而使它成為可能。

---

10 W.W. Lockwood, *The Economic Development of Japan—Growth and Structural Change, 1868-1938*, London, 1955.

11 W.W. Lockwood, "Japan's Response to the West—The Contrast with China," *World Politics*, Vol. IX, No. 1 (Oct. 1956).

除 Lockwood 外，T.C. Smith 的研究[12] 和 Kuznets 所主編的研究集[13] 同是處理明治期的經濟問題的。Smith 的重點在明治期的殖產興業政策，雖然是一個比較細小的問題，但他對明治政府移植的洋式工業，能很快地出售到民間去一事，以獨特的角度來作尖銳的分析。他的立場與 Lockwood 差不多，從他對官業拋售的評價即可看見。過去對官業拋售的解釋有三種：所謂陰謀說、對反政府運動讓步說和財政整理說。Smith 氏棄前二者而獨取第三說。他否定陰謀說的理由是：支持陰謀說的證據找不出來，假使是陰謀的話，這個事業終究不得不失敗，而事實並不如此。出售的對象由於是以經營的意欲和能力為準的原故，所以能使洋式工業成為民營工業並佔據日本經濟的重心。他否定對反政府運動的讓步說的理由是：官營工業本來雖不計較虧損，但政府仍考慮到那些必要而不可缺的工業不得不先由政府一手移植來開始，等待民間的經營能力成長後，終歸要轉讓給民間。這是明治政府既定的政策。

這樣的判斷，是以下列兩個基本的考慮為前提的。（一）官營政策是當時最適當的政策，而自由民權運動說它為不當和不必要的批判是錯誤的。（二）政商和政府只是特殊的結合，所以並不熱衷於成為財閥，他們當中具備了經營者巨大的努力和心血。應該視作問題的並不是財閥的形式，而是在這形式下結集的人士的意志和創業精神。

由此看來，Smith 也和 Lockwood 一樣，把日本的經濟發展放

---

12 T.C. Smith, *Political Change and Industrial Development in Japan: Government Enterprise 1868-1880*, Stanford, 1955.

13 S. Kuznets, ed., *Economic Growth: Brazil ,India*, Japan, Duke, 1955.

在傳統的優點上來認識的。故他所重視的是明治維新前後連續的一面而不是否定的一面。他們兩人均不認為明治期的政策是更好的發展可能的對立物，而相信那已經是使唯一的可能以最大限度付諸實現的良策了。

　　Lockwood 與 Smith 的研究方向為後來的研究所繼承，並不斷地作分化和深入的發展。

（2）R.N. Bellah、M.B. Jansen、A. Craig 和 J.W. Hall

　　另一個方向是傳統文化意義的精密化。最具代表性和概括性的要算是 Bellah 的研究。

　　他把江戶時代到明治時代的轉變過程的基本性格，要約地作如下的說明：

　　　　首先，第一點我們不能接受的是：明治維新的『根本原動
　　　　力』是『見之於農村和都市民眾暴動的一般群眾的革命性
　　　　的運動』的論調。其次，所謂『封建體制』從內部自行崩
　　　　潰的因果必然論也是無稽之談。我們寧可用『比較評論』
　　　　的觀點，譬如，以十八世紀中葉的印度和十九世紀中葉的
　　　　中國來與它比較，我們即可發現與西歐社會接觸之前，傳
　　　　統的日本社會是比較安全，而且比較結合得好一些。廣闊
　　　　地域上爆發的農民起義，抑或像安藤昌益這樣孤立的思想
　　　　家，是不可以構成大革命的潮流的。相反地，直接促成明
　　　　治維新的動因是西歐世界所加諸日本的外部的和政治的壓
　　　　迫，絕不是內部的威脅。明治維新不過是傳統社會的政治
　　　　體系對主要的政治問題作出反應的表現而已。我的看法
　　　　是：明治維新並不是以經濟的要素為動機，亦不是反映出
　　　　不滿階級的利害的運動。它其實只意味了傳統的政治體系

　　　　內部的再編，而這個再編只限於武士階級的內部，故不能

　　　　以階級這類的字眼來說明。」[14]

　　Bellah 分析了各種思想，特別是心學（又名石田心學，以石
田梅巖爲始祖，是日本化的程朱學和陽明學的統稱　　譯者按）
的構造，斷定江戶時代的傳統社會實以『個別主義』和『表現主
義』爲兩大原則的『政治主義』的社會，以此結構對西歐列強的
衝擊作反應而獲得成功的便是明治維新。所以他認爲明治國家體
制（天皇制）並不是反動的東西。這是日本人根深蒂固的行動原
則的必然產物。天皇制下的價值和制度，儘管不能完全適合二十
世紀中葉的日本，但確實在十九世紀中葉近代化過程中扮演至爲
重要的角色。

　　對江戶時代如斯的評價，即在 Reischauer 和 Fairbank 合著的
《東亞：偉大的傳統》的概說中[15]，也可看出受其影響之跡。其
後在明治維新的專著中，更具體地發揮了這點。

　　1954 年 Jansen 發表了有關中國革命與日本人關係的研究[16]，
這是一部饒有趣味的著作。其後，他傾力於明治維新的研究，1961
年他的精細的實證研究的成果問世。[17]在這書中他認爲「明治維
新中登場的人物似乎到最後還能使人感到他們無論在政治上、社
會上都仍是活著的」，又說「他們的意願更不是要解放那因反抗和
挫折所造成的抑壓的感情，而是要使自己作爲新時代的技術者，
要求自己生活於最有意義的事業中」。這是 Jansen 對明治維新的

---

14 同前註所引 Bellah 書。

15 E.O. Reischauer, J.K. Fairbank, *East Asia, The Great Tradition*, Boston, 1958.

16 M.B. Jansen, *The Japanese and Sun Yat-sen*, Stanford, 1954.

17 ＿＿＿＿＿＿＿, *Sakamoto Ryōma and the Meiji Restoration*, Cambridge, Mass., 1961.

人物的基本態度。他看坂本龍馬也是這樣的一個人。Jansen 對他的性格和行動做了很深入的分析。他發覺幕末的志士和大亞洲主義者（東亞先覺者）以至後來昭和時代的青年將校之間，是有著一貫的精神和行動的源流的。

以幕末的長州藩為對象的 A. Craig 的研究[18]，它的分析的基調也與 Bellah 和 Jansen 大致相同。維新運動中為何西南雄藩握了主導權？對此疑問，他的解釋是：那並不是由於西南雄藩的開明性（資產階級性），而是由於它的封建傳統的強固。由是，「『封建的』忠誠這樣非官僚性的東西卻產生了官僚性的能率」。就是這種矛盾的要素才是明治維新的成功延至近代日本成功的秘密。不必說，這種矛盾自然也被視為日本的傳統文化的特質。

另一方面，從正面考察江戶時代的社會的性質的是 J.W. Hall 氏。繼有關大名與城下町的論文發表之後，不久更以岡山藩為對象做了龐大的實證研究的工作[19]，並以他個人在各特殊研究中所磨煉得的精銳的分析力，對日本的封建制做了全面的評價。*Feudalism in Japan-A Reassessment* 即為其代表。[20] Hall 認為只有戰國時代（譯按：1467-1590）才稱得上是百折不扣的封建社會。而江戶時代（1600-1868）則是日本加強步伐邁向近代國家的封建社會的最後階段。

## （3） J. Hirschmeier、S.B. Levine 和 J.C. Abegglen

另一個方面的研究是日本經濟發展的要因及其所組合而成

18 A.M. Craig, *Choshu in the Meiji Restoration*, Cambridge, Mass., 1961.

19 這研究的最初部分，發表於 *Government and Local Power in Japan, 500 to 1700*, Princeton, 1966.

20 Hall 氏的一連串論文及本文均收載於 M.B. Jansen 及 J.W. Hall 合編之 *Studies in the Institutional History of Early Modern Japan*, Princeton, 1968.

的戰略的功能的探討。中心的論題是：日本為什麼能夠迅速地輸
入近代的經濟制度並把它作為自己的東西？進言之，使工場制度
能夠有效率地運行的企業者精神和勞資關係是怎樣形成的？關於
企業者精神，前面所述的 Hirschmeier 的研究提供了很好的答案。
關於勞資關係，則有 Levine[21]和 Abegglen[22]的研究。兩人雖然都是
以現狀分析為主，但他們對問題的理解深度仍是明顯可見的。他
們指出日本的勞資關係的特徵是以終身僱傭制和年資序列型的薪
金制度為核心的家族主義式的結構。他們認為這些東西，是明治
以來已經有的，是日本作為非西歐世界唯一的資本主義國的一條
重要的槓杆。

　　用日本型的經濟發展的理解方式，對企業者精神進行研究的
Hirschmeier 說得精彩：「日本在公家經濟和私人經濟兩方面，都
有世罕其匹的領導人材，以此，能有卓越的成功。」他認為日本
式的企業者在歷史中的類型屬於非資本主義式的理想家型。其理
由如下：移植工業（洋式工業）與傳統工業比較起來，技術上固
然複雜得多，為求熟習地使用它，需要更多更大的努力和忍耐。
又巨額的固定資本固屬必要，而製品的需求卻極端貧乏。這樣遂
使移植工業處於危險而不安定的局面之中，稍為好的場合，其利
潤亦是相對地偏低的。所以挺身而出肩負樹立移植工業之責的企
業者，不得不是追求最大利潤以外的非經濟的動機之下從事活動
的。利潤動機放於最先適足以產生反面的效果。移植工業的經營
者的源泉不單是武士階層，更是廣泛地從商人和農民之間出身的
人物，他們追求政治和國家的威信的性格上是一致的。這正是經

---

21 S.B. Levine, *Industrial Relations in Post-War Japan*, Urbana, 1958.
22 J.C. Abegglen, *The Japanese Factory*, New York, 1959.

營移植工業最適合不過的條件。

Hirschmeier 並不輕視傳統的經濟體系的企業者的地位，且認為他們也發揮了很大的作用。不過，他否定了他們在發展的延長線上，與明治企業者有直接的關係。作為移植工業的企業者的主要泉源的武士階層，在向農、工、商等傳統部門的適應過程中，大多數也是以失敗告終的。由此事實看來，西歐的衝擊使我國出現了兩種類型的企業者——傳統部門的企業者和移植部門的企業者，二者相互補足之處，可看見日本經濟發展的姿態。

我們對是誰帶給了日本新的生產樣式這個疑問，是無法提出一定的答覆的。因為如果要這樣做的話，我們馬上發現自己會墮入誰是明治日本的真正的資產階級，或者那個階層屬此階級之類的問題陷阱中。所以我們不得不把資產階級和非資產階級的問題擱置。只有這樣做，我們才能不致於把我們的視野局限於西歐型的經濟發展，才能著著實實地展開研究。[23]

Hirschmeier 這一番話，清楚地承認了西歐型理論用在日本經濟發展的分析時是受限制的。故主張寧可以特殊的日本型為準則來尋求說明，準此以往，則企業者的問題亦可迎刃而解。

從探明經濟發展的初期條件的角度出發，日本的農業問題也就成為當然的中心論題之一。與此關連的研究，以 T.C. Smith[24]及 R.S. Dore[25]的著作為主要代表。前者對江戶時代的農業，後者對戰後的農地改革的意義做了一番歷史的回顧工作。兩者的著作均

---

23 Hirschmeier 前引書，頁 5。

24 T.C. Smith, *The Agrarian Origins of Modern Japan*, Stanford, 1959.

25 R.S. Dore, *Land Reform in Japan*, London, 1959. Dore 氏雖為英國學者，但與美國的日本近代化研究集團的關係密切。

以綿密的實證手法來完成，在此不擬作詳細的介紹。值得注意的是：兩者對近世以來的日本農業的發展側面及其在經濟發展中所作的貢獻予以高度的評價。這樣勢必不從停滯的方向而從發展的方向來認識近世和明治期的地主制。於是撇開了近世和明治期地主間的差異問題，一味抓著他們促進農業生產一項優點來大做文章。同時，視日本的農業爲地主制性質的發展，就更不會認爲地租改正對日本農業發展曾起了阻礙的作用。

從事明治維新以來的資本形成的分析的 H. Rosovsky 在所著書的"Japanese Economic Development and Western Model"[26] 一章中，也是用了經濟和非經濟的要因來解釋經濟發展的基本條件。他所舉出的基本條件有農業生產力的發展（Smith 和 Dore 之說），日本的企業者與勞動者的早熟（Levine, Abegglen 和 Hirschmeier 之說），安定的需要結構和舊行政組織對近代化過程的適應等等。後二者則繫於傳統文化的獨自性和彈力性 —— 此爲傳統社會中政治體系裏既矛盾又共存的特質。Rosovsky 的說法，不外是 Bellah、Hall、Jansen 和 Craig 所說的引申。

# 四、結　語

Reischauer 等編著的《東亞：近代的轉型》一書的開頭地方，論及日本和中國的比較時，表現了作者們執筆的基本態度：

我們發現西歐和亞洲的研究者所共同使用的概括性的範疇中的大部分，是基於西方的歷史經驗遠較東方的爲多。而這些東西正是那些在西歐歷史的背景下長大的理論家用以解釋他們自己

---

26 H. Rosovsky, *Capital Formation in Japan*, New York, 1961.

的世界的發展 —— 即由中世轉為近代 —— 時所製造出來的。我們
應用它來平行地解釋東亞的歷史，雖可能是有用的卓見，但並不
是完全正當的。……我們不相信某些單一的範疇能有意義地解釋
全部的歷史。人類的經驗正如實在的一樣是豐富而多姿的。從多
種的角度觀察歷史的多面的事實將能描出各自有意義的輪廓，或
更能助我們獲得較佳的理解。[27]

　　假如我們回到目前的問題上，解釋這些文句的話，作者的用
意是：日本近代化的歷史性格，與其與西歐作比較，不如與東亞
諸國作比較，會更易弄明白。換言之，日本近代化的過程，與西
歐的比較之下，將會發見有種種的扭曲，如把它放在東亞的社會
中來看，則覺得它的成功是有條不紊，頭頭是道的。故與西歐比
較之時，扭曲的一面不必一定表示落後性和不合理性，或者應該
認識為日本本身的特性。由於日本有這些特性之故，在十九世紀
的困難時刻才能獲得近代化的成功。這是美國的日本近代化研究
的動機和方法的再強調。

　　我國的歷史研究、經濟史研究的主流，一直以來都是採用了
普遍的原則（世界史的基本法則）來作理論的砥柱。維新和明治
期的歷史過程，並不看作那麼輝煌的成功，而認為是扭曲之物。
至少認為維新史和近代史是由扭曲中出發。促成維新的東西不是
傳統文化的優點，而是反體制、反傳統要求普遍化的精神和行動。
維新和明治期的扭曲，是這些運動的不徹底所致。然而，儘管是
扭曲，近代仍得以出發，這是因為儘管是不徹底，究竟是反體制，
反傳統的運動的緣故。

---

27　E.O. Reischauer, J.K. Fairbank, A. Craig, *East Asia, The Modern Transformation*,
　　Boston, 1964, p.4.

彼此的態度和方法，明顯地極端相反。故我國對美國研究的成果一概視之為近代化的產物而鄙屑不顧，這種封閉的態度恐非正確的吧！

對維新和明治期的歷史過程理解為光輝的成果，無疑是一種危險的傾向。不過，為什麼有這樣的歷史過程的存在？對這個問題，美國學者始終執拗地要追求答案的態度，實應值得我們虛心相待。因為，我國學界僅用普遍的原則為立場來處理這問題，至今還不能作出完滿的說明。不圖解決，但取指責近代日本的扭曲的態度，洵非正確之道。

進一步說，日本的近代化過程不應與西歐比較而應與東亞比較這一個提案也是值得我們考慮和洗耳恭聽的。我國一向的研究，總是以日本與西歐而且是理想化的西歐作直接的對比，對亞洲的真正事情卻甚為無知。日本與西歐的農業發展的差異、地主性格和功能的不同，即使被我們搞得一清二楚，日本和亞洲諸國之間的差異還不是一片模糊？再者，就算弄明白日本與西歐之間產業資本成立過程的差異及政府和私人企業的存在形態的不同，日本和東亞各國的比較又如何呢？所以，即使美國研究者在比較東亞與日本時，一味賞讚日本農業發展和產業資本形成的政策的成功是一種錯誤，我們只會與西歐比較，指責日本農業的停滯性和由上而下的資本主義化的不當，又何嘗是妥當之論呢？以西歐與東亞比較，作為立足之點，給予日本正當的位置，同時，基於普遍的原則，對我們近代化性格做進一步的判明，這是我們要求美國研究者反省的地方。為此，我們實有需要知道他們是怎樣處理和處理那些問題。　　　　　　　以下從略〔譯者〕

本文原載於《抖擻》第 36 期（1980 年 1 月）

# *1.12* 《三十三年之夢》序

「《三十三年之夢》這個書名，只要孫中山的名字是不朽的話，我深信在中國，它必有其不朽的生命。」(吉野作造《〈三十三年之夢〉解說》)

宮崎滔天（1871-1922）是近代中日關係史上的重要人物之一。他一生的事業，大都與中國的民主革命運動有密切的關係。他曾長時間地從事於襄助中國革命的活動，與孫中山、黃興、宋教仁等辛亥革命時期的領袖建立了相當深厚的友誼，對中國近代的民主革命事業的進展，發揮了積極的作用。《三十三年之夢》是滔天記述自己前半生事跡的傳記。

宮崎滔天，原名寅藏，別號白浪庵滔天，熊本縣玉名郡荒尾村人，出身於一個行將破落的武士家庭。父親長藏精於劍術，爲人義俠，鄙薄錢財，不善治產。滔天的豪宕性格多少受到乃父的感染。長兄真鄉（八郎）是自由民權運動的健者，一八七七年，因參加西鄉隆盛所領導的反明治政府的西南之役而陣亡。一兄（排行第六）民藏，醉心於農民與土地的問題，曾著有《土地均享‧人類之大權》一書，主張土地重新分配，反對封建的土地所有制。二兄（排行第七）彌藏，年青時代即頗留心中國問題，很早就有志於中國的革命事業。這三位兄長對滔天日後思想及志向的形成，關係甚大。青年時代的滔天，曾受業於明治時期著名的歐化

派領袖德富蘇峰門下，又受過小崎弘道牧師有關基督教教義的陶
冶，其後更與流亡日本的瑞典籍虛無主義者阿伯拉罕（Isaak Ben
Abraham）交游。雖然滔天後來都離開了他們，但蘇峰所宣揚的
自由主義，基督教的博愛和平等的人道主義，以及虛無主義的反
權力反體制的思想，卻對滔天一生的思想與性格的形成有相當深
刻的影響。滔天少懷大志，早有淑世之思，對十九世紀後半葉弱
肉強食的世界，極其憎厭，而對西方帝國主義列強宰割世界的野
蠻行徑，尤表痛恨。目睹當日亞洲國家的衰弱不振、黃種民族的
淪亡無日，他曾希望日本能負起挽救之任。但明治維新以後日本
政府急激的西化政策，使他很失望。於是，他便把復興亞洲的希
望寄託於中國的革命事業之上。從一八九一至一八九六年間，他
曾一度赴華，二次渡暹，並在日本國內與朝鮮開化黨人金玉均接
觸。這都是他為了物色志同道合的亞洲志士，以便日後在中國實
踐抱負所做的準備工作。一八九七年，他在橫濱初交孫中山，一
見而傾倒拜服，矢志追隨。自此以後，他便正式開始了支援中國
革命事業的艱苦生涯。

　　一八九八年戊戌政變發生後，他與平山周在日本政府的支持
下，到中國去營救變法派的領袖康有為和梁啓超亡命日本。此後，
他又盡力謀求孫中山與康、梁之間的政治合作。一九○○年，他
親身參與惠州起義的策劃工作，為籌措經費與軍火，多方奔走。
一九○五年，他又促成了孫中山、黃興的會面與合作，對中國同
盟會的成立作出重大貢獻。一九○六年，他更創辦《革命評論》，
以文字聲援《民報》的革命主張。一九一一年辛亥革命爆發後，
更擬親赴武漢參加黃興所領導的革命軍。其後又參與籌劃上海臨
時革命政府的成立。入民國後，中日關係日益惡化，身為大陸浪

人的滔天，固然不易為中國民眾所悅納；作為同情中國革命的日本志士的滔天，卻又不容予日本的官憲，時勢和環境，都不容許他繼續早年積極投身於中國革命的活動。但滔天對中國革命事業的同情，卻始終不減其熱誠。他對袁世凱稱帝的圖謀，表示憤慨。對二次革命則寄望甚殷。對革命失敗後亡命日本的革命黨人，則力為庇護。又在輿論上大力支持南方革命政府對北洋軍閥政權的討伐。終其一生，大多數的日子都在窮困中度過。為了籌措革命經費，掩護革命黨人的活動，照顧革命黨人的生活，連自己的家產亦耗盡，自己的妻兒亦棄養，無私地為中國的革命事業，奮鬥終生，而不求絲毫的酬報。滔天胸懷的磊落，情意的真純，確是中國人民在艱難的革命歲月中一個可貴的朋友。他一生的行事，多可作為中日友好的示例。

　　宮崎滔天是一個有濃厚浪漫主義情調的人。他情感豐富，但較易衝動。而對中國的革命事業，他亦抱有一些錯誤的觀念。他認為：「與其得三軍，何如獲一將」。這種個人英雄主義的作風和想法，影響了他不能耐心地從事艱苦的發動群眾的工作。因此，當革命遭受失敗和挫折的時候，他便容易陷於沮喪和頹唐的境地。不過，在大關鍵處，他從不苟且。當中村彌六侵吞了革命黨人購械的款項時，他寧冒引起日本政潮大紛爭的危險，仍主張犬養毅應對中村施予制裁。當他窮困潦倒之際，日本警察當局曾以金錢誘賄他，想收買他提供孫中山、黃興和同盟會的機密，但他卻大義凜然，報以怒斥。當他自己的家庭尚在飢寒線上掙扎的時候，他還堅持要照顧黃興托給他的兒子一歐，為中國的革命家撫養後代。袁世凱為了要他支持南北議和，曾以巨大的利權籠絡他，他卻應道：「渴不飲盜泉之水」，嚴峻地拒絕了。他赤誠地效忠於

中國的革命　　同時也是他自己的理想，連犬養毅也不得不說：「滔天實在是一個微妙有趣的男兒，外務省本來是派他去調查中國革命的秘密結社的，他卻變成了中國革命黨的同路人，忘記了自己本來的任務，與孫文意氣相投，結爲一夥。」（犬養毅《孫文的回憶》、一九三〇年七月二十一日《東京朝日新聞》，轉引自彭澤周《宮崎滔天與中國革命》）

　　《三十三年之夢》是滔天於惠州起義失敗後，在一種經濟極度拮据、心境極度憤怨的情況下寫成的前半生經歷的回憶錄。全書分爲二十八節。前半部敘述了滔天自己的家世，早年受教育的經過，他的大陸思想的產生與形成，以及早年在南洋、泰國等地的移民活動。後半部詳細記錄了他與中國革命活動的關係和經歷，主要包括他如何結識孫中山和投身中國的革命運動，到華南去營救康、梁，運武器支援菲律賓的革命志士，促成華南、華中等地會黨與孫中山的合作，以及參與策劃惠州起義等事件，而以惠州起義失敗後，他投身於浪花節界爲生一事終結全書。從很多方面來看，本書均可稱得上是一部富有價值的作品。

　　首先，本書在中國近代史文獻中佔了一席重要的位置。尤其是本書後半部的敘事，一方面固可彌補中國文獻對孫中山早年政治思想與革命活動記載的不足；另一方面，它又成了中國革命運動進展中的一份傳播革命思想的文獻，發揮了很重要的歷史作用。關於這點，需要略加說明。在本書的出版及其中譯本出現以前，孫中山早年的政治見解及其革命活動，鮮爲當時進步的知識分子所知。對於孫中山的人格與學問，中文方面更無專門的材料報道，以致孫文的名字曾引起了多種的誤解。當時，有人認爲他不過是一名草寇，亦有人視他爲江洋大盜。但經此書的介紹和宣

傳，孫中山的形象從此改觀，他的名字才在清末革命知識界中間
提高了聲譽。這對在孫中山的周圍團結革命勢力起了極重要的作
用。由章太炎爲本書的第一種譯本（章士釗譯《孫逸仙》，1903
年）作的題詞，就可想見。其詞曰：

　　索虜昌狂泯禹績　有赤帝子斷其嗌

　　掩迹鄭洪爲民辟　四百兆人視茲冊

　　章氏把孫中山比作劉邦，把他的事業視爲鄭成功、洪秀全的
延續。章氏爲中國傳統知識分子的典型代表，他之所以對孫中山
如此推重，本書對孫中山所作的記述，自必對他有相當的影響。
事實上，這個譯本曾列入《蕩虜叢書》的一種，成爲清末最暢銷
的革命宣傳書冊之一，與鄒容的《革命軍》、陳天華的《猛回頭》
和《警世鐘》等同樣風行於中國內外，影響和教育了這一代的革
命知識分子。舉一個例子來說，黃興就是因讀此書而得知孫中山
的思想和事業，奠下了日後與孫中山合作共圖革命大業的心理基
礎。

　　其次，《三十三年之夢》又是研究近代中日關係的一種基本
材料。孫中山和宮崎滔天結下的革命友誼，除了彼此之間人格作
風的互相感召之外，更重要的一點是二人政治理想中有很大部分
是相近的。他們都認爲亞洲民族要進行獨立和民主的革命，才能
使自己的國家擺脫被白種人奴役的命運。他們又主張亞洲所有被
壓迫的民族與國家應該團結起來，互相支援，爲對抗西方帝國主
義列強的侵凌，爲建立獨立的、和平的和民主的亞洲而並肩作戰。
孫中山和宮崎滔天，作爲中日兩民族的代表人，曾爲此理想而共
同奮鬥。他們所奉行的亞洲主義，和後來爲日本軍國主義者所濫
用和亂用的亞洲主義，其本質和精神都有所不同。而《三十三年

之夢》正爲孫中山和宮崎滔天的亞洲主義的理想及其實踐的模式，留下了當時的貴重的記錄。在《三十三年之夢》中出現的日本人，十之八、九是所謂大陸浪人。其後大多數成爲日本軍國主義政權蹂躪亞洲的工具。滔天出於革命的需要，或曾因某個時期彼此間的志同道合，曾和他們有過若干的來往和合作。但當最緊要的關頭來臨時，滔天就毅然與他們決絕。他和萱野長知、山田兄弟等始終是中國革命的可靠朋友，而內田良平、頭山滿之流，則終於成爲中國人民所憎厭的敵人。滔天的一生，總是從亞洲民族的利益和中國革命的立場來考慮問題。所以黑龍會後來要排斥他，日本政府要監視他，打擊他。使他連一個縣的議員都競選不上，連政府一個最普通的職位也無法得到。可是，他卻在中國革命家和政治領袖中博得普遍的信任和敬重。舉一個例，一九一七年當滔天到湖南長沙參加黃興的喪禮時，當時還是湖南省立第一師範學校學生的毛澤東曾致函滔天，對他這樣地稱許：「先生之於黃公，生以精神助之，死以涕淚吊之，……高誼貫於日月，精誠動乎鬼神，此天下所希聞，古今所未有也。」（《宮崎滔天全集》第一卷插圖頁）所以，要研究宮崎滔天的人格與思想，固然不能忽略本書，要了解近代中日關係中友好一面的歷史，也應該重視本書。

　　最後，《三十三年之夢》又不愧爲明治傳記文學的一種代表作。由於這是滔天早年生涯的實錄，而他又毫不隱諱地把自己性格上和行爲上的弱點和自己生活周圍的大小事情如實地描述出來。因此，這就更能幫助讀者認識明治時代青年的精神和心態，以及明治時代若干社會問題，如封建主義教養的崩潰，農村的破產和武士階層的沒落等的實象。吉野作造形容本書文字簡潔、描

寫生動，又指出：「本書最大的歷史價值，乃在於它沒有虛飾的實
實在在的記錄。」（吉野作造〈《三十三年之夢》解說〉）

　　事實上，在桑原武夫主編的《日本の名著》（中央公論社，
1974 年）和宮川寅雄、家永三郎、遠山茂樹等合撰的《日本近代
の名著》（每日新聞社，1966 年）等書中，就已把本書收入名著
之列。足見本書確是中日兩國所應共同珍惜的文獻。

　　《三十三年之夢》單行本正式出版（1902）的翌年，中國方
面即有章士釗（筆名黃中黃）的摘譯本面世，同年又有金天翮（筆
名金一）的全譯本。前者僅譯出了原書關於孫中山的記錄的部分，
篇幅上不及全書的五分之一。後者雖是全譯本，其實仍不過是粗
略地揀譯而已，錯譯、漏譯、亂譯的地方，隨處可見。民國以後，
雖曾出現過幾種譯者名稱不同的譯本，但其實都不過是金譯本的
改頭換面而已。六、七十年間，中國竟無一部完整而忠實的譯本，
這實在是一件值得遺憾的事。到了最近，台灣中華書局出版了宋
越倫所譯的《三十三年落花夢》（1977 年）。這應該是中國第一部
的全譯本。宋氏功勞，自應肯定。但宋書的譯文，仍有甚多可以
商榷之處，與信、達、雅的理想標準似乎還有一些距離。由於該
書文、白兩體的雜用，敘述與對話的不分，使原書清雋逸脫的風
格，蕩然無存。而最令筆者感到不妥的，還是譯者過於輕率地背
離原著的內容而自造文義。就此，筆者但舉一例，以資說明。

　　原著是：

　　「余は此に至つて幾度か‘憂しと見し世ぞ今は恋しさ’の
嘆を漏せり。窮屈なる不自由郷となせし大江義塾も、自由民權
の詐偽漢と思ひし旧同窓生も、今は屢屢自棄の卵子の夢懷に入
れり。」

（《宮崎滔天全集》第一卷，頁 84》）

宋書譯為：

「於是我始知……，所謂一蟹不如一蟹，不見世情的詭譎，不知故鄉之可貴，過去認為『不自由之鄉』的窮蹙的大江義塾，以及自由民權的偽君子的舊時同窗諸君，至此乃經常成為我夢魂所寄的最大憧憬。」

今本譯為：

「到了這個地步，我不知多少次興起了『浮世昔所憂，今也猶懷戀』的慨嘆。昔日使人感到窮蹙的不自由鄉的大江義塾，以及看來是一群自由民權偽君子的老同學，如今卻常為我這自暴自棄的後生小子的夢懷所寄。」

香港三聯書店原藏有《三十三年之夢》的舊譯稿，所根據的版本是一九四三年（昭和十八年）東京文藝春秋社出版的一種。該書出版時，由於政治因素和社會條件所限，曾對原書做了相當大幅度的刪節、諱飾和改動，使原書的本來面貌受到很大的破壞。至於譯文方面，這譯稿又似乎是一份集體合譯的初稿，敘事、譯名、遣詞、用字等均未經最後的修訂工作，而錯譯之處亦復不少。為使本書能有一個較佳的譯本，筆者遂以此舊譯稿為基礎，對照了小野川秀美、宮崎龍介合編的《宮崎滔天全集》（東京，平凡社，1976 年）第一卷所收《三十三年の夢》的最新校訂本，重新加以訂正和補譯。並且在必要之處加上譯注，使讀者對書中所敘的人和事有較深入的認識。這些譯注主要是參考了島田虔次的〈《三十三年の夢》注釋〉（《宮崎滔天全集》第五卷所收）和宮崎龍介、衛藤瀋吉校注的《三十三年の夢》〈東京：平凡社，1967〉書末所附的〈人物略傳〉和〈注〉，剪裁修訂而作成的；間中亦有筆者個

人查考所得，是否有當，仍希各方專家前輩賜正。書後的附錄選載了吉野作造〈《三十三年之夢》解說〉，宮崎龍介〈先父滔天的一些事跡〉和筆者所編的〈宮崎滔天與中國革命編年紀要〉等數篇文獻，希望有助於讀者更進一步理解《三十三年之夢》的歷史價值，以及宮崎滔天的為人和他與中國革命的密切關係。

　　本書由動筆至定稿，費時經年。中間固然遇過不少翻譯上的困難，而工作條件之差、精神上的苦惱和壓力，實令筆者當初不敢想望這件工作最後可以完成。如今捧讀全稿，恍如南柯一夢。為此，我特別要感謝內子林潔明女士，因為她使我這個需要安靜工作的人有更多安靜而愉快的工作時間，更為我潦草的譯訂稿謄抄一次。而稿成之際，又蒙業師王德昭先生詳閱一遍，指正了不少錯誤；並允賜序，感銘尤深。付梓之時，復得香港中文大學歷史系講師譚汝謙先生，以及陳湛頤、周佳榮和陳萬雄等幾位學友的寶貴意見，使本書若干缺點得以糾正，謹此並致謝忱。

一九八〇年五月初稿<br>
一九八〇年十月定稿

　　　　　本文選自《三十三年之夢》（香港：三聯書店，1981）

# *1.13* 《嚴復思想新論》序

　　嚴復是近代中國思想文化史上里程碑式的巨人。

　　近半個世紀以來，中外學界對嚴復的研究成果是相當豐富的。然而，這些研究成果也反映出一些缺點和偏差。對嚴復作為近代中國傑出的思想家與教育家的形象，卻還未能很整全地和恰當地做出總結與描述。特別對嚴復在學術文化及思想方面的重要建樹，也還未能給予充分的肯定和正確的評價。究其原因，大抵因為學界對嚴復思想的理解與解釋歷來受到兩種重要的看法所影響與支配。一種看法由蔡元培首倡，後經周振甫、王栻、李澤厚等學者進一步引申的「先進到後退」、「西化到復古」的演變軌跡。另一種看法則是在上述看法的基礎上由美國學者史華茲（Benjamin Schwartz）等人所提出的嚴復一貫的西化思想是對西方自由主義的曲解，嚴復為了達致國家的富強，而犧牲了個人的自由，把自由僅看作為富強的一種手段。由於前一種看法的影響，嚴復被理解為帶有致命的弱點的近代中國資產階級意識形態的代表，由於後一種看法的影響，嚴復被視作中國近代自由主義者最終在集體主義壓力下屈服的典型。

　　近年海內外的嚴復研究，開始嘗試突破上述的解釋框架，從政治、學術與文化角度重新認識嚴復本人思想系統的一貫性與邏輯性，及其思想對近代中國的國情發展的適切性和實效性的發掘

與重估。嚴復作爲啓蒙思想家的正面形象，以及作爲中西學術上若干重要理念的會通與詮釋者和卓有建樹的教育家的表率，正逐漸爲人們所肯定和贊同。本論集的編纂，正爲反映這一嚴復研究的新視角和新趨向。

此一論集共收錄論文十三篇，爲近年中、港、台及海外學者一些最新的研究成果。這些論文大抵是圍繞著嚴復的思想本質，進行深入剖析與評估的佳作，對糾正過去學界在嚴復思想認識上的偏差與失當，以及提供一個整全與確當的嚴復思想系統的真實形貌，都有相當重要的貢獻。

從內容上，我們大體可把這十多篇文章分爲三組。第一組的論文爲對嚴復思想發展的延續與一致性進行仔細論證的文章。這一組的文章包括有：張恆壽的〈嚴復對於當代道學家和王陽明學說的評論〉、林啓彥的〈嚴復論中西文化〉、蔡樂蘇的〈嚴復啓蒙思想與斯賓塞：兼論嚴復對西學態度的前後一貫性〉和林載爵的〈有關嚴復思想的兩個問題：激進與保守、批判傳統與反本復古〉等四篇。張恒壽文指出，嚴復在學術上對宋明理學的批判雖然嚴厲，但卻對宋明理學家的人格表現極度推崇。林啓彥的論文則把分析重點放在五四時期嚴復的中西文化觀的討論，指出嚴復對中西文化自始至終採取一種存菁去蕪的態度。五四期間他仍保持著早年對中西文化的基本取態，對兩種文化既有肯定的一面，也有批判的一面，不存在早期傾向西方而晚年回歸傳統的思想表現。蔡樂蘇的論文則論証了嚴復對西學的吸收也有一貫性，他雖然服膺斯賓塞的社會進化論，但始終拒絕承認種族間優勝劣敗、強存弱亡的鐵律的存在，而特別首肯斯賓塞關於政治制度必須與歷史實際相配合的思想。嚴復思想的基點植根於十九世紀反啓蒙的歷

史主義之中，而與十八世紀以前以盧梭為代表的反歷史主義的理想論者明顯出現分歧。林載爵則在其文中認為嚴復是中國近代思想史中第一個最嚴謹、最有系統、最有深度的保守主義者，他對社會演進的性質自始即有一套保守主義的看法，而且終其一生未變。他反對學界一向流行的一種說法，認為嚴復一生的思想是早期激進到晚期保守，早年批判傳統、力主西化到晚年回歸傳統，批判西方。他認為從嚴復前後期文章所表現的思想一貫性而言，上述的論點是經不起考驗的。他重申嚴復思想有一貫的保守性格，而這種保守性卻不是頑固、封閉和抗拒改革進步的。

第二組論文包括黃克武的〈嚴復對約翰彌爾自由思想的認識──以嚴復《群己權界論》為中心之分析〉、周昌龍的〈嚴復自由觀的三層意義〉、黃克武的〈嚴復晚年思想的一個側面：道家思想與自由主義之會通〉與林載爵的〈嚴復對自由的理解〉四文。前三篇論文從不同角度檢討嚴復自由思想的特質，否證了史華茲對嚴復自由觀的重要論斷。史氏認為，嚴復並沒有如實地吸取英國十九世紀個人自由主義的思想傳統。嚴復對斯賓塞與穆勒的自由思想推崇備至，但他所宣傳的都是為達到集體主義目標而僅具工具意義的一套自由觀，而不是以自由作為終極目標的西方自由觀念的原型。黃克武在〈嚴復對約翰彌爾自由思想的認識〉一文中，通過對穆勒《自由論》一書的譯文與原文比勘，指出嚴復肯定了自由的目的性而不是史華茲所說的工具性。他又認為嚴復試圖在個人權利與群體權益間採取平衡的觀點，雖與斯賓塞重視個人主義的趨向有異，但亦非背離西方自由主義的精神。黃氏更認為嚴復的自由思想有異於穆勒的地方是在於穆勒的自由建基於對人性的悲觀的認識論，而嚴復的自由思想卻建基於對人性的樂觀的認

識上的分野。周昌龍的文章論證了嚴復的自由思想既與西方的自由主義有共通之處，也有其本身的個性與特色。他認為嚴復的自由思想具有三層含義。首先，嚴復對個人價值的推重與穆勒重視個人自由毫無異致；其次，他在小己自由與國群自由之間採取了平衡的觀點，又把個人特操的維持視為國群獨立與富強的前提；再者，嚴復所擁護的是一種由儒家的民胞物與思想為根柢的推己及人的積極的自由。換言之，嚴復不但沒有貶損穆勒個體的價值，而且更將個體自由推進到另一個層次，從爭取消極的免受限制的一己自由，轉化為積極的謀求全體幸福的公民自由，從個人的克己復禮，進而泯除人我界限的天下歸仁，嚴復的自由思想深具儒家思想的意蘊。黃克武的另一文則論証嚴復自由思想的構成，這是由西方的自由民主與中國儒家的自得、莊子的在宥與楊朱的為我觀念融合貫通而成。黃氏認為，在嚴復的心目中，沒有中國傳統與現代西方的分野區別。嚴復所講的個人自由與尊嚴雖然帶有源於儒、道諸子的成分，與穆勒的自由觀有所不同，但此一傳統的面向，實際上是增強了他將個人自由視為具終極意義的信念。其次，黃氏亦指出，嚴復主張群己之間的互動與平衡，而非強調群體利益高於個人價值，對史華茲的說法提出了質疑。最後，黃氏更指出，嚴復對穆勒個人自由主義的誤解，主要不在於將自由價值工具化，而是忽略了穆勒自由思想中的悲觀性格，不能理解穆勒所極為重視的一點，就是他相信個人本質上容易犯錯，為此而需要反對任何個體或制度凌駕於個人的管制與約束。黃氏認為，嚴復晚年即使傾向於支持帝制，鼓勵尊孔讀經，但穆勒式的自由民主理念對個人自由的尊重，與亞當・斯密對經濟自由的肯定，在嚴復的思想中仍佔有重要的位置。晚年的嚴復仍然算得上

是一位具有中國特色的自由主義者。

　　至於林氏一文則與前述三篇的立論宗旨有所不同，乃對嚴復的集權主義思想性格做出了深刻的剖述。作者認為，嚴復所接觸的亞當‧斯密、穆勒、斯賓塞等人的思想傳統只是用來作為他的漸進主義的根據，卻沒有引導出他對個人自由的充分肯定，他把這些思想家一些很明顯為伸張政府權威的部分，用來作為建立他的集權思想的依據，以促進國家的富強，而對於這些思想家關於宣揚個人自由部分的思想與主張卻忽略了。嚴復相信自由必待一絕對的集體目的達成後方可獲得，其結果便造成了接觸英國經驗主義傳統的嚴復，卻以法國的理性主義傳統作為他的結論。林氏的論證近似於史華茲，旨在探求嚴復自由思想的缺陷，他解釋嚴復最終的思想導向是為集體主義張目，此實源於嚴復對西方自由主義以個人自由為至上的核心理念的無視。林氏最後在結論中認為，嚴復的自由觀近似於柏麟（Isaiah Berlin）所說的「積極的自由」，嚴復缺少了英國自由主義傳統中所極重視的「消極的自由」的概念。

　　第三組文章由多篇考証和書評形式的論文組成，它們包括汪榮祖的〈嚴復新論〉、王憲明的〈美人期不來，詩人自多情 —— 嚴復〈民國初建〉詩『美人』新解〉、〈戊戌時期嚴復傳播『天賦人權論』和『社會契約論』問題再探討〉、胡志德（Theodore Huter）的〈挪用：再論嚴復與西方思想〉及李強的〈嚴復與中國近代思想的轉型 —— 兼評史華茲《尋求富強：嚴復與西方》〉等五文。這一組的文章主要是訂正一些過去對嚴復論述上的錯誤與遺漏。汪榮祖的論文鄭重考證出嚴復有抽鴉片煙的癖好，這亦可以解釋為嚴復不被李鴻章重用的其中一個原因。王憲明在解讀嚴復〈民國

初建〉一詩中，指出『美人』應指袁世凱的復出而非指中華民國的成立，全詩的真正精神並非渴望中華民國早日成立以掃清專制建立民主共和，而是暗示希望袁世凱早日出山，以代替清政府與南方新政權來收拾辛亥革命以後出現的混亂局面。王氏認為弄清此一事實，對研究嚴復晚年思想發展有重要意義，由此可見，嚴復政治態度始終是一貫的，不存在早年激進、晚年趨向保守反動，而是始終如一地希望通過君主立憲，通過強人內閣來維持秩序與統一，通過提高國民素質來達到從根本上使國家富強起來的目的。王氏在另一篇論述戊戌時期嚴復思想的文章中，指出了史學界一向認為嚴復在戊戌時期所鼓吹與宣傳的社會契約論和天賦人權論是盧梭的思想的說法是錯誤的，嚴復所宣揚的實際上是十九世紀中後期英國派的進化的、實證的、功利的自由主義思想，因此就不存在嚴復早期傳播盧梭思想、戊戌以後批判盧梭思想的問題，更不存在嚴復早年民主進步、晚年反動保守的問題，嚴復的思想和政治態度始終是一貫的。胡志德的論文著重闡明嚴復思想中的實用主義本質。胡氏認為，嚴復積極調和近代中國與近代西方思想本質的差異與矛盾，但結果使其理論表現極其不穩定，由於這種思想上的緊張狀態，使嚴復要謀求的出路是與最近的過去決裂，而向遙遠的古代青睞。胡氏認為嚴復這種理論上的混亂使他同時向兩個相反方向前進，一是使他要肯定遠古而走向保守主義，一是使他要否定近代而走向虛無主義，作者認為嚴復在早期的作品中已經預示了現代中國文化發展進程內亦會出現同樣不穩定的因素。作者批評嚴復依賴對先秦思想的回歸以與西方自由的普遍真理接軌，雖然在思想上是迫切的需要和解決之道，但同時又不可能於現實中付諸實踐，因為最近的歷史傳統被否定後，一

切改革的基礎也都失掉了。李強在所撰的書評論文中，基本上是對史華茲教授的論點提出質疑。李氏一方面肯定史華茲《嚴復與西方》一書具有解釋中國近代思想發展的重要框架性的意義，另一方面卻對其四項主要的論點提出反證與質疑。史華茲認為：一、中國近代思想發展的基本形態為與傳統思想決裂；二、社會達爾文主義在近代中國思想中佔主導地位；三、近代中國知識分子的理論探索是尋求實現國家富強的捷徑；四、中國近代自由主義思想家曲解或誤解了西方的自由主義。李強在文中回應了以上四點看法，提出自己的觀點，以為嚴復思想中有一條貫穿始終的道德主義線索，與傳統文化中的超驗價值傾向是一脈相承的，嚴復並未與傳統決裂；其次嚴復也不純然是社會達爾文主義者，他反對弱肉強食，反對強權即公理，他主張仁者無敵，他在保種之餘也強調保教；再者，嚴復思想中一貫主張民質的改進，以富強的關鍵寄於艱巨悠長的教育工作上，這絕非追求國家富強的一條捷徑；最後，嚴復思想中既有個人主義傾向，也有集體主義傾向，他並未歪曲了穆勒的個人主義自由觀，在他思想中，反映了儒家文化影響的深刻的印記。

　　如上述論文所示，嚴復一生的思想表現，包括主張在學術文化上要擷取中西二者之長，倡導一種群己平衡的自由理念，重視近代國民素質的培養與提升，力主溫和漸進的保守政治，實際代表了近代中國在重大的政治與文化的困境下另一條可行的出路。然而十九、二十世紀以來的中國，由於種種的事勢與因緣，結果給中國近代激進主義的救國提案過多的發展機會，卻堵塞了像嚴復所代表的這種緩進改革實踐的可能空間，終於使得中國近代化事業波折重重，走了一條大彎路。現在應該是重新評估和認識嚴

復思想與主張的現實價值和意義的適當時候了。

　　我們盼望這個論集爲讀者帶出這樣的一點信息。

　　　　　　　　　　　　本文選自《嚴復思想新論》（北京：

　　　　　　　　　清華大學出版社，1999）

# *1.14* 評謝文孫著《中國學者與辛亥革命研究：書目選錄與評論》

　　謝文孫教授編著《中國學者與辛亥革命研究：書目選錄與評論》，顧名思義爲一冊中國史學界研究辛亥革命的著作及文獻解題。書成於一九七二年間，至一九七五年始面世，列爲《胡佛研究所專刊》之三十四。卷首有 Albert Feuerwerker 的「前言」與 John Israel 的「序」，正文六章，其後則爲文獻目錄，選載研究辛亥革命的中文書刊三百六十餘種。作者謝氏現任美國密蘇里大學（University of Missouri, St. Louis）歷史教授，除曾與史丹福大學 G.. William Skinner 教授和在聯合國工作的富田重亮氏編纂《近代中國社會研究文獻目錄》（*Modem Chinese Society: An Analytical Bibliography*）三卷之外，現正在撰寫有關辛亥革命的專論 *Revolutionary Mobilization on Canton Delta: The Case of 1911*。

　　首先，概括介紹一下本書的內容。

　　第一章「導論」中，作者認爲中國傳統的史學往往成爲統治者所利用的工具，爲了政治上的理由，而使歷史的真相遭受歪曲。這種現象一直遺留至近代，在處理辛亥革命這一歷史事件時，亦表露無遺。以此，作者把國民黨統治時期的研究歸類爲「正統學派」（Orthodox School），而共產黨統治時期的研究則歸類爲「新

正統學派」（Neo-Orthodox School）；兩派有各自的教條（canon），亦有共通之處，（頁三至一三）第二章介紹關於革命運動的早期著作（一九〇二年至二七年），意在說明國民黨正統學派興起之前，這一個時期的著作，由於政治干涉力量不強，故能享有較多表達個人見解的自由，又能於孫中山一派革命黨之外，反映出其他革命人士、立憲派和保守派的觀點，所以比較上多具客觀性，（頁二四）第三章敘述正統學派支配下的研究概況（一九二八至四九年），以爲孫中山一派（Sun Yat-sen's School）的辛亥革命史觀於北伐之後已躍居正統的地位，但這時期內的著作均不能超越教條主義的範疇。（頁二五）一九二八至三七年間，國民黨正統學派控制力最強大之時，有些著作不能出版甚而被沒收。（頁二六、三一）中日戰爭爆發以後，國民黨所面對的是抗戰與民族存亡問題，革命史研究退至政治舞台之後，因此一九三七至四九年內，有較多不認同於黨教條和較有史學訓練（historical discipline）的著作出現。（頁三九）第四章討論一九四九至六六年之間共產黨新正統學派支配下的辛亥革命研究，指出其最大貢獻在於資料的編纂。更認爲此派用馬列主義史觀解釋近代中國的發展，注定失敗。（頁五四至五五）對於新正統學派成立以前，用唯物史觀處理辛亥革命的早期著述（一九二三至四九年），多視爲共產黨所利用的宣傳品。（頁四八至四九）第五章論述台灣史學工作的發展（一九四五至七二年），強調此爲大陸時代國民黨正統學派的延續，不過由於壓抑力逐漸鬆弛的緣故，以及國際性合作的影響，近年不斷有較可取的著述發表，（頁七三至七七）第六章總括全書，認定中國史學界的主要成就，在於能認識興中會成立在革命運動中的歷史意義（頁七八），對於其餘的成果大抵多貶抑之詞。末並申論中國史

學界今後的研究課題，應是進一步分析「有教養的階層」（educated Chinese）以及探討社會經濟各方面制度的演變。（頁八〇至八二）

　　本書的中心論題，一直在強調中國學者的辛亥革命研究，在兩學派的支配底下，如何成爲表現各自的意識形態的場所，換言之，即如何成爲各自的黨的宣傳機器。這是政治形勢的影響所致，而中國傳統史學的弊病也一直起著作用。作者爲了貫通他對兩派著作的認識與評價，臚列出兩學派若干共通的特點：第一，國共兩派都是利用孫中山的威名來滿足各自的政治意圖，所以對於孫中山在革命中的位置均給予過高的評價。（頁六至八）第二，兩派都視革命一詞爲具有道德內涵的意識形態，以革命與反革命對歷史人物作道德褒貶，而對革命派以外的人物，甚至革命派中非主流勢力所起的作用，則不加重視。（頁九至一〇）第三，兩派都注意來自西方的衝擊（Western impact），雖然一派重視其正面作用而另一派則強調其反面作用。（頁一一至一二）第四，兩派都被民族情感所困擾，對日本在辛亥革命中所起的真實作用，沒有作正確的處理。（頁一二）第五，兩派都保留著中國傳統史學爲政治忠誠服務的特點。（頁一三）

　　作者如曾把有關的著述先作客觀的分析和深入的探討，歸納而得出結論，當更能使讀者信服，可惜事實並不完全如此。因爲作者是在上述的觀點之下，選取例子來證明其論點，所以有時未免牽強。很明顯的結果是，本書對於若干著作，並沒有給予全面的介紹。舉例言之，作者認爲梁士詒對協助袁世凱迫清帝遜位有一席之功，但因他依附北洋而爲國民黨史家抹煞不提，及至國民黨控制鬆懈，岑學呂編著的《三水梁燕孫先生年譜》乃得面世云云。（頁三三）可是作者並沒有指出岑學呂爲梁氏幕僚，該書多有

隱諱事實、迴護梁氏助袁世凱鎮壓革命之處。再如尙秉和《辛壬春秋》一書的立場擁護袁氏，偏袒立憲派，時有誣衊革命之語，謝氏亦只輕輕帶過。（頁二二至二三）另外，胡鄂公著《辛亥革命北方實錄》，於一九一二年間脫稿，惟恐袁氏彈壓未予公開，至一九四八年始出版。此一事實，亦與本書第二章的理論不合。至於對中國傳統史學的看法，作者與西方某些對中國學術不知深淺的史家持論相同，其立論是否恰當，也很可商榷。

作者又把近年來台灣學界漸有優秀著作出現，歸功於美國文化的影響（頁七三）以及國際性學術合作的推波助瀾。（頁七六至七七）當然，我們並不否認國際性學術交流和合作會有良好的成效，但並不以爲本國人研究本國歷史，即使有一定的民族立場，就不可能產生客觀和優秀的作品。何況我們更不能純以外國學界的看法來作爲衡量本身研究的標準。再者，作者既肯定外國研究和國際合作下的著作更具客觀性，但卻沒有說明外國學界到底怎樣看辛亥革命，其觀點與中國學界有何不同？是否亦不能避免其主觀立場的影響？於此，作者應稍稍溢出題目的範圍，略加闡釋，則對於加深了解有關中國的研究狀況，當更有幫助。退一步言，作者曾舉出若干中外合作研究的例子，予以稱讚，但又沒有比較一下這些作品基本不同的地方在那裏，以說明其獨到之處。譬如作者舉出王德昭的研究，即未加說明。王氏有關孫中山思想研究的兩篇論文（《中國現代史叢刊》第一、二冊），從學術研究的角度對孫中山在革命運動中的領導地位和作用，給予肯定的評價。此與本書的加意貶抑孫中山有異。這些疏略，亦頗減少了本書的說服力。

如上所述，作者並不以爲孫中山的地位有如兩學派所描述般

的重要，因此，凡強調其他人士的功勞的作品，往往受到讚揚。
作者踰度稱許誇大梁啓超在革命運動中的影響力的著作（頁七
四），便是明顯的一例。以同樣的出發點，在第五章中，對於沈雲
龍《近代政治人物論叢》、《現代政治人物述評》等不應給予過高
評價的著述，亦大加褒賞。

　　作者批評中國史學界的無視日本在中國革命運動中的積極
貢獻，爲純出於反日感情所致，而中國史學界的指責日本扮演干
涉中國革命的反面角色，更乏研究以資佐證。（頁一二）無可諱言，
中國對日本的研究甚不充分。然而，日本除少數有識之士外，對
中國革命始終持敵視態度，以利用及分化的手段達成其侵略的目
的，是不能否認的事實。這類研究雖然少見於中國學者之手，但
日人的研究則不乏坦率之言，足資參考。如手代木公助〈戊戌よ
り庚子に至る革命派と變法派の交涉 ── 當時日清關係の一斷面
──〉（《近代中國研究》第七輯，一九六六年）、臼井正臣〈辛亥
革命と日本の對應〉（《歷史學研究》三四四號，一九六九年）、初
瀨龍平〈內田良平と中國革命 ── 一九一二年まで ──〉（《アジ
ア研究》十六卷三號，一九六九年）及〈內田良平と中國問題
── 第一次世界大戰期 ──〉《アジア研究》十七卷三、四合號，
一九七一年）等，足以爲例。

　　文獻目錄部分，重要書刊，大致均有選錄，不過錯漏也仍不
免。如辛亥革命研究的重要著作之一湖北省哲學社會科學會聯合
會編《辛亥革命五十周年紀念論文集》（北京中華書局出版），目
錄內中、英文書名均漏去「紀念」二字，且誤載出版地爲「漢口」。
（頁一一七）他如《蘇報案紀事》誤爲「紀實」（頁一○六）、「姚
漁湘」作「姚雨湘」（頁一六五）、「史堅如」兩度寫成「史劍如」

（頁一一五及一六○）等，大概是疏忽所致。至於作者不知《辛
亥革命回憶錄》有第六集，又未列出亓冰峯的《清末革命與君憲
的論爭》（台北，一九六六年）、林增平的《辛亥革命》（北京，一
九六二年）與胡繩武、金沖及的《論清末的立憲運動》（上海，一
九五九年）等有關書籍，亦不無疏忽。

　　總括全書而論，作者頗欲予人以一極端獨立、公正和客觀的
印象，然細讀其議論，覺其雖竭力指責政治權威之有害於學術，
而本人卻仍然脫不掉另一種權威的影響。學術研究固應免除民族
感情的左右，但亦不必事事皆以外國學者的論調爲馬首是瞻，而
無視客觀的事實。否則，中國的學術研究即使擺脫了作者所謂的
正統主義的權威，也仍將陷入另一種正統主義的牢籠而不能自拔。

　　辛亥革命距今已有六十多年的歷史，對於這段時期內有關的
著述加以檢討，從而辨明今後的方向，實在是一件極有意義的工
作。在本書出版以前，已有若干整理研究文獻的成績在日本問世，
例如市古宙三的〈近刊中國文辛亥革命文獻介紹〉（氏著《近代中
國の政治と社會》，東京大學出版會，一九七一年）、山根幸夫的
《辛亥革命文獻目錄》（東京女子大學東洋史研究室，一九七二年）
等，皆可參考。今後，同類性質的文獻介紹和研究成果的總結工
作，包括對中國本身辛亥革命研究的再評價，以及介紹歐美和日
本的辛亥革命研究，都該是當務之急。

本文與周佳榮合著，原載於《香港中文大學學報》
第 3 卷 1 期（1975 年）

# *1.15*　評介新刊思想史著作兩種

（一）李華興著《中國近代思想史》，浙江人民出版社，一
　　九八八年，532 頁。

　　本書作者認爲中國幾千年的思想史，最重要而值得研究的有
兩個時期，其一是春秋戰國時代，其二是近代中國的八十年。兩
個時期都有一番百花齊放、百家爭鳴的氣象。作者強調，研究中
國近代的思潮以及歷史人物的思想，既要究明其與當時中國社會
的經濟和政治生活的相互影響及相互作用，又須注意其與思想淵
源及文化傳統的接承關係。作者是基於如上的原則，對鴉片戰爭
至五四運動間的八十年中國思想史的發展，作一全面的論述。全
書共分十二章，達四十餘萬字，是目前中國學界關於中國近代思
想史較全面及較具代表性的著述。

　　作者指出中國近代思想史發展的特點有五，即：一、近代中
國社會的複雜性，決定了近代中國思想的複雜性；二、歷史行程
的急遽步伐，決定了近代思想發展的快速多變；三、救亡圖存的
迫切使命，決定了反帝反封建的社會政治思想必然成爲中國近代
思想史的重心部分；四、向西方學習，成了近代中國思想的一個
重大課題；五、根深蒂固的封建思想傳統，是一股巨大的歷史惰
力。作者又指出了這八十年思想史的變化，有三種社會思潮是推
動著近代中國歷史向前發展的，這就是十九世紀五十年代以洪秀

全為代表的農民革命思想；十九世紀八、九十年代以康有為為代表的資產階級改良派的變法維新思想；以及二十世紀初年以孫中山為代表的資產階級革命派的民主主義思想。不過，作者認為這三股思潮，結果都未能徹底解決中國的救亡問題，而只有五四以後馬克思主義在中國的傳播及勝利，才提供了挽救中國的可行方案。

作者把中國近代思想史的發展，分為六個階段論述，即：鴉片戰爭時期、太平天國時期、洋務運動時期、戊戌變法時期，辛亥革命時期和五四新文化運動時期。作者堅持對中國近代思想發展的每一個階段，每一個環節，都應該用唯物的、辯證的、實事求是的理論思維，對具體的人物及其思想作具體的分析，反對對個別思想家，採用「好就是絕對的好、壞就是絕對的壞」的思維方式進行評價。

在結論中，作者再次重申本書寫作的構想是在詳細收集史料的基礎上，以線串點，按照中國近代思想依次發展的階段，抓住主要代表人物，結合各個流派、思潮和論戰，從社會存在和社會意識的辯證關係出發，研究中西思想文化的衝突交融，以期最終能發見中國近代思想新陳代謝的發展規律及其影響。

（二）熊月之著《中國近代民主思想史》，上海人民出版社，
一九八六年，序言 5 頁，563 頁。

中國近代民主思想的產生和發展，儘管道路曲折、艱巨，然而它仍然成為了近代中國社會變革的重要思想動力之一。數十年來，中國大陸學術界對中國近代思想變遷的研究，雖也取得了一

些成果，但對中國近代民主思想的討論，可說十分薄弱，沒有出版過一部綜論近代民主思想發展史的專著。本書的出版，不但彌補了這個缺陷，且也有其重要的學術意義，此書的面世多少反映出中國學術界近年確起了巨大的變化，一些可能是過去的研究禁區，如今竟有人敢於把它打破，取得公認的成績而爲學界所讚許。

　　本書共分爲十章，另有緒論及結束語，凡三十八萬言。全書對民主在西方歷史發展中的涵義，民權、民主這兩個概念在近代中國的解釋問題，以及民主思想和理論在近代中國的發展的分期等，都有清楚的交代。作者不但詳細論述鴉片戰爭以來，西方民主的觀念、制度、思想和理論傳入中國的過程，也對中國近代思想家對此如何回應、批判、吸收和傳播的問題，進行精闢的析述，兼亦顧及傳統中國民本思想的闡明。

　　本書除能把時代思潮與人物緊密結合，突出其在思想史的位置外，還有另外多項的特色：一是對同一類型或同一思潮的所有代表人物，力求從其共性中揭示出各自的個性，如區分王韜黃遵憲的議院思想取法於日本，何啓、胡禮垣的議院思想則仿自英國；二是對西方若干重要的民主概念（如天賦人權、三權分立及制衡等）如何吸納在中國民主思想的系統中，作出了令人信服的論証；三是一些少爲人知而有代表意義的小人物，如宋恕、樊錐、許象樞等，其對民主思想的掌握情況，亦能娓娓道來；四是對某些歷史人物，能緊扣其在不同時代的思想表現和特點，予以申明，配合時代的實際對其作出中肯如實的評價，如梁啓超和嚴復。

　　書中還編製了五個書目表，即：一、〈戊戌變法前三十年外國人在中國介紹的西方歷史、政治學說要目〉；二、〈外國人關於中國時事、政治論著要目〉；三、〈1898~1903 國內翻譯西方資產

階級民主政治學說要目〉；四、〈各國資產階級民主革命歷史和重要文獻（譯著）〉；五、〈對外國資產階級民主革命家、思想家生平及學術思想的介紹要目〉。提供給讀者豐富的歷史資料，有助於進一步的研究與探索。

　　本書確如已故陳旭麓教授在〈序言〉中所指出的，是一本取材甚豐，論旨鮮明而有色澤的書，它的問世，將給人們以明快的時代節奏感。

本文原載於《香港中國近代史學會會刊》

第 3 期（1989 年 1 月）

# 1.16 評介《民國文化》與《民國政治》

（一）熊月之主編、許敏著《民國文化》是《上海通史》（上海：上海人民出版社，1999）系列的第 10 卷。此書正文部分共十七章，連引言、附錄，計有 386 頁。

由於論述課題甚多，每章資料需作大幅剪裁，作者的論証自難周備，而對繁簡詳略的取捨，亦不易掌握得好。但作為一部百科辭典式的作品而言，本書仍有可觀的價值。

本書實際可分為兩部分。第一部分由第一章至四章，乃就上海文化發展的歷史作一鳥瞰式的回顧，使讀者從而了解到上海文化發展的分期與其繁榮的因素。四個分期為：一、民初至五四階段；二、二十年代上海多元文化形成時期；三、三十年代激進左翼文化興盛時期及四、四十年代由盛轉衰時期。上海文化繁榮的因素有：一、上海社會經濟繁榮，提供有利條件；二、上海城市開放格局，造就成為新文化事業中心；三、人才源源不絕流入上海，使上海在文化活動上，經常保持活力。作者認為民國時期，上海的文化表現，與世界文化潮流連成一體，深受當時世界各種新思潮、新文化的洗禮與衝擊，而上海的淪陷，亦使上海從此失去中國文化中心的地位。

　　本書第二部分，是對上海　地十三項的文化事業作出的專題論述。它們分別爲：小說時代、新劇與上海的大眾戲劇、現代出版文化事業、教育、電影事業、都市市民文化、移民文化與上海戲曲舞台，新聞事業及新式傳播事業，人文社會科學的活動、科學技術、宗教、外僑文化、體育事業等。從上述這些文化分題，足見上海一地的文化活動是怎樣多采多姿。但另一方面，由於作者的論述只停留在介紹的層面，並未突出若干的文化項目爲上海之長，因而難以見到上海一地獨特的文化精神及其文化活動的卓異突出之處。個人認爲，作者如能在上海文化的結構及其特色方面多做一點分析與綜合的工作，自會令讀者對所謂「海派文化」有更深刻的認識。

　　上海自晚清以來，一直是西方文化與新知輸入中國的基地，也是中國現代新文化誕生及形成的搖籃。上海的文化發展，固然一面表現其多元性，一面亦呈現其中西、新舊文化更替過程中的衝突與緊張，作者若能在各種文化事業的討論中，注意申明上海文化的發展具有這些趨向與特點，此書的學術價值將大爲提高而可讀性與趣味性亦大大加強。

　　（二）作爲《上海通史》（上海：上海人民出版社，1999）第七卷的《民國政治》篇，由楊國強、張培德先生任主編，著者爲張培德、王仰清、廖大偉三位先生。除正編六章外，連引言、附錄，共511頁。本書取材尚算宏富，比較集中於中國大陸現有的資料，而較少運用或參考海外及港台地區的資料及學者研究的成果。

　　本書成功闡述了民國時期，上海成爲重要的政治城市的變遷過程。上海自近代以來，逐步發展成爲全中國最具影響力的大城

市。至二十、三十年代，更躍升爲中國首屈一指的大都會。上海雖非中國的政治中心，然而，其政治方面的變遷，實爲近現代中國政治巨變的一個縮影。它在政治上的作用和影響力，恐怕還要在當時的政治中心北京或南京之上。上海的安危繫全國的安危，上海的成敗關係全國的成敗。辛亥革命後，南北和議的達成，靠上海的光復而奠定基礎。五四運動因上海全市三罷而達致成功。國共合作的契機在上海誕生。國民政府定都南京靠上海的經濟實力爲後盾。中日戰爭期間，上海軍民在 1932 年 1.28 戰役和 1937 年 8.13 戰役中的表現，鼓舞著國人的抗日意志。1949 年上海的解放，更意味著國民黨在大陸統治的結束。民國時期中國的政治發展，撇開了上海的角色，是無法說明的。這是本書論証上一個最重要的主題，也是本書最主要的學術發現。

　　本書在引言中，以上海的政權更迭爲準則，分爲四個時期來討論上海政治變遷的過程，即 1911-1927 年、1927-1937 年、1938-1945 年、1945-1949 年，但在分章論述時，卻又打破此項設定，而以六個階段即 1911 年辛亥革命到 1913 年宋案結束，1919 年五四運動到中共誕生，軍閥混戰到 1927 年 4.12 事變蔣介石的清黨，1927-37 年國民政府統治十年，1937 年 8.13 之戰到上海淪陷，1945 年戰後重建到 1949 年上海解放。作者似乎希望以此六個階段，就重要的政治事件的發生來進行論述。其論述分期，究竟應以政權更迭爲準，還是以重大政治事變爲準，作者在下筆之時，還未能作出最後的抉擇。在篇幅的安排上，從 1911-1927 年即僅一個時期，佔全書約一半的篇幅，共 234 頁；1927-1949 共三個時期，亦僅佔全書篇幅一半有餘，給人有前重後輕之感。這是本書在架構與篇幅安排上有待改進的地方。

在內容上，本書兩處的論述似乎可以處理得較好的。民國時期，上海在治理上最有規模及成效的，要算國民政府統治的十年。上海旁鄰首都南京，又握對外通訊貿易及金融中心的樞紐地位，國民政府成立上海特別市，其用意是至為明顯的，既有令上海與南京結為政經核心之意，又有使上海這一近代化最先進的城市，成為全國的典範的考慮。在第四章的討論中，理應以國民黨在上海的政經及外交重大成就為著墨點。雖然作者對上海市政制改革、市政建設、經濟建設、工務建設等都有交待，但只是流水帳式的說明，沒有對這些建設的歷史作用予以恰當的評價。作者在這章用力所在，反而以大篇幅論述國民黨在上海的清黨活動，以及壓制救國會和逮捕七君子事件，用以渲染國民黨在上海的專制統治，對國民黨十年在上海經營治理的實績未作充份的評估，有欠公允。

民國時期，上海遭受戰火的蹂躪，次數之多，堪稱全國之冠。粗略地計，有 1913 年 7 月至 8 月的二次革命討袁之役。1924 年 9 月至 1925 年 10 月間的兩次江浙閩軍閥間的混戰，1931 年 1 月至 3 月的淞滬抗戰，1937 年 8 月至 11 月上海淪陷戰，1949 年 5 月上海的解放戰爭等。歷次戰役造成上海地區軍民大量的傷亡及人口的流失。文教活動受害甚深，經濟損失亦十分龐大。上海近代化建設有否因此遭到嚴重的窒礙？上海的大都會地位，有否因此而受損？上海又如何克復困難？如何重建？本書的作者對此種種問題，似乎未見正視，也欠深入的剖析。使讀者無法明瞭上海從戰爭廢墟中，怎樣可以一而再，再而三地崛起與復興。

本文原載於《歷史教育論壇》第 8 期（2002 年 11 月）

# 1.17　評霍啓昌著
# 《香港與近代中國》

霍啓昌著《香港與近代中國》，香港：商務印書館，1992。

香港在近代中國歷史發展中究竟發揮過甚麼作用，關於這個問題，在近年學術界的討論中，漸漸成為極熱門的話題了。

霍啓昌博士近著《香港與近代中國》是針對這個歷史問題而撰寫的一本學術性與普及性都能兼顧的佳作。霍氏是香港史學界卓有成就的數位香港史專家之一，多年來從事港澳地區歷史的教學與研究工作，搜集和整理過大批極有學術價值的公私檔案與歷史資料，又積極培育對香港史有濃厚興趣的青年後進，更致力於香港地區歷史名勝古蹟的發掘與保存的活動。香港研究之能成為近年中、港、台學界中的顯學，霍氏的倡導及其辛勤的勞績應記首功。此書面世以前，霍博士已出版了 *Lectures on Hong Kong History*（1990）一書，以較全面的角度檢討了近代以來的中港關係，比較適合有史學專業訓練的學者參考，而本書則可視為前書的簡編或姊妹作，最適合對香港史懷有興趣的一般讀者瀏覽。

本書的中心意旨為闡述在中國近百年來的歷史演進過程中香港所扮演的重要而積極的角色。全書分別從軍事、文化、經濟和政治等方面進行探討，指出港中兩地歷史發展的密切關係。讀者閱讀本書，勢必因為作者在史料運用上的嫻熟與周備而感到由

衷的佩服，而其筆觸所至，都在致力揭示香港在歷史上對中國現代化事業的重要性，其說服力之強，實使身為香港的中國人感到無比的興奮與自豪。不憑空言，而以確實的事實和證據給人們一個信息，這就是：無論過去及將來，香港對中國的獨特貢獻是無可取代的。

為了使讀者對本書有所了解及發生興趣，現先簡介其內容。

第一章中，作者透過論述明清時期香港地區的海防，顯示出在鴉片戰爭前三百多年，香港就已經是中國南疆的一個海防重鎮，中國明清兩代的政府均於香港地區設有重要的軍事設施，以防範來自東洋（日本）和西洋的海上勢力的入侵。即使《南京條約》簽訂以後，清政府仍於九龍半島北部興築九龍城寨，以加強保衛海疆。

在第二章中，作者指出香港在十九世紀至二十世紀間，作為中西文化的交匯點，曾對西方科技知識、語言工具書和有關科技商業法律用語的內輸中國，發揮重大的作用。而另一方面，居於香港的西洋漢學家如理雅各（James Legge）、歐德理（E.J. Eitel）等則把中國儒家的重要經典譯成英文，將中國人的思想、文化、哲學及倫理價值觀念介紹到西方去。作者認為，在文化上這活躍的交流互動，除了由於香港有獨特的華洋和平共處，互相尊重學習的優越環境外，更由於當時香港政府正確的教育政策所造成。

在第三章中，作者舉出大量的數據資料，論證了晚清以來中國在對外貿易上及發展國內經濟所需的資金的籌措方面，均賴香港這個自由貿易港和東亞金融中心的地位而得到鉅大的裨助。作者更特別強調香港華商和海外僑商對國內企業的投資及對家鄉慈善福利文化事業的推動，均積極參與，不遺餘力，充份發揚海外

華人的愛國情操。作者認爲，近代中國的經濟建設與發展，香港華人所發揮的積極作用，是不容低估的。

在第四章中，作者透過晚清以來中國政治現代化歷程的考察，指出香港曾經爲中國政府機關提供了大批學貫中西而富有世界識見與學問的優秀人材，這些英才主要是由香港政府主辦的官立英文學校中央書院（其後易名爲皇仁書院）培育出來的，他們大多在外交部、交通部、衛生部、招商局和銀行等機關任職。若不是作者的提醒，有多少人知道中國第一屆民主政府的內閣成員中，連總統在內的十一名正部長中，有四人是香港皇仁書院和大書院畢業的呢？（這四人是孫中山、伍廷芳、王寵惠和陳錦濤）作者說：「香港學生所以能夠對中國作出重要的服務，並不僅是因爲他們通曉西學，也由於香港官立學校管理人和組織者的政策是絕不忽視中文教學，把中文教學看作教育過程不可缺少的部分，結果使這些英文學校的畢業生不單是精通西方語言及科學，而且在中國學術方面也有很充實的知識。正是這種優秀品質使他們能夠博得十九世紀末和二十世紀初年負責訓練中國人才並錄用他們參加政府行政工作的那些最有勢力的中國近代化思想家和領袖的信任。」作者亦在本章中指出，辛亥革命的成功策動，香港在地理上、政治上的特殊地位對革命黨人提供的種種有利條件，以及華人在經濟上的大力支援，是不能忽略的重要因素。

從歷史看，中港關係實在非常密切；就現實而言，中港兩地今後的發展，更已屆唇齒相依之境。公正和恰當地理解與評價香港自開埠以來在政治、文化、教育和經濟各方面曾給予中國社會現代化事業的貢獻，將對今後香港回歸中國後，應該及可能發揮的作用，具有啓示的意義。霍氏此書，定會幫助關心中國和香港

前途的讀者們增加許多寶貴的知識和睿見。

本文原載於《星島晚報》「港史天地」版（1993 年 2 月 6 日）

# 1.18　香港地區中國近代史
# 研究的先驅

## —— 王德昭教授

## （一）

　　王德昭教授（1914-1982）是香港地區史學家中的中流砥柱人物之一，他在中國近代史研究方面的建樹最多，實開一代之學風，並爲我輩之典範。

　　王教授是浙江嘉興人，青少年時家境清貧，又遭逢中國近代戰亂最劇的時代，惟以意志與毅力過人，才得以克服重重困難，畢業於北京大學歷史系。後來更赴哈佛大學從西洋思想史大師布林頓（Crane Brinton）問學，並完成碩士課程。王氏的學養與史識，實與其早年受此兩大學嚴格而博雅的訓練有關。其後，即以史學作爲畢生之志業。早年，歷任貴州大學、台灣師範大學及南洋大學史學系教授；晚年，移席於香港中文大學新亞書院與聯合書院，講授中西歷史，古今中外融會貫通，研究碩果纍纍，桃李

遍植天下。

　　王氏學術研究領域恢宏，境界高遠。舉凡西洋歷史哲學、史學方法、西洋政治思想、文藝復興、中西交通史、比較文化史、明清科舉制度史、晚清改革與革命研究、孫中山思想研究、中國藝術史等，靡不用心鑽研。又精通英、法、日等多種外國語文，故其學術論著，往往能吸收多種文獻資料及多元歷史觀點，而熔冶為一爐，自成一家之言。先生多數的著作，宗旨在揭示史事之真，而字裡行間，卻深蘊對家國民族濃郁之愛，以及對人類文化遠景關切之情，尤其在近代史及比較文化問題的著述中，更能體會細味出來。先生曾自謙地說：「我的治學之雜，其先原也有一種奢望存乎其間，只是力不從心，事與願違，以至垂老無所成就。」先生的奢望，據我的理解，就在於融會中西史學的精華，表揚中國文化的成就，探尋近代中國興衰之理，讓國人重建民族的自信心，以迎接二十一世紀帶給中華民族復興的機遇與挑戰。

<h2 style="text-align:center">（二）</h2>

　　王氏的史學，建基於一個核心理念，就是史家治史，必須先有一清晰的史家的自覺。這就是一種史家獨有的歷史意識。這種歷史意識，簡單地說，是史家要明瞭自己的天職，既要探求史事之真，亦要彰顯史義之善。誠如王氏所說：「歷史意識是一種心智習慣，在從事認識、辨別、思考和判斷的時候，時時有一個深廣的歷史背景浮現於意識之中。它一方面是一種客觀的意識，時時意識到有一個客觀的實在存在，另一方面是一種主觀的意識，時時意識到在歷史的實在之中有我的自體存在。此外，還應提到另一種意識，我們稱之為天人的意識。……稱之為『全心向上』之

意識 —— 從求真擴而至求止於至善、求止於至美的意識。」史學之真，如何達到？王氏指出：「所謂客觀的意識，對於一個歷史學者，是一種事事求證的心智習慣，一種從歷史的繼續和變化之中所體驗出的合理進步的心智習慣，一種從歷史的統一和殊異之中所體驗出的明辨恢宏的心智習慣。……所謂主觀的意識，或者可以稱為自覺的意識。對於一個歷史學者，壓制自覺的意識而達於忘我之境。……自覺忘我，在一方面正所以預防自己的可能的偏見，而在另一方面則使他時時意識到一個歷史學者之所以成其為歷史學者的責任。」

至於史義之善與美，如何彰顯？王氏指出史家應有一種天人的意識，或「全心向上」的意識。他引申邁尼克（Friedrich Meinecke）的主張，認為「歷史分析到最後不過是一部文化史。而文化有兩種價值形式，一種是直接指向最終的價值目標的，如宗教、哲學、藝術、科學等；另一種則從求生出發，從具體的和實際的生活所必需的方面發展而建立的。在前一種的情形中，人試圖從自然立即超昇到「神」的境界；而在後一種情形中，人需繼續停留在自然的泥土之上，但仰瞻著價值的高峰。他要滿足生命的需要，也要尋找一條同時使真、善、美的價值實現的道路。結合這兩種價值形式的工作，也就是使泥土的氣息和精神的芬芳結合的工作，應該是歷史學者的工作。而在這裏，兩種價值形式所表現的，都是一種向上追求的意識，一種從人至天的意識。」王氏的史學研究，無論其課題如何紛繁多樣，其論旨如何淺明或高深，都反映出以上的一個核心理念，務在凸顯其一貫的歷史意識，既要表明史事之真，亦要述說史義之善與美。

## （三）

　　王氏的史學研究，雖然領域廣、跨度長，但有兩個關懷重點始終是一生不曾放棄的。一個是對人類文化遠景的關懷，另一個是對近代中國國運隆替的關懷。關於前者，王氏有極豐富的比較文化史的著作，以顯示其成果。他有關湯恩比、梭羅金、霍遜、斯賓格勒、馬克奈爾、拉克等文化史學者的文化史觀的譯介與論述，正是要從不同的文明或文化體系的生存競爭、發榮與衰變的軌迹中，指出中國文化適應力之強韌，找出世界文化發展的光明前路。他在中西交通史方面的著述，也在說明一個極重要的概念，這就是對中國歷史文化的認識，要從世界史的基礎出發，以世界史的視野與角度來衡量，才能顯示其準確的真像，以及其在人類歷史文化長河中的重要性和影響力。王氏早於 1953 年在《自由青年》上已發表了一篇短文，題為〈從世界史看本國史〉，指出：「一部最完善的本國史，應該是以世界史為背景寫成的本國史。對於本國史的最完全的認識，應該是以世界史為背景的認識。」到了 1978 年，他仍以同一題目〈從世界史看本國史〉撰成一篇具有傳世意義的鉅作，發表在《大公報在港復刊三十周年紀念文集》上，再次重申：「從世界史看本國史，我們會在歷史之中發現更多過去未曾注意到的事實；對於若干平常知道的事實，發現更豐富和更重大的意義，從而對於中國在世界史中的地位，增加新的認識。」通過王氏此文的論述，我們就更能確信，中國曾對人類文明進步作出過重大貢獻，中國與世界在文化上的緊密關係，也就不辯而明。

　　另一個王氏傾畢生心力而赴之的關懷，就是近代中國國運隆
替的大問題。王氏在近代史研究上所以有豐碩的成果，與他對此
問題進行深入思考研鑽而有所創獲是息息相關的。事實上，王氏
的學術論著中，屬於近代史範圍的，數量佔最多。專書及論文集
方面，計有：《各國在華領事制度》（1943）、《國父革命思想研究》
（1962）、《清代科舉制度研究》（1982）、《從改革到革命》（1987）
等四種；學術論文方面，除了收入上述專書及論文集之外，尚有：
〈同治新政考〉（1941）、〈甲午戰前中國處理朝鮮壬午事變之經
過〉、〈醫人與醫世：黎剎與孫中山〉（1965）、〈論甲午援韓〉（1971）、
〈論五四運動對文化遺產的繼承〉（1979）、〈從歷史看清季憲政運
動〉（1982）等多篇。王氏在這些論著中，突出地顯現其治史的風
格與特點，誠如多位王教授的門人學生的評價所說：「王師的近代
史研究，是以整個中華民族和西方二千多年來的文化關係和從比
較中西歷史的兩門大學問為基礎的……這種治史的胸懷和規模，
不單是近代中國史學界中所鮮見，恐怕在西方史學界亦是寥寥可
數。」（郭少棠語）又有評論謂：「如謂德昭師治學始自明季、結
束於清代，未免所見太少；毋寧說，這是一位潛心歷史研究而又
關懷現實社會的學者，在中國自明末以來的歷史經驗中，為探求
國家民族的出路所作出的努力。」（周佳榮語）又有謂：「德昭師
治史的一個重要特點是從大處著眼，由要處入手，就以他的中國
近代史方面的著述為例……都是歷史上關鍵性的問題。德昭師著
作固不喜夸夸其談，也無心於餖飣考證，全以綜合與分析見長。」
（陳萬雄語）亦有論者指出：「王教授對近代中國史的研究，由於
對西洋思想及歷史用力很深，使他對近代中國與西力東漸後的衝
擊有很透徹而深刻的了解與分析……他得到中西史學訓練的精

髓，而能發揚光大。……德昭師很明白表示，真正的學問功夫，不能嘩眾取寵，亦不能敷衍了事，要有一個嚴謹的治史態度及方法，才能探求史事的真象。」（梁伯華語）凡此種種評語，都說明了王教授中國近代史的研究，兼具對中西歷史淵博的學識，恢廓的胸襟和視域，嚴謹的治史方法與態度，對近代中國重大史事的掌握，以及對現實社會深切的關懷等學風與特色。不過，我認為王氏如下一段關於治近代史的見解，更能看出其治史的虛懷與兼容，他曾指出：「中國近代史研究，近二十年中可說是風靡世界之學。青年學子為日後作高深研究的準備，對於原料的運用，中國學者的著作與非中國學者的著作，必須多方兼顧，根基才可完固。其理看似淺顯，但要做到卻不是易事。學者至今但剪裁他人著作而不知有原料者有之；但知原料而不知有近人著作者有之。由於學術交流或語言文字的隔閡，外國學者的應用中文原料和著作，固然受到限制；便是中國學者，對於外人研究本國史事的成績，也未必都知道清楚。」

## （四）

王教授有關中國近代史的研究，由四個大課題構成。第一個課題是自強運動，包括了：《各國在華領事制度》、〈同治新政考〉、〈甲午戰前中國處理朝鮮壬午事變之經過〉、〈論甲午援韓〉等論文，除了考察近代中國外交變局的形成原委外，更著意探討同治新政建設的各項弱點，歸納來說是：（一）圖皮毛而未探本原、（二）治枝葉而不及根本。雖然如此，王氏對推動同治建設的中興諸臣，在一個閉關自守的中國社會及列強勢力環伺的外交處境下，仍能辦出一定的成績來，認為已屬難能可貴，而奕訢、曾國藩、李鴻

章、郭嵩燾、曾紀澤等人「在歷史上的偉大功績，卻正不可掩沒」。即使處理壬午事變及甲申事變的兩名外交大員馬建忠與袁世凱，頗受後人所誹議，而王氏都認爲應還以歷史的公道。他們已經做到穩健與開明，發揮明睿敏銳的政治家與外交家本色。中國對日韓外交的笨拙與畏懦，並不見於壬午甲申之際，甲午戰爭之禍咎，實與二人無關。第二個課題是戊戌維新，主要由三篇論文組成，即：〈黃遵憲所見之日本〉、〈黃遵憲與梁啓超〉、〈譚嗣同與晚清政治運動〉。三文細說維新運動的重要推動人物，黃遵憲提供了戊戌變法的日本藍圖，讓康有爲的變政部署有所依本。梁啓超在輿論宣傳上獨步地位的建立，固得力於遵憲的推挽，而其本人思想的變遷，即由排滿革命回歸保皇立憲之路，亦深受遵憲的影響。而譚嗣同在晚清推動地方新政改革方面，更功不可沒，康梁更引爲中央變政的示範與先例。《仁學》中宣傳的衝決網羅思想更爲其後反傳統思潮之先驅，譚氏爲變法而流血之革命犧牲精神，聯結會黨進行政治鬥爭也爲革命黨人所承襲，更鼓舞其後多少革命志士的慷慨就義之舉，從而說明譚嗣同在晚清政治運動中的關鍵角色。第三個課題是立憲與革命，主要由四篇論文構成，包括了：〈晚清教育改革與科舉制度的廢止〉（《清代科舉制度研究》中的一章），〈知識分子與辛亥革命〉（另題〈知識分子與中國同盟會〉）、〈秦力山研究〉，與〈從歷史看清季憲政運動〉。此組論文旨在提出，爲立憲與革命提供大量政治人才是由於晚清的教育改革和科舉制度的廢止所使然，而辛亥革命的成功實得力於近代新知識份子階層的興起及參與，而這批知識群正是由晚清教育改革所育成，或由科舉考試制度廢除而導致傳統士紳仕進之途中止而釋出轉化而成。秦力山由期望改革而轉投革命的事蹟，正可說明晚清

政治改革之缺乏誠意，導致知識份子最終的失望，而清季的憲政運動之功敗垂成，亦正因爲清政府欲以立憲爲鞏固政權之計，致令其各項預備立憲舉措的乖戾，盡失民心所造成。第四個課題是孫中山思想研究，以五篇論文組成。即：一、〈同盟會時期孫中山思想研究（1903-1911）〉；二、〈孫中山革命思想的分析研究（1912-1919）〉（以上兩文合爲《國父革命思想研究》一書）；三、〈五四運動對於孫中山革命思想之影響〉；四、〈第一次聯俄聯共對於孫中山革命思想的影響〉；五、〈孫中山民族主義思想的最後發展〉。此五文合成一個完整的孫中山思想研究，對孫中山一生思想變遷的三個重要階段，即1903-1911、1912-1919、1919-1925，條分縷折，把孫中山的思想與事功放在近代中國的大歷史背景下考察，解答了孫中山三民主義思想爲何能超越群倫，爲何能從芸芸的革命志士中脫穎而出成爲革命黨人共認的領袖，以致成爲中華民國國父真正的歷史原因。尤其能剖述孫中山革命思想體系中源自傳統，吸納西方及出於自己的創造三方面的來源，追本溯源，深切著明，鮮爲人所能及。又對孫中山晚年思想的轉變，特別於民族主義內涵的擴大，有精辟的分析，指出孫中山能與時俱進，因應中國國情的需要，作出正確的抉擇，爲中國革命再開一新局面。王教授的孫中山研究，擺脫了國共兩黨史觀的羈絆，對孫中山的一生作出了比較公正與客觀的評價。王氏對孫中山政治思想之能熔鑄中西文化，以及其爲中國富強而奮鬥終生的精神，是極爲欽佩的。王氏的孫中山研究與清代科舉制度研究的成果，可視爲香港學者在中國近代史研究範圍內的兩柱基石，始終可以作爲後學的典範法式，步武其跡，以建構史學的華廈。

　　綜合王氏以上一系列有關中國近代史問題的著述，王氏在揭

示史事之真的同時，亦時刻不忘發揮史義之善，對於歷史上的人與事，均能如其實在地置諸當時的歷史時空，以公允的立場，論定其歷史的功過。王氏更以其一貫愛國思想，灌注其所有著述之中。在探索近代中國盛衰關鍵原委的主題下，流露出一個近代知識份子對家國民族復興的殷切期盼。只要一讀以下一段引文，即可體會其中底蘊於一二。他說：

「回顧清末民初中國國家和文化的處境，其遭際的艱厄，真可比喻爲絕處求生。置之於絕處的是奔騰而來的西潮，和中國文化本身的價值及我們對它的感情無關。近代西方國家的海外擴張，乃是挾經濟、軍事、政治、文化的勢力俱來，所至夷人之邦國，湮奪人之文教。……印度和中國同是文明古國。印度莫卧兒帝國的盛世延續到十八世紀初葉，但不過半個世紀印度已是英、法爭霸之地，又半個世紀而印度便成了英國的天下。……凡此發生在印度的，未始不可能也在中國發生。

奔騰而來的西潮，莫之能禦，有它的足以逞強之處，船堅炮利便是一例。祇有在它到達之處主客勢均力敵的形勢形成，它的侵略性才可遏制。……師夷之長技以制夷的原則提出，便是此故。

師夷之長技以制夷一語有廣狹不等的意義，但由此而開始的則是一個接受西方文化或所謂『西化』的過程。西方文化既以它的所長陵轢世界，則其他文化爲求自存，自然唯有力求採取西方文化之所長，補自己的不足，以求和西方文化抗衡。其所以如此，實是不得不然，也和對西方文化的愛憎無關。譚嗣同在戊戌維新時期曾批評林則徐和魏源……在中國近代史中，譚幾乎可說是最早的一位『全盤西化論者』，在提出他自己的變法主張時，他仍不脫取西人之所長以自保的一法。……從上述歷史的經驗看來，傳

統的學術文化雖不時經歷嚴酷的抨擊和調整，但舊文化的遭受批評和重整，乃至舊偶象的打破，都並不即是舊文化的毀滅。對於傳統的盲目執著曾妨礙中國文化革新運動的進行，延遲了國家民族在外力憑陵下奮身自拔的過程，乃是不可否認的事實。一旦舊文化經批判和重整，它的窒礙國家民族革故求新的網羅經衝決，則傳統成為遺產，歷史和文化的價值立即重獲肯定和珍重。中國歷史和文化之所以偉大，也就是因為它有悠久而深厚的傳統繼承，有所席豐履厚的緣故。

　　今日的中國文化不必說又在經歷一次新的批判和重整，而取西方文化之長以自保的西化運動也尚在積極進行。……回顧近百年的歷次改革運動，如自強運動的要求船堅炮利，戊戌維新運動和辛亥革命的要求建立西方式的政治法制，和五四新文化運動的要求民主和科學，也都還未曾成功的予以滿足，有待繼續努力。只有中國自己充分具備了強者之所以為強者的條件，國家民族近百餘年來因不平等而在各方面所受的創傷才能最後平復，中國歷史和文化的優長也才能充分呈現。如果這一過程獲得成功，則展望前途，中國文化可能正面臨一個偉大的歷史時代，肯定本身的歷史和文化遺產的價值，同時吸收世界其他進步文化之長，如唐代之於印度文明，而為自己開創一個偉大的新文化時代。」（王德昭〈論五四運動對文化遺產的繼承〉）

## （五）

　　在上個世紀六十年代中期以前，香港地區的中國近代史研究，也還只是一片未闢之地。當時香港大學是唯一的公立高等學府，中文系的歷史教學僅及明清兩代，羅香林教授有關孫中山早

年事跡的考證文章，可算是近代史研究領域中少見的成果。其他的私立大專院校，如新亞、崇基、聯合、浸會等，雖然不乏講授中國近代史的課程，但學者的研究重點仍多爲中國古代史，較有學術價值的近代史著作甚爲少見，且多爲近代史教材之類的作品，左舜生教授的《中國近代史四講》（1962）是其中的表表者。而李定一教授的《中國近代史》（1953）則爲台灣教授中國近代史課程時的講義編成。到中文大學成立以後，中國近代史的教研工作，才逐漸受到重視。李定一、王德昭等學者，相繼受聘到聯合書院與新亞書院講學，始爲香港地區的中國近代史教學與研究的發展，奠下了良好的基礎。特別是在王教授努力引導與提倡之下，中國近代史的研究風氣，才於中大校園中掀起熱潮。今日在世界各地及香港地區從事近代史教研工作的不少學者，當年都曾受教於王氏門下。這些年青一代的學者，當回顧其學術生涯中的成果與建樹時，總仍念念不忘感激所受於王老師的啓迪之恩。陳萬雄說：「我個人的學問，受益於德昭師爲最多；而從事學術研究，也以德昭師的影響爲最深。」周佳榮說：「《國父革命思想研究》一書是老師極爲用力的精湛之作……我對《蘇報》和「蘇報案」的研究興趣，便是直接間接從這書得到啓發的。如果我在近代史方面能有些少成績的話，老師此書應該是一塊基石。」郭少棠說：「王師對我的啓蒙和教導，直到現在還塑造著我治史的取向。」梁元生說：「到我投身於中國近代史的研究領域中，更離不了王老師的引導，和參考王老師的著作。我最近寫一篇關於孫中山思想的文章，還是免不了師生的紙上重逢。我真有孫悟空數翻觔斗雲，總逃不出如來佛五指山的感覺。」筆者個人也有如下的感受：「王德昭教授給予我史學方法上嚴格的訓練、有關孫中山研究的深湛知

識與近代西洋政治思想方面的陶冶，始終是我今日許多學術研究的根基。」

王德昭教授真不愧爲香港地區中國近代史研究之先驅。

本文爲「香港史家與史學研討會」
（2004 年 6 月 10-12 日）上發表的論文

# *1.19* 史學志業，儒雅風範

## ── 紀念王德昭師

　　先師王德昭先生（一九一四至一九八二）逝世至今已十五年了，他的學者風範，使所有認識他的人一輩子也不能忘懷。

　　先生是浙江嘉興人，青少年時代家境清貧，又身處中國近代戰亂最劇的時代，惟以意志與毅力過人，才得以克服重重困難，畢業於北京大學歷史系，後來更赴哈佛大學從思想史大師布林頓（Crane Brinton）問學，並完成碩士課程。先生的學養與史識，實與早年受此兩大學嚴格而典雅的訓練有關。其後先生即以歷史作爲畢生志業，任教於貴州大學、台灣師範大學、南洋大學和香港中文大學，前後逾三十載，研究碩果纍纍，桃李更開遍天下。

　　先生學術領域宏闊，舉凡西洋歷史哲學、西洋政治思想史、文藝復興、中西交通史、比較文化史、明清科舉制度史、晚清改革與革命研究、孫中山思想研究、中國藝術史等，靡不涉獵。又精通英、法、日等多國文字，故其學術論著能吸收多種語文文獻資料和不同觀點，熔鑄爲一爐。先生多數的著作，宗旨在揭示史事之真，雖然深蘊濃郁的家國民族之愛，然而甚少流露於字裏行間。先生曾自謙說：「我的治學之雜，其先原也有一種奢望存乎其間，只是力不從心，事與願違，以至垂老無所成就。」先生的「奢望」，據我的理解，就在於融合中西史學的精華，表揚中國文化的

成就，讓國人建立信心，迎接二十一世紀對中華民族的挑戰。先生畢生的教學與研究，其終極目標，亦盡在於此。陳萬雄兄評價先生的學術著作時說：「讀德昭師的學術著作，不難感覺到有一種強烈的愛國思想，不少論文則旨在糾正中外史家對中國史所持的偏執觀點，不稍假借。不過其愛國思想卻並不影響其論述史事的客觀與平實。」李侃先生也說：「〔先生〕在顛沛流離之中，不忘民族苦難，在嚴謹治學之中，常懷救國之心。也許是生活經歷，令他更深刻地認識近代中國知識份子的歷史使命。」

先生治史，早年從盧梭、穆勒等人的民主自由理念下手，剖析盧梭政治學說中的民主與極權的兩面性，以及穆勒自由觀念的意義與價值；與此同時，又介紹了湯因比、斯賓格勒和梭羅金等人的比較文化觀，並論證中國文化的優秀和堅韌的生命力。先生中年時撰寫了多篇有關歐洲十八世紀啟蒙思潮與中國思想文化關係的論文，借重西方中西交通史學者如 Donald F. Lach、G..F. Hudson、W. Franke 等人的經典著作，說明中國文化對近代西方文明發展與進步所起的作用。先生在晚年更寫成〈從世界史看中國史〉，展示中國歷史文化在世界中的重要位置。

先生對孫中山先生政治思想之能熔鑄中西文化，以及其為中國而奮鬥終生的精神，是極欽佩的；對晚清以來憲政改革運動的功敗垂成，也難掩惋惜之情；但對五四運動以來思想界的狂激反傳統與全盤西化論調，則不以為然。然而，對於不思改革的頑固守舊者，他亦深表不滿。先生曾指出：「高級文化之間的移植，必然是選擇性的和接枝式的。……面對外來文化的挑戰，一種文化故步自封，對於外來的影響深閉固拒，不作適當的反應，其結果必致一再遭受打擊，陷入失敗的深淵而不能自拔。反之，如完全

屈服於外力的壓迫，忘其故我，其結果也將是主客體雙方兩敗俱傷，主體文化的生命既受到斲喪，客體文化在新土地也將品質墮敗，似是而非，不成格局。」這可以說是先生窮一生之力，探討歷史核心問題的心得，也是他對當代中國如何能走出文化衝突困境所作的深刻觀察。

先生平生十分重視歷史知識的普及與研究方法的推廣，對後學衷誠推挽，愛護備至。他的著述目錄中，學術價值極高的專著與論文固然豐富，但亦有大量書評、演講、序跋乃至感懷師友的文字。他除了鍥而不捨地鑽研自己關心的重大歷史問題外，更為歷史教育工作，付出了許多心血。他不但為中學生撰寫歷史教科書，為大學生講解史學研究的基本方法，更為歷史教師編寫《怎樣教歷史》的工具書。凡有機會親炙德昭師的學生，除能感受老師淵博的學識與儒雅的風範外，總能由他的教誨而建立一種健康的、自尊自重的民族意識，認清歷史研究的學術要求和時代責任，養成對人類歷史文化的珍惜和愛護深情。

綜觀先生一生，真可稱得上傑出的學者和教育家，他的成就，不止治史，更在育人。

選自《與中大一同成長》（香港中文大學中國文化研究所，2000）

# *1.20* 　橫山英教授與我

　　橫山英教授逝世的消息在今年初從日本廣島大學的學友的來信中得知，當時一下子感到難以置信，但又不得不接受這是無可扭轉的事實。據曾田三郎教授告知，橫山老師自 2004 年以來身體狀況已明顯轉差，我已感到有點不安，本來打算如果可以抽空的話，定當到廣島一行，探望老師。很不幸，這年的七月，家父辭世，孝服在身，實不宜外訪遠行，我本來希望去年可以有一個較長的假期，一償此心願，可是想不到繁雜事務總是纏繞不去，也怪自己未能痛下決心，拋開一切書債、文債與會債，重訪一別十多年的母校廣島大學的東洋史系，拜候諸位師友，特別是橫山老師。但結果仍未成行而橫山老師已離去，我個人真有無限的悔意與哀傷。

　　我是 1973 年 3 月中下旬初抵廣島大學的，與橫山老師初次見面是在東洋史圖書室，當時見面的情景現已不復憶記。但印象中，老師是一位慈祥而開朗的學者，臉上常掛着笑容，我因爲日文程度低，未能完全把握老師當時訓誨之語，但有一件至今還經常浮現腦海的往事，就是當日他和我約好了一個星期後帶我到廣島郊區欣賞櫻花，說這是最佳體驗日本人文化生活的一個好機會。這對我來說，的確如是，而且也是生平第一次賞櫻。到了那一天，橫山老師親自帶我到他們約好的櫻花欣賞會的地點，那裏

早已圍坐了十餘人，老師一一為我介紹，似都是廣島大學的教職員，大家坐在櫻花樹下，一面抬頭欣賞盛放燦爛的櫻花，一面開懷暢飲，品嘗美食，彼此互道祝賀健康幸福之祈願，真是一幅難得的友好情景。當日的我，不知是否太興奮也太高興的緣故，由下午一直到晚上，喝了生平第一次也是最多的一次日本清酒，估計應該已有七、八分醉意，橫山老師相信也喝了不少酒，當然他的酒量好，只是微醉而已。他本來打算要送我返回宿舍，我堅持我自己能僱車，但其實我自己可能已完全說不出正確的宿舍地址，老師擔心我會深夜迷路，結果是把我帶到他的家中，度過了一宵。翌日早晨起來，宿醉已消，師母還特地為我準備一餐豐盛的早餐，熱情地款待我，讓我感到有如身處家中的溫暖。飯後才和老師一同返回學校去。橫山老師如此關懷愛護學生，特別是我這樣一個來自香港的中國學生，親切如同自己親人一樣，真令我感動。

其後的三年在廣島的留學歲月，橫山老師都多方面給予我照顧與指導。1974 年暑假我經歷了人生一次重大的挫折。返港度假期間發現自己患了尿道結石，必須住院做手術清除，當年這種手術有一定的危險，幸而手術成功，但出院後需要較長的時間休養以復原，因此大大地延誤了我重返廣島大學繼續學業。橫山老師親自為我安排延遲上學的請假事宜，更來信安慰鼓勵我，要堅持繼續學業不要放棄，還引用他當年留學美國的經驗和我分享，用了日本的一首歌謠作為鼓勵，說：「男子志を立てて鄉関を出ず、学若し成らずんば、死すとも還らじ。」他還囑咐了一位廣島大學的同學名叫久保修三的，趁來港作短期旅行與研究之際，特地到醫院來探望我，轉達他的慰問之意，並託久保兄多方照顧我。這

種種無微不至的關懷和愛護，就變成了我求學的原動力。我可以毫無掛慮地去讀書和做研究，老師更給我很大的自由去開拓自己的研究空間。他不但鼓勵我到東京去拜訪實藤惠秀教授，到日比谷圖書館閱讀實藤惠秀文庫，更親自帶引我到外務省史料館，介紹認識該館的負責人，協助我使用史料館的檔案，搜集留日學生在日本時的活動紀錄。又為我安排好幾位的同學與學長，例如日高一宇、楠瀨正明、曾田三郎、原田環等，幫助我解決日常的生活與學習上的種種問題與困難。他還親自為我撰寫了一份推荐書目，介紹我閱讀日本學者中最有份量和最具代表性的作品，藉此讓我深入認識日本史學界東洋史研究的成果與特色。這份書目至今對我教學上仍有很重要的參考價值。總之留日的日子裡，縱使常有游子般的落寞與鄉愁，但老師經常的關懷和照拂，或多或少總會被化解掉。記得有一次，我在研究室讀書，過了下班的時間還未離去，一個人呆坐着，橫山老師來到面前，可能看到我一臉愁容，不知因為甚麼事而苦惱，便建議和我一起去喝酒和吃燒肉（其實是豬腳骨肉），廣島當時有不少韓式的燒肉店，價錢廉宜，喝酒氣氛好，通常只是一些韓裔日人或低下層民眾才去的。我們一批中國留學生（主要是台灣去的留學生）卻很喜歡去。老師可能從其他的渠道知道了我們這些的飲食習慣，我起初還以為他是投我所好，紆尊降貴。但到了一家館子，坐下來便非常熟絡地和店員交談點菜，他說他也常常來喝酒吃肉，還告訴我他早年去美國哈佛大學做訪問學者時，也一樣經常到波士頓的亞歐移民的社區去體驗他們的生活文化，吃他們的道地食品，說這是對他最好的人生經驗。我想也許因為這種經歷，橫山老師便自然地能從心底裏體會到一個在異鄉生活的遊子的心境和他所最需要的心靈慰

藉與文化關懷

　　從日本留學回來，我一直保持著和老師的聯繫，一方面讓他知道我在學業和事業上不斷的努力求進所取得的成果，一方面也曾告訴他一些自己家庭生活中的小瑣事，例如孩子的出生和入學，考試的成績等等，都會得到他的讚許和欣賞。1984 年 12 月橫山老師率領廣島東洋史研的諸位師友訪華，我得以隨行，擔任翻譯員，再次親炙老師的教誨。1987 年在老師退休前一年，我幸運地有一個月到日本做研究的假期，得以重返母校再見老師，在廣島大學停留了兩個星期，老師讓我用他的研究室看書，他當時兼任文學部長，雖然事忙，但每日總能見面一兩次，老師鼓勵我好好在晚清政治思想史方面多寫文章，結集成書。我當時銘記於心，兩年後終於出版了《步向民主》一書，而老師第一時間答應為我寫序。更出資購買我的新書為我轉送給多位日本學者，大力為我推介。1990 年夏天，橫山老師和師母終於可以享受退休的生活，實現了到中國桂林旅遊之宿願。我因此能於他倆過境香港的日子，與陳萬雄、周佳榮三位老師的弟子在香港宴請他們兩位，席間回憶昔日留學的時光，倍感快慰，我們都衷心希望老師長壽健康，能經常來香港或到中國各地旅行，而我們也期待著有更多和他見面的機會，不論在日本、在中國或香港都可以。2001 年、2002 年，我和周佳榮兄曾經計劃過藉著籌辦「辛亥革命九十周年國際學術研討會」及「香港史家與史學學術討論會」的機會，要把老師請到香港來，擔任嘉賓學者，但因知道老師身體狀況欠佳，不想令他旅途疲累辛勞，最終都放棄了。幸運的，廣島的諸位師友如楠瀨正明兄、金子肇兄、水羽信男兄等都有蒞臨。老師後來給我的信中亦提及此事，表示十分高興，亦對我們一批廣島大學

的學生今日在學術上取得的成就，感到欣慰。

　　以上，是我自從追隨橫山老師求學以來，三十年間零零碎碎、不成系統的往事的回憶。也許還有更多可資紀念的事，都已被歲月沖逝了。不過，對他我有一種感覺是永遠不能磨滅的，就是老師一臉慈祥的笑容和他那種真樸至誠待人的品德。

　　　　　　本文的日譯文本刊於《近きに在りて》
　　　　　　（近鄰）第 49 號（2006 年 5 月）

# 第 二 部
## 論史雜文

# 2.1　近代以來中日關係的演變
## — 回顧與展望

　　十九世紀中葉中日兩國先後進入了近代世界歷史之中。兩國均同時面對如何從傳統的國際關係進入近代的國際關係的問題。中國和日本都有一種華夷的世界觀（即所謂天朝上國觀念），但日本藉明治維新而成功脫離舊體制，追求與西方國家同樣地位的民族主權國家。而中國雖經晚清洋務運動新政及一連串的改革，始終還未能放棄傳統的華夷秩序觀念，很遲才出現近代主權國家觀念。於是中日兩國的近代化步伐便不同，而中日的關係也因此而出現種種困難和問題。

## 從修好變成反目

　　近代西力的東漸，對中日兩國造成空前巨大的文化衝擊。由於對西方的不理解，中國雖然經歷兩次鴉片戰爭，都沒有下定決心開放國家，向西方列強效法，反而更加拘泥於保守原有世界觀和亞洲的秩序。日本則於培理叩關後，下定決心開國，向西方列強效法。明治維新之初，日本天皇頒布《五條御誓文》中有二條說：「廣求知識於寰宇，以振皇基；開拓萬里波濤，布國威於四方。」表示要積極加入新世界秩序中，參與競爭。因此日本明治政府立國目標是要創造一個強有力的政治領導態勢，使日本發展為足以與歐美列強平起平坐的近代主權國家。而中國的同光新政，還主

要是修補國內的舊統治秩序，對列強採取羈縻之策，也不積極展開對西方諸強國的對等外交。日本要成為西方意義上的獨立國家，首先必須獲得與中國對等的地位。1871 年日本派出使節到中國商訂《日清修好條規》，意味日本尋求與中國對等及睦鄰友好關係。然而，兩國日後環繞台灣、琉球、朝鮮三地的外交爭執，終於催生了兩國正面的軍事衝突，中日從此捲入敵對的鄰邦。

## 日本意圖建立霸權

十九世紀七十至九十年代，中日兩國在東亞地區的糾紛與衝突，固然一方面基於中國要保護其傳統的東亞朝貢體制秩序不受損害，而日本要打破此一秩序而尋求與中國對等關係的建立，但更重要是反映了當時西方列強在遠東地區均勢的對壘與利益的角逐，英美兩強藉支持日本強大，以牽制俄國在遠東的擴張，促成了日本的迅速發展強大。中國的清朝政府，首先對西化抗拒，延誤了改革的時機，其次更未能認清國際的新形勢變化，找錯了真正的戰略伙伴與對手。輕視日本，盲目親俄，疏遠英美。甲午之戰之敗，在未能認清日本早與英美結成戰略伙伴的關係。以為英美會因在華利益受損而干預日本發動侵朝戰爭。依賴俄國調停更起不了任何作用。俄國的意圖，其實欲藉日本侵朝機會，而南下瓜分滿洲。所以 1895 年《馬關條約》簽訂、俄、德、法三國所關注者非朝鮮之被侵佔，乃遼東半島落入日方之手。戰後，俄國與中國關係更密切，而俄國在中國東北的擴張步伐亦加快，造成了日俄在遠東、滿洲地區之直接對峙，終於爆發 1904-05 年間的日俄戰爭。

日俄戰爭對日本人的影響之巨，是中日甲午戰爭所無法比擬

的。因為日本藉此進身西方列強行列，黃色人種破天荒取得了對白色人種戰爭的勝利，英日在戰爭已結成同盟以壓抑俄國在遠東的擴張，戰爭之後，日本與俄國在中國東北地區的實力對比基本上維持了均勢，此後日俄由戰爭對手變為合作夥伴，簽訂了四次密約，瓜分了滿蒙地區的權益，彼此承認對方的特殊地位，並合力對付第三國的介入滿蒙地區。

時隔不久，日俄在遠東（尤其在中國）勢力均衡發生了根本性的變化。俄國因革命而內戰，要退出中國的東北，中國發生辛亥革命，其後又有北洋軍閥割據。1914-18 歐洲捲入世界第一次大戰，使日本有機會，有誘因實現其獨吞中國、獨霸亞洲的野心。日本便向中國袁世凱政府提出二十一條款，進一步擴大在華的利益，前此不出滿蒙地區，此後兼及山東及中國其他地區的利權。

日本出兵西伯利亞後不撤兵，招來英、法、美等國之疑忌，日本在中國及亞洲的大動作，終於招來列強的干預，1921-22 華盛頓會議，及其後《九國公約》的簽訂，再次重申中國門戶開放政策，以維持各國均享中國權益，乃針對亞洲地區權益再調整與軍事力量的平衡考慮，用以壓抑日本的過度擴張。日本與西方列強的關係，從此由友善、默許到敵視、干預的發展。

## 從戰爭回到外交

中日甲午戰爭和日俄戰爭後，日本無疑已成為東亞地區的軍事強國。在第一次世界大戰以後，日本獨霸亞洲的野心已經顯露，日本與西方列強的蜜月期亦已結束。此後，日本已視西方列強（英美俄）為其在中國及亞洲地區權益的最大競逐者和對手，日本為了要排除所有對手，把整個中國東北置於日本軍事統治之下，獨

佔東北地區的資源以壯大本身的經濟，乃展開對中國的積極外交，以鞏固其在東亞地區的超級地位。

十九世紀，日本對中國政策奉行「聯英美制華」之策，又善用兩面手法，離間中俄親近。進入二十世紀，日本對中國轉採獨立的外交路線，利用中國國內政治力量分裂與矛盾，從中漁利（先有滿漢政權之爭，後有袁孫之爭，再有直皖奉三系軍閥之爭）。但大體上，在 1921-27 年，日本對中國依循幣原喜重郎制訂的「幣原外交」路線，著重擴張經濟利權的守勢外交，期間，日本對中國民間的排日運動，中國政府要求通商條約的改訂及治外法權的廢除等，大都採取容忍態度。

幣原一再表示尊重中國主權，不干涉中國內政，但對日本在華的「正當且重大的權益」，則表示不容受到威脅，尤其認定其在滿洲的利權，與日本生存有密切的關係。幣原對中國雖比較溫和，但仍視滿洲為其勢力範圍，力圖將東北剔除於中國領土之外，對滿洲的擴張視為日本基本目標。而日本軍部態度尤為積極，多次干預中國的內戰與內政。如 1924 年直奉之戰，日本支持張作霖對抗直系。張有反日之意，即派人暗殺，其子張學良支持北伐統一，日本從中阻撓。關東軍司令本庄繁力主日本應確保對滿蒙的控制。

幣原外交雖表面上看似較為和平，但在處理二次直奉戰爭時，仍依恃軍事力量。無法避免實行雙重（二元）外交的矛盾，軍部強硬手段與幣原的外交手腕經常兼用。故有論者謂幣原與其後田中外交實質上並無分別。

幣原由於態度軟弱，1927 年下台，由田中義一取代。田中自兼外相，又重用外務次官森恪，森恪為一極端國粹主義者，主張積極開拓滿蒙權益。田中內閣雖表面支持南京國民政府建立統一

有效的政權，但當感受中國民族主義運動高漲時，又採用強硬手段，破壞中國的統一。1927 年國民革命軍推進至濟南時，日本出兵阻撓，田中又主持東方會議，制訂對滿蒙的積極政策。東方會議於 1927 年 7 月召開，對外發表《對華政策綱領》，決心維護日本在滿蒙的權益，明確宣示滿蒙分離中國政策。同年 7 月底《田中奏摺》被洩露，日本征服世界，先征服中國的步驟昭然若揭，雖有學者指《奏摺》是中國人僞造的，以打擊日本，但日本其後的侵略部署，卻一一印證了《田中奏摺》構思與策略。

田中對華外交的基本方針乃是承認國民黨統治中國，但要求中國承認日本在華條約上的既得權益，滿蒙則應排除在中國之外，即支持張作霖地方政權，以維護日本利權。但這種滿洲分離政策，仍不爲激進的關東軍所支持。1928 年張作霖被關東軍參謀河本大作大佐陰謀炸死後，日本又改而支持張學良，但仍未能成功控制中國的東北地區。田中的外交思想，仍然以國際協調爲前提，不像軍部，專爲將來的世界戰爭綢繆，籌劃國家總動員體制。

雖然幣原與田中對日本外交都有一套構想，均致力遵循國際政治的秩序，前者標榜中日之共存共榮，後者提倡積極外交，但都不免於失敗。軍部高唱國防優先思想，主張以武力解決滿蒙問題，舉國上下亦瀰漫著軍國主義思潮，「九一八」事變的發動即爲此一思潮所激盪而起。

## 重返戰爭之路

由於日本以外交方針鞏固其遠東霸權地位未能收效，需要確立軍事與國防爲優先的國策。執行此項國策，其他各項政策均處於從屬地位。日本視世界可分爲數大集團，在分化過程中，超大

國的爭霸戰是不可避免且是必然的。故要厚儲資源，將其他競爭對手排除於本國支配的區域之外。以此國防觀念出發，日本認為「滿蒙正是日本發展霸權國地位最重要的戰略據點」，從而使日本的「滿蒙侵佔行動」成為合理化和合法化。以「九一八」事變為契機，日本侵佔滿洲的軍事行動是此一新國防觀念的產物，也是基於上述戰略需要的考慮。

日本的假想敵有二：即美俄兩國，尤以俄國為最。日本推行的「滿蒙特殊化」及「滿蒙獨立運動」除經濟因素外，實為基於抗俄的戰略考慮。尤其蘇聯在共產黨當政以後，對中日等國均造成「意識形態與戰略上的威脅」。田中義一之所以極度重視滿蒙，除了經濟因素外，主要目的乃在以之作為對抗蘇共的戰略基地。關東軍的戰略思想，乃以蘇俄為目標。及至共產主義滲透中國日甚，赤化危機日深，滿洲在對蘇的戰略上的價值乃愈顯重要。關東軍遂認為有佔領北滿的必要（北滿原來視為俄國的勢力範圍），蓋此不僅可以解決日本北方的國防問題，同時又毫無阻礙地可向南發展。滿蒙為日本戰略上的要地，且為統治朝鮮、支配中國的根據地。佔有滿蒙，即可解決日本的人口問題，而其豐富的資源亦為日本所必需。日本如能完全控制滿洲，則可阻撓蘇俄的東進。發動「九一八」事變，其目的為達此戰略目標。

1929 年起世界經濟大恐慌，西方列強多自顧不暇，蘇聯又在五年計劃期間，尚無強大阻遏力量，日本遂能有機可乘。

華盛頓會議（1921-22 年）結束，英日同盟廢止，九國公約秩序成立，英美日三國海軍主力艦訂為五、五、三之比，但默認日本在滿蒙有特殊權益。華盛頓會議雖重申尊重中國主權完整、不干涉中國內政、門戶開放、機會均等，似有遏抑日本獨霸中國

的圖謀，但同時使英美對西太平洋多島不設防，使日本海權在遠東地區得以進一步伸張。

1930年經濟不景，對美國打擊最大，工業生產銳減，失業人口驟增，社會經濟陷於混亂，使美國保守孤立主義再度抬頭。英國本身軍事力量亦迅速衰退，不能採取強硬政策。英美又寄望日本在滿洲維持支配地位可有效制止蘇俄共產主義擴張。視日本的滿洲行動為建一反共防波堤。誠如美國國務卿史汀生（H.L. Stimson）評謂：「日本侵略滿洲，考慮避免受世界干涉所擬計劃，的確是最好時機。」英國當時外交界所採取的是「不顧犧牲多大，亦將盡量不介入」態度。英國充其量只能消極反日，本質上是被動的。無論英國或美國，都不願過分壓制日本，激起日本的反感。俄國的態度日本不能不重視。俄在北滿有巨大利益，1930年代，俄對北滿貿易仍居最重要的地位，加以1928-32年進行第一次五年計劃，滿蒙邊境軍力增強。日本關東軍憂慮蘇聯第一個五年計劃完成後，再推第二個（1932-1936）時，工業將更強大，構成對日本在東北最大的威脅，故必須先下手為強。中國當日正要應付國內軍閥混戰及中共崛起，蔣介石政府堅決執行「先安內後攘外」政策，命東北軍奉行不抵抗政策。

總之，無論是中蘇英美等國，都因埋頭於本身的問題，沒有在東北採取軍事行動的餘力，日本乃能乘機挑起「九一八」事變，迅速佔據整個滿洲。

1931年「九一八」事變發生後，日本迅速以武力吞佔東北全境，並唆使清廢帝溥儀成立偽滿洲國，作為日本關東軍的傀儡，因而引起西方列強高度的關注，1931年12月國聯成立李頓（Victor A.G..R. Lytton）調查團。1932年10月公布報告書，不承認日本

搞的滿洲國，日本代表憤然退席，並於 1933 年退出國聯。

　　1932 年 5 月 15 日日本發生軍人政變，刺殺犬養毅，由軍人組織內閣。1936 年 2 月 26 日皇道派青年將校發動政變，暗殺財相，佔領首相官邸及東京市中心區要求成立軍事政權。日本經此數事，軍人勢力完全控制政府，實行法西斯統治，終於爆發「七七」事變，珍珠港事件，中日全面戰爭開始，二次大戰亦揭起序幕。

## 推行大陸擴張政策原因

　　侵略滿蒙進而兼併整個亞洲大陸，為日本明治維新以來制訂的大陸政策的最大目標。大陸政策經兩次對外戰爭 ── 甲午、日俄而得以落實，所採者為西進政策，至「九一八」事變達到高峰，此後一直到偷襲珍珠港，大陸政策轉為東進或南進為主。

　　自 1907 年日本制訂《帝國國防方針》以來，日本頗長的一段時間以俄國為其陸上的假想敵，而以美國為其海上的假想敵。大抵在 1922 年以前，日本的重點在防俄制俄，因此目標在對中國東北控制。「九一八」事變及其後偽滿洲國成立，日本此一目標基本上完成。日本國防策略在 1922 年以後轉移重點在海上擴張，與英美爭霸於太平洋，因受裁軍條約壓抑後的反撥，發動「七七」事變是日本南進政策的必然一步，此後要全面控制中國的沿海地區，以確保向東南亞擴張不受威脅與牽制。1941 年發動偷襲珍珠港乃其執行東進與爭霸太平洋的戰略部署。1945 年大戰告終，日本戰前的國際定位與國家發展的策略受到嚴重的挫敗，其向亞洲諸國推銷的大東亞共榮圈的藍圖亦歸於破產。

　　日本在 1894-1945 年間對中國公然發動多次的侵略戰爭，除

了為爭取建立與西方對等地位的民族主權國家，進而參與西方國家殖民主義擴張活動，以謀藉此得到列強的承認，也因為其他種種複雜的因素造成：

一、十九世紀列強在亞洲的角逐，日本成為對峙各方爭奪的棋子，受列強扶掖，日本逐漸形成大國夢。

二、二十世紀亞洲地區權力均衡（英俄對壘）破壞，第一次世界大戰時演變成英德對壘，中國滿清政權瓦解，民初軍閥混戰，1917 年俄國十月革命，國際間兩極霸權尚未形成，加以 1929 年經濟大蕭條，都予日本可乘之機，進一步發展其「大東亞共榮圈」（聯黃抗白）的霸權國之夢。

三、分裂衰弱的中國，擁有著豐富資源的土地，是令日本垂涎和敢於冒險奪取的重要誘因。

四、日本傳統以來的大陸擴張思想（大陸雄飛論、興亞論）到近代轉型為大亞洲主義思想塑造成二十世紀軍國主義的元素。

五、日本的政治結構，軍人不受政府約束，直接受命於天皇指揮。軍人多受軍國主義思想的教育。而軍閥鼻祖山縣有朋在國防建設上有著名的「生命線」和「利益線」的鼓吹，以武力作為唯一手段控制國家，征服敵人。

戰後，美蘇兩極形成均勢，冷戰開始，西方列強陣營重組。中日兩國分別受時勢所逼而加入對立的陣營，不能貫徹獨立自主的外交路線。中日睦鄰友好關係無法建立，中日敵對的局面仍未結束。

到了 1971 年有了重大的轉機。同年 10 月，中國重返聯合國。1972 年日本首相田中角榮訪華後，中日復交，兩國發表聯合聲明，尋求結束對抗關係、建立永久和平條約，互相尊重主權和領

土完整，反對第二國在亞洲或其他地區謀求霸權，兩國不以武力解決爭端，中國更表明了台灣是中國領土不可分割的一部分，成為 1978 年中日和平友好條約的基礎。直至 1989 年，中日關係的友好程度，是近代以來最好的階段。

## 新世紀中日關係展望

踏入二十一世紀，東亞地區不再是與世界其他各部分相對隔絕的地域，而是與整個世界緊密一體化了了，不能僅靠當事國以決定東亞地區諸國的命運。中日兩國將憑本身實力的互補性，成為東亞地區的基軸。不同於傳統上以中國為核心的夷夏秩序，又不同於十九、二十世紀以日本為核心的大東亞秩序，更不是戰後的冷戰隔斷局面，開始可以建立中日兩國真正平等關係。

中國以政治、軍事大國，日本以經濟大國出現，將可發揮互補互利的優勢。中日及周邊國家的經濟實力將十分巨大，其世界市場佔有率將可與美國領導的西方世界匹敵。中國、日本、南韓與東盟十國之間建立的東亞自由貿易圈，將可與北美及歐盟兩大貿易圈鼎足而三，成為推動新世紀經濟和政治合作的基石。中國行為方式將對國際社會投下更大的影響力，日本的任務在於認清這必將產生的變化，採取理智行為，維持與中、美兩國的良好關係。尤其應力促中美兩國建立互信和合作的關係。日本的惡夢將是中美兩國的紛爭。日本安全及國家利益，乃至世界利益，都有賴於中美兩國關係的穩定與友好。

本文原載於《信報財經月刊》總 314 期，2003 年 5 月

# 2.2　晚清巨變
## ── 中國現代化富強建設的奠基時期

　　這次北區的聯校活動，以中華的復興為主題的歷史講座，本人承蒙各位邀請，擔任講者，不勝榮幸之至。我今天講題是〈晚清巨變 ── 中國現代化富強建設的奠基時期〉。

　　晚清一段的歷史，距離現在大約有一個半世紀，具體來說是由鴉片戰爭（1840 年）開始，近代史學者一般認為是晚清時期，亦即清王朝統治中國的最後階段，清王朝統治中國的最後階段究竟是怎樣情況的呢？過去很多的史學家，包括中外的學者都對這階段的清朝統治很有意見，甚至有不少的嚴苛批評，他們認為這段時期是中國政治上、社會上、民生上乃至於文化上一個衰落的時期，正因為有這些情況存在、最終才有革命的發生，亦即 1911 年的辛亥革命，我個人在過去的教學及研究過程中，亦曾深受這些歷史解釋的影響，但是隨著時日的推移及對我們國家、民族、及文化的發展有更深入的認識後，我覺得晚清這段時期，或清王朝最後的統治，是不能一筆抹煞的。事實上，由 1840 年開始，至1911 年之間，期間大約共七十年的時間，清朝所做的很多事，我認為與日後中國建設一個富強的、現代化的中國是息息相關的，且為追求一個富強的中國奠定基石。

　　為何我認為對晚清這段歷史要作一個重新的檢討與認識

呢？其實我們只要看看二十世紀快將結束的日子裏，國際之間出現的種種事情。很多國家、民族還在為建立獨立自主國家的生存環境，而仍要艱苦奮鬥，猶且還未能達到。如遠的有南斯拉夫，近的有印尼及東帝汶，這些國家還在世界基本和平的時段中，而尚要面對妻離子散、民族流離的苦境。我們再看看上一世紀，即十九世紀當時的世界與今日的世界是何等的不同。這是國際資本主義發展及擴張的世紀，也是帝國主義最終形成的世紀，是帝國主義列強宰制世界的一個世紀。今日在世界上有影響力的強國、主宰世界事務的國家，都是在這個世紀形成她們的國力及規模的。其中包括英國。在 1833 年及 1834 年議會改革後便成為一個非常強大的海上帝國，其民主發展亦邁進一大步。法國經過拿破崙帝國之後，到了 1871 年的普法戰爭之後，法國便開始建設為近代的一個民主大國。俄國在 1854 年克里米亞戰爭失利後，她的目標轉向東方，向遠東擴張，逐步形成今日我們看到橫跨歐亞的俄羅斯。德國在普法戰爭中勝利之後，由俾斯麥領導改革，經過三十年的建設，成為歐洲的一等強國。日本在 1868 年開始了明治維新，成為亞洲強國，因此能在第一次及第二次世界大戰中扮演了一個軍事強國的角色，美國經 1865 年南北戰爭後全國統一，成為繼英國後的一個民主及軍事大國，在二十世紀世界大戰之後接替了英國「日不落帝國」的地位。所有這些國家都在十九世紀時在世界各地找尋殖民地，分割世界。所以到了十九世紀末，整個非洲已被完全瓜分。亞洲的情況並不比非洲好得多，印度在 1858 年已正式成為英國的殖民地，越南在「中法越南之戰」（1884 年）後亦成為法國的殖民地，朝鮮在「中日甲午之戰」（1894-95）後逐步落入日本手中，在 1910 年正式成為日本的殖民地。亞洲還在

其他小國，包括菲律賓，原為西班牙的殖民地，後來卻成為美國的殖民地，印尼則是荷蘭的殖民地；琉球變成日本的領土，改名為沖繩縣，在甲午戰爭後中國的臺灣亦割讓予日本，成為日本的殖民地，這就是當時國際形勢，鴉片戰爭後的中國便是面對著這樣的形勢。

這樣的國際壓力可說是史無前例的。清朝便在這重大的壓力中，面臨西方及日本等帝國主義列強的侵略，仍能奮力迎戰這種險峻形勢。清朝最後的六、七十年間的統治，使中國得保不失，這當然不是偶然的、簡單的，隨便可做到的事。這任務放在今日任何一位領導人或任何一個政府手上，也不是一個輕易應付得來的重大挑戰。清朝畢竟捱過這難關了。洋務運動的三十年建設，為中國的工業化粗定規模。到了 1897 年的時候，當時列強在中國的通商口岸遍置租界、劃分勢力範圍，進一步瓜分中國的陰謀已然暴露，但中國民眾的民族意識卻能迅速地覺醒，通過康、梁的變法改革，孫中山領導革命，以及晚清的新政，顯示出中國朝野上下求存圖強的堅強意志，晚清中國對外力的回應，使中國暫時轉危為安，我們應對這些努力與成果作出恰當的評價，絕不能一筆抹煞。

我剛才說到的是外患的問題，但其實還有內憂，內憂就在1851 年發生的一場內戰。當時太平天國發起一場反抗清朝統治的運動，共延續十四年。長江以南所有省分均受到戰禍的影響，史家估計當時死了大約三千多萬人。

大家請看看不久前的南斯拉夫的科索沃地區與印尼的東帝汶島，小小的局部戰亂已使老百姓顛沛流離，何況當時半壁江山陷入內戰之中，戰後的復原與重建，談何容易。清朝經歷這一大

內憂後，其後仍有一些小規模的動亂，如在西北新疆有回亂，雖不影響中國本部各省，但也消耗不少國力。畢竟都能克服過去，同治年間的新政，不能說沒有成績。

清廷要應付上述這些內憂外患，整體來說，是有成效，還是徹底失敗呢？若要評分，我認為是七三之比，七分是成功的，三分是挫敗的。為何我這樣說呢？下面我將會詳細說明清朝在這時期應付中國內外問題的成績是顯著的，她的失敗及失誤相對來說是有，但不如想象的多。

清朝究竟如何回應當時國內外的形勢呢？我歸納起來看到清朝當時是有三個工作以應付國內外的大挑戰。第一是發展通商口岸（條約港）以因應列強的衝擊，當然其中或喪失國家的一些主權，但相對來說在條約港中亦得到很多促進中國發展進步的條件及因素，如西洋知識能通過條約港大量傳入中國、貿易活動亦使中國社會經濟有進一步的發展，雖不是一個好發展，但畢竟把農業社會的經濟結構推移向商品經濟及工業經濟體系發展，這種演變是重要的，是本質的，因為在我們傳統來說，基本的經濟結構是農業型的，但是通過條約港，商業日益重要，工業建設也發展起來。

還有西方的傳教活動通過條約港大量的展開了，西方的傳教活動有兩方面的影響：第一方面是中國人傳統的價值觀與宗教觀有所改變；第二是傳教士在中國辦很多學校及福利事業，對中國城市的建設、城市生活質素的提升、國民質素的提升有一定作用，因為傳教士傳來的知識不是四書五經，而是星光電化之學，這是中國以往沒有的。

清朝的第二個對策是於 1861 年成立「總理各國事務衙門」，

亦即自強運動的開始，這個衙門的成立是十分重要的，因為中國原本的政府結構中有吏、戶、禮、兵、刑、工六部，這六部是應付中國自己內部事務的機關，應付與西洋各國的交往中有很多事情是要顧及的，如通商、辦外交、應付國防、簽約，甚至中國移民，所有這些種種事務在十九世紀時變得越來越重要，越來越在國家發展中佔有重要的位置，清朝政府意識到外交的重要性，故乃成立「總理各國事務衙門」，以專門解決那些與中外交往、中外通商有關的事情。這衙門遂成為晚清推動變革措施的總樞紐。一切新政策、新措施及新建設都由這機關推動及總其成，再命各省長官執行，故此這機關實在十分重要，從此，外國政府要與中國交涉，也找到了一個對口機關，事事有商有量，乃可減少衝突，減少磨擦，增進了解，這也化解了不少西方國家因對中國不了解而產生的誤會及衝突。故這衙門成立以來，凡三十年來中國對西方國家基本是和平的，實屬難能可貴，有了這數十年的安定，中國才能作出很多今天我們認為很重要的事情，下文將會詳述。

　　第三，因應十九世紀的這個國際大危局，清朝在其統治的最後十年推行一系列新政，歷史上稱其為「晚清新政」。晚清新政比「總理各國事務衙門」所辦的事務還要多，還要全面及徹底。我們甚至可以說，我們想到的一個現代國家需要具備的條件及東西，需要有的制度、典章、建設，在晚清時候都開始著手做了。其中包括法制的改革、教育的改革、科舉的廢止、軍事的改革、實業的建設、成立工商、郵傳等部、以至最後的憲政改革，從事政治制度民主化的改革，所有這一切，由晚清 1901 年開始至 1911年間開始推行了。

　　由於一次辛亥革命，使我們覺得清朝的最後數十年是一事無

成的，並沒有爲中國帶來任何建樹。其實我覺得這批評是有欠公允的。對於清朝所作的改革，我經過仔細的思考後，發現有些地方可能甚至比民國時期做得更好。那麼究竟清朝在其最後七十年的統治裏做了甚麼事情呢？我認爲可用七個字來作一概括描述，就是：尋求富強的基石，即是爲中國日後能成爲一個富強的國家而奠下了基石。

　　當然，若要詳細的說，我還可以說很多很多，但我想將這些基石概括爲三點。第一是對國土幅員的凝聚。甚麼是國土幅員的凝聚呢？我們知道現在世界上能稱得上大國的國家必須具備幾個條件：第一，她一定是國土廣大；第二，她一定是人口眾多；第三，她必定具備一定的經濟實力，基本上可以自給自足，這幾個條件可以說是必須的。英國曾經強大一時，但她現在已衰落了；日本做了個多世紀的經濟大國，但她還未有到達超級大國的條件，因爲從國土、從人口來說她也還未到達超級大國的水平。但是中國在這方面是可以做到的，這便歸功於清朝的統治。清朝二百多年的統治中，使中國在當時整個世界來說，我們姑且不說十九世紀那一階段，我們只從地圖上看，由十七世紀中葉開始至十九世紀中葉爲止，中國基本上可說是一個富裕的強國，因爲經過清代康、雍、乾三朝的政治，中國共享約一百五十年的安定時期，世界上從來沒有一個地區能夠在一百多年間沒有甚麼大規模的戰亂。而在這一百五十年期間，清政府還能經營中國的疆域，把很多今天中國的重要疆土確立下來，這是十分重要的。到了十八世紀中葉，若我們從世界地圖上看，中國當時的領土是全世界最大的，比英國、美國及俄羅斯還要大。中國的人口有四億，也是當時世界上人口最多的國家。中國歷代的人口，從唐、宋以降，最

繁榮富庶的時代也不過是一億左右，這大概是宋代時的人口數字。清初有一段時期，中國的人口不及一億，但到了乾隆朝時，中國人口已有三億，到了道光朝時，人口已達四億。另外，在十九世紀中葉時，中國的領土比現在大得多，經過了十九世紀下半葉數十年間列強對中國的侵略後，中國的國土仍比現在中華人民共和國的國土要大。中國也仍是一個團結的國家，不是一個分崩離析的國家，這就是清朝在其統治的最後幾十年間的努力所造成的。

　　清朝在這數十年間做了那些重要的事情呢？首先，在 1870 年代，清朝在平定太平軍之後，便派左宗棠往新疆平定回亂，左宗棠除了把新疆收復之外，更把新疆建成為中國的一個行省。行省是甚麼呢？行省就是指那地方駐有清朝的官員及軍隊，以作實際統治的領土，是以新疆作為中國一個行省的地位也由此確立。亦是由於左宗棠的努力，終使英國及俄羅斯對分割新疆的野心未能得逞，故此清朝在當時把新疆變成中國的行省可以說是十分明智的決定。

　　第二是當日本在十九世紀七十年代借「生蕃事件」而欲兼併臺灣及琉球的時候，清朝迅速地作出了反應。清朝知道臺灣不是一個海外孤島那麼簡單，更明白臺灣影響了中國東南海疆的安全，故在此考慮下，乃正式於 1885 年把臺灣建省，又派官員及軍隊駐守以作正式統治，更給予臺灣科舉名額，准許當地人赴考科舉當官。另外，中國的西南仍存有很大的問題，於是清廷亦派岑毓英領軍平定雲南及貴州一帶的苗族叛亂，使雲南正式成為中國的一個行省，接受中國的直接統治。這幾個地區的行省地位被確定後，中國的版圖也因而得到確立。故此日後即使有甚麼風吹草

動，也不能輕易地把這些地方從中國分割開去。這是十分重要的一件事實。

除了國土廣大之外，還得要有人民。清朝政府基本上可以說是十分重視文教，這由清高宗乾隆帝編《四庫全書》便可得知。清朝亦十分重視科舉考試，其教育亦基本上是儒家思想方式的教育，故此當時中國的老百姓也有一個共同的政治理想，也有共同的價值系統，即使大家不同種族，但由於所學的文字相同、思想相同，追求的人生理想也是相同，故此即使中國有四億人口之眾，但其中畢竟仍是有民族的向心力，向著中國傳統的儒家文化。清政府在任何改革中也不放棄儒家思想，故此中國即使經歷了很多可能分裂的時代，但中華民族仍因中國文化的關係而不致分裂，這也是十分重要的。清朝政府在這二百多年的統治中，滿洲人固然已經漢化，並接受及保管中國的儒家文化，使之成為凝聚及團結中華民族的力量。我之所以不大贊成五四新文化運動中的某些思想家的主張，如不要中國儒家經籍、不要中國文化傳統的一切，就是因為如沒有了這些傳統，我們的民族就會分崩離析。但幸好五四破壞中國固有文化的運動只是一場短促的風暴，風暴過後，中國的傳統文化依然能繼續發展。

在清朝最後的數十年統治裏，發生了大家熟知的「同光新政」，又或名「自強運動」，其中包括了甚麼內容呢？如果要仔細的說，今天一個工業化、現代化國家中所必須有的「硬件」，在清朝當時已經設置了。如一支現代化的海軍，清廷已重點設置；在1876年又建成第一條的鐵路，實現了現代化的交通運輸；一個現代化的重工業煉鋼廠於1894年在湖北建成。另外，為了學習西方的知識及學問，中國於1872年派遣第一批留學生往美國留學，又

於 1876 年派遣另一批學生往歐洲留學，以學習當時西方最先進的科學、造船及軍械槍炮等學問。

此外，現代化的造船廠，現代化的織布局以至現代的學校也都紛紛於此時期在中國各地成立起來。當然，所謂現代的學校，除了教授四書五經外，也會教授星光電化之學，有體操、有修身等學科，並可供學習西方的語言。至於其他清末新政如稅制的改革、軍事的改革及治安的改革亦紛紛宣告完成。我可舉一個例子以說明清朝改革的成就。在 1949 年中華人民共和國成立的時候，中國全國的鐵路加起來共長一萬英里左右。但由 1901 年至 1911 年清朝統治下所建成的鐵路加起來已共長五千英里了。所以清朝改革實是為中國奠下現代化發展的基石。

第三、這點是我認為很重要的一點。因為剛才所說的是「硬件」，即國土、國民及各種現代化的設施。但還有一點，就是「軟件」，亦即人才、精神及教育。清朝最後數十年統治的努力，在中國現代人才的育成方面是有功勞的，姑且先不說派員往西洋如英、美、法、德及日等國留學的重要政策，即使是對國內的教育制度，清廷也盡力作出改革。例如清廷於 1905 年廢除科舉制，並於各地建成很多洋式學堂，實施西方的分科分級的教育。並且成立最高學府 —— 京師大學堂，以推動西化教育。

還有一些非教育制度培育出來的人才，他們就是因中國當時面對那內外的、嚴峻的挑戰，而使其潛能發揮出來的中國知識分子。這些知識分子產生於十九世紀中葉以降，他們甚有才幹、智慧及學識。我覺得這批人才是十分難能可貴的，即使是在二十一世紀的今天，我們也很難得到這些優秀的人才。我覺得在這些人才當中有一個典範，這典範是由鴉片戰爭時的一個重要人物 ——

林則徐所樹立的。林則徐受中國傳統的教育。但當他要應付英國人的侵略的時候，他馬上認識到整個世界已不是中國傳統儒家學者所想像的那個世界，他知道要了解西方、認識西方。所以由他開始，中國以後很多的清朝官員，都在林則徐的當官風格影響下施政。故此清代後期很多能幹、有識見、勇於任事的督撫大都是有受到林則徐影響的。我在這裏必須提出一點，晚清出現的這批人才為當時的中國作出了很大的貢獻，並為日後中國的發展準備了很多有益的思想資料及提供了行為的典範。我有一個很有趣的發現，我將這批人才的出身作了一個小統計，結果發現自十九世紀中葉以來的中國人才多出生於幾個地方：首先是兩湖的有曾國藩、左宗棠、劉坤一、魏源、郭嵩燾等。中國近代有一句術語謂：「無湘不成軍」，即沒有湖南人在內的那支軍隊，戰鬥力定必不高。現代中國有很多領袖、將領也都是出生於湖南的，如黃興、蔡鍔、毛澤東、劉少奇等，可見湖南真是個人才輩出的重要地方。其次是閩浙，即福建及浙江兩省。在清末有幾位重要的督撫都是出生於福建的，如林則徐、沈葆楨等，大思想家龔自珍則出生於浙江，出色的啓蒙思想家嚴復出身福建，其思想對晚清以至近代中國均有重大的影響。此外，還有兩廣之精英。出生於兩廣的人物更出色，整部十九世紀的中國歷史其實是兩廣人所寫的。我們姑且由十九世紀中葉說起，出色的兩廣人士先有洪秀全、洪仁玕、李秀成等幾位太平天國的領袖、其後有容閎，即曾國藩推行新政的智囊、國父孫中山、康有為及梁啓超等等。由此可見，整部十九世紀的中國歷史實是廣東人的歷史，無論要說太平天國、戊戌維新以至辛亥革命，也定必要說到廣東人。

　　但為甚麼這幾個地方會人才輩出的呢？因為這幾個地方是

訊息流通的地方，與西方世界的接觸較多、也較密切，故此出生於這幾個地方的人才的眼光及視野也是較為廣闊得多。清朝能重用這些人才，所以能在其最後數十年的統治中做出頗多改革的成績。當然，兩廣人中也有清廷的反對者，如孫中山及洪秀全等便是。但無論是反對清廷，或是協助清廷的人才也甚多，足證十九世紀的中國的確是人才輩出，而且充滿活力，這些人物的思想、事業、主張及事功都深深的影響到以後的中國發展，他們均有追求富強中國的共同理想。

　　所以我認為我們要計算這晚清的統治，晚清的巨變，我覺得我們有理由認為這七十年的統治並不是一片黑暗的、不是一事無成的，反而是有很多成果的。正因為有很多成果，所以我們應在這些成果及基礎上建設我們的國家，好使我們的國家在未來的一個世紀將會更加富強，更為世界各國的人民所敬重。

　　我今天的演講到此為止，多謝大家！

本文為筆者應香港新界北區中學聯會邀請所作的專題演講
（1999 年 9 月 27 日）之講稿修改而成

# 2.3　盧梭與五四以前中國
# 的民主思潮

「人生來自由，但卻無往不在枷鎖之中。……當人民不得不
服從時，他們服從了，他們做得對，但是一旦人民可以打破自己
身上的桎梏，而他們打破了它，他們就做得更對。因為人民正是
根據別人剝奪他們自由時所根據的同一權利來恢復自己的自由」
《民約論》

## （一）

五四運動，是中國近代民主思想發展史中一個承先啟後的運
動。關於它對日後中國民主主義發展的影響，歷來的學者多能道
之。但對五四所受惠於前代民主思潮之處，卻往往有所忽略。藉
此五四運動六十週年紀念之際，談一談五四以前民主思潮形成的
問題，對我們加深了解五四的產生背景及其歷史意義，應有一定
的幫助。

五四時代的民主思潮，是近代西方民主主義影響中國的產
物，也是自清末以來中國政治改革運動的思想指導。在這一股民
主思潮的激盪下，中國人固有的政治理念，起了根本的、實質的
變化，產生了如下的政治信念，即：一、主權在民，二、基本人

權的不容侵犯，三、革命權正義性的肯定，四、法美民主主義的嚮往，五、封建專制主義的摒棄等。在這個民主思潮興起和中國人民政治理念產生突變的過程中，代表著西方激進民主主義思想系統的盧梭及其學說，扮演了極其重要的角色。

## （二）

曾經有一位英國的學者說過：人類自有歷史以來，在思想上和精神上受影響最鉅的有三本書，它們就是《聖經》、《資本論》和盧梭的《民約論》。

盧梭（一七一二－一七七八）是十八世紀啓蒙運動最卓越的代表人物之一，又是法國民主革命思想領域上的先驅。他的《民約論》（一七六二年出版）一書爲十八世紀兩個偉大的民主革命運動 —— 法國大革命和美國獨立運動 —— 確立了理論綱領。

《民約論》是盧梭闡述自己的民主政治思想的一部極重要的著作。他在書中全面地、精要地和雄辯地論證了天賦人權，主權在民和契約立國的基本的民主理論。他認爲：人是生而自由平等的，國家只能是自由的人民所訂立的社會契約的產物，故人民是國家主權的來源，法律是人民公意（General Will）的體現、政府是使主權與法律有效運行的機構。因此，只有民主共和國才是最好和應有的政體。這些論旨的提出，給以擁護自由、平等，消除封建制度和階級特權，以及建立民主共和國爲目標的法美式的民主思想，確立了一個完整無缺的哲學架構。美國獨立時的《獨立宣言》（一七七六），法國革命時的《人權宣言》（一七八九）和這兩國的憲法，在很大的程度上都直接地體現了盧梭這種精神與理想。

正如前文所述，盧梭《民約論》的影響是世界性的。在十九世紀末，二十世紀初，盧梭在書中所提倡的天賦人權的思想，自由平等的思想和主權在民的思想，也隨著西洋近代文明的巨浪湧到東方的世界來。在中國和日本先後掀起了空前的和氣勢如虹的民主主義思潮與運動。

（三）

盧梭的思想，究竟什麼時候正式開始進入中國？這是當代中國人所應該知道的事。雖然，中國人對於近代西方民主先進國家的政治結構，早在鴉片戰爭前後，便已能通過魏源編著的《海國圖志》及其他一些中外人士所撰寫的史志或政書得到一定的知識，但對民主理論和民主政治的真義的認識，就算到了洋務運動的後期，還是相當膚淺的。真正對民主思想與學理有突破性的認識和宣傳，要到甲午戰爭以後才正式開始，盧梭《民約論》的傳入，象徵這一個劃時代的變化。

嚴復是第一位把盧梭《民約論》的民主政治思想帶到中國來的人物。一八九五年，中日甲午之戰，中國敗於蕞爾小邦的日本，使這位精通西學之士飽受刺激。目覩此次戰爭的敗績，國運的危殆和清廷的專橫無能，嚴復的胸中無比憂憤。就在這一年，在天津的《直報》上，他一連發表了〈論世變之亟〉、〈原強〉、〈救亡決論〉和〈闢韓〉四篇震動全國的政論文章，強烈反對滿清王朝的專制統治，主張對國家制度要實行民主的改革。在〈闢韓〉中，就首先運用了盧梭的民約學說來抨擊中國傳統的政治制度和政治哲學。他認為自秦以來，中國的君主都是竊國大盜。所謂君、臣、刑、兵的發生，都是人民為了要保衛自己的利益而設置的。由於

社會上「有其相欺，有其相奪，有其強梗，有其患害」，故不得不立國家，不得不設政府，但這是由人民「擇其公且賢者，立而爲之君」的。所以他說：「斯民也，固斯天下之真主也，」又說：「民之自由，天之所畀也。」他指出：「西洋之言治者曰：國者，斯民之公產也，王侯將相者，通國之公僕隸也，而中國之尊王者曰：天子富有四海，臣妾者，猶奴虜也。」他在〈原強〉中又寫到：「人無論王侯君公、降以至於窮民無告，自教而觀之，則皆爲天之赤子，而平等之義以明。」這完全是盧梭的主張用中國語的表現。盧梭的思想的傳入，嚴復實有篳路藍縷之功。自此以後，民主思想，正式進入中國人的政治哲學的思維之中，逐漸壯大，蔚然而成一代的思潮。

　　民約的學說的傳入，首先給中國的維新運動的政治理論注入西方的民主思想要素。一八九六年，梁啓超在所主辦的《時務報》上轉載了〈闢韓〉一文，在維新派的人物中引起了很大的反響。另一位維新派的領導人譚嗣同，由於讀了嚴氏的文章，受盧梭的思想的影響，在其名著《仁學》中，遂更進一步發揮了民約之說，他強調：「生民之初，本無所謂君臣，則皆民也，民不能相治，亦不暇治，於是共舉一民爲君，夫曰共舉之，則非君擇民，而民擇君也……夫曰共舉之，則且必可共廢之。君也者，爲民辦事者也，臣也者，助民辦事者也。」他認爲：「君，末也，民，本也。」這就表明了譚氏是站在主權在民的理論上來肯定人民革命權的正義性。

　　不過，《民約論》的直接而全面的介紹，要在一八九八年維新運動失敗以後，才積極地展開的。清末，尤其是一八九八年以後，大批的知識分子前往日本學取西洋文化，於是，對近代政治

和法律的學理從事大規模的攝取與傳播的工作，便由這批人來肩負。他們的身份，不外是留日學生，或者是亡命日本的清朝政治犯。

十九世紀後半的日本，以極急劇的速度全面地、徹底地學習西方。在政治科學的範疇中，十八、十九世紀西方各種重要的學說和理論的經典著作，幾乎都有譯本或介紹文字，這就爲中國的留日人士提供了一個相當高水平和範圍廣闊的研讀西方民主政治理論和思想學說的環境。即如盧梭的《民約論》，在明治時代（一八六八－一九一二年），就有三種譯本：一是服部德的《民約論》（一八七七年），二是中江兆民的《民約譯解》（漢文，一八八二年），三是原田潛的《民約論覆義》（一八八三年），此外，盧梭其他的重要著作如《學問藝術論》、《愛彌兒》、《人間不平等起源論》及《懺悔錄》等，大抵都有翻譯或介紹。明治十年代，盧梭的思想是日本的自由民權運動的指導思想。中江兆民是盧梭所代表的法國民主政治思想的播種者。他被自由民權運動的領導人物推崇爲「東洋的盧梭」，所譯的《民約譯解》在自由民權運動昂揚時期，於民權運動的志士當中，幾乎人手一冊。到了明治三十年代，當中國人士大舉渡日之時，日本的自由民權運動雖轉趨沉寂，可是，過去民權運動所掀起的民主思潮的餘波及遺留下來一大批介紹民主政治的著作，卻哺育了中國留日知識份子的民主思想。

一八九八年底，梁啓超亡命日本。他承認在到了日本以後，自己的政治思想有了重大的變化。許多資料都證明：他和他的流亡日本的學生，已經能直接地接觸盧梭、孟德斯鳩等人的政治學說與民主思想。他在自己所主持的大同學校中，就以盧梭、伏爾泰、孟德斯鳩、彌勒、斯賓塞等人的著作及法美等國的歷史作爲

教科書，學生在天賦人權、自由平等和主權在民等民主理論的薰陶下，多能一掃過去固有的封建主義的政治觀念，而逐漸產生了對自由民主思想的信仰。梁啓超也在自己主編的《清議報》和《新民叢報》中，撰文介紹盧梭的學說。一九○一年年底，他在《清議報》上發表的〈盧梭學案〉，可算是中國人第一篇全面介紹盧梭思想和學說的文獻。此外，梁氏爲了使中國人的民主政治意識早日形成，通過〈飲冰室自由書〉和〈新民說〉等多篇的政論文章，熱情地傳達了西方民主的思想與精神。同時，爲了使中國人更容易接受盧梭的學說，他彰顯了黃宗羲《明夷待訪錄》的民主性，以之與盧梭《民約論》相提並論。他並且尊崇梨洲先生是中國的盧梭，把盧梭的形象及其學說加以中國化，爲盧梭的民主思想大做輿論，遂使民主思想在中國社會的流布更爲有利。事實上，孫中山先生早年宣傳民主革命的時候，就曾經以《明夷待訪錄》作爲一種重要的宣傳小冊子。

另一方面，和梁氏同時進行盧梭的政治思想的傳播工作的是當日的留日學生。大抵在一九○○年以後，留日學界的民主意識已普遍高漲起來，這變化與他們有機會廣泛接觸西方民主政治的日譯書刊有密切的關係。事實上，一些早期的留學生結社和翻譯團體，往往都創刊雜誌，介紹西方的民主政理，有些人更從事系統的和選擇性的譯書活動。試看一份早期留學生雜誌《譯書彙編》（一九○○～○一年）的譯書廣告，就可知道像：孟德斯鳩的《萬法精理》，盧梭的《民約論》和《教育論》，斯賓塞的《社會平權論》，美人莫里著的《美國民政》，威爾孫的《政治泛論》，彌勒的《自由原理》等重要的民主政典都已做了翻譯。《民約論》的中譯，正是由他們正式展開的。《譯書彙編》自第一期開始，便連載了留

日學生楊廷棟（早稻田大學學生）的《民約論》中譯。楊氏是據日人原田潛的《民約論覆義》重譯的。一九○二年出版單行本，題爲《路索民約論》。這本譯本，雖被後來的人指出其錯譯之處甚多，但無可否認，這是第一部傳達盧梭《民約論》全書內容的中文譯本。對盧梭的民主思想在中國的傳播，有一定的功績。像清末國學大師劉師培就是因爲讀了這本書，受其影響，寫成《中國民約精誼》一書，爲民約的理論在中國傳統的政治思想與哲學中找論據。

　　一九○三年，留日學生楊篤生在《新湖南》中，討論西方民主政治的時候，便能相當準確地運用盧梭《民約論》的基本理論來說明。他指出西方民主政治的作用，主要是保障和增進人民的天賦的自由權。他認爲國家成立的原理是基於民約，「故以集約諸人之希望爲目的，而不得以一二人之希望爲目的，以集約諸人之幸福爲趨向，而不以一二人之幸福爲趨向。」他又進一步指出國家的主權不屬於政府而在於國民的全體。國民全體通過公意而任命政府以代行其主權，治理國家，所以他說：「故主權者國民所獨掌也，政府者承國民之意欲而奉行之委員也；國民者股東也，政府者股東之司事也。」每一國民以其利益及權利納於公意公益之下，服從其指揮和調度，結果是「人人爲服從於國家之一人，亦人人爲享有自由權之一人，故雖有時割棄其自由權之一部納諸公益之中，即得增長自由權之一部於公益之中，雖有割棄，隨有增長，既其增長，故亦無割棄。」

　　經此一番介紹，盧梭的學說和思想，遂大大地增長了中國人對民主主義真正的認識，從而激起了清末中國民主革命的浪潮。

# （四）

當盧梭的思想和學說在留日學界深入地傳播之際，民主革命的思想亦在留日學界最先出現。

一九○一年，幾個早年受過梁啓超的教育的留日學生，脫離了康梁的改良主義陣營，轉向革命。他們創辦了一份雜誌，叫做《國民報》，發表文章，一面抨擊保皇主義，聲討專制王朝的罪惡，一面主張挽救中國只有通過民主革命一途。該誌刊登了多篇政論，無非是引申盧梭的天賦人權，自由平等和主權在民的民主學說。而其最終的結論是：中國唯有擺脫二千年來專制政治的桎梏，改創爲民主的政體，才能立於二十世紀萬國之林。要達此目的，途徑只有一個，就是先要有人像盧梭、孟德斯鳩等人一樣，向中國的國民鼓吹民權的學說，播下民主的種子，然後再有人像羅伯斯比爾，華盛頓等人一樣，起來發動和領導民主革命，推翻清朝。

自《國民報》開始，留日學生陸續創刊了很多雜誌，也出版了不少書冊。他們除了透過這些書刊，介紹新學新知外，更重要的任務，是要爲中國尋求政治的出路。當他們討論到這個時代大問題的時候，幾乎一致地認爲，唯有採取法美式的民主主義來改造中國，問題才能根本解決。所以有大量的文字，是歌頌法美兩國的革命及其民主政治的；而且，大都普遍引用盧梭的學說作爲他們摧毀封建專制主義及建立民主主義的思想武器。一九○三年，美國的《獨立宣言》和法國的《人權宣言》都已有了第一種中譯本。中國人要模仿法美兩國民主革命的意欲，已清楚地流露於字裏行間之中。鄒容在《革命軍》中就曾這樣的高呼：

「夫盧梭諸大哲之微言大義，爲起死回生之靈藥，返魄還魂

之寶方。……法美文明之胚胎皆基於是。我祖國今日病矣，死矣，
豈不欲食靈藥投寶方而生乎？苟其欲之，則吾請執盧梭諸大哲之
寶旛，以招展於我神州土。」

　　他甚至主張中國的民主革命要採取法美兩國的形式進行；而
革命成功後，立國的規模，政府的組織，一律以美國爲依歸。這
種激進的民主主義思想，可說是當時民主思潮的先鋒。留日學界
在這股民主思潮的鼓動下，有人寧願不上課，整天躲在圖書館裏
鑽研法國大革命的歷史和盧梭的著作；有人要把自己的別名改作
亞盧（柳亞子的筆名，意爲盧梭第二），有人寫小說要爲盧梭招魂，
請他到中國來與黃宗羲、陳涉等人共同推翻專制暴政。陳天華在
《獅子吼》（一九〇五年）中呼籲中國人要化做千千萬萬的盧梭，
爲確立民權，建立民主政治而奮鬥。

　　一九〇〇年以來幾年間，盧梭的學說急速地在留日知識界中
宣揚傳播，遂使民主革命思想的浪潮，越推越高。隨著留日學生
的返國及他們大量地把刊物內銷中國，這股民主思潮，也波及中
國國內各地。特別是在新式學堂和新軍當中，所受影響最大。當
時的一批原屬舊學出身而就讀於新式學堂的青年學生，多爲民主
思潮所洗禮，懂得了個人權利和自由的重要與人格的尊貴。辛亥
革命以前無數次的學界風潮多是由於學生不滿校方的蔑視人權，
剝奪自由和鄙夷人格而起的。著名的革命志士吳樾，因讀了《民
約論》，決心以推翻清朝專制政權爲職志。秋瑾因爲受了盧梭平等
自由的思想的鼓舞，毅然投向民主革命的行列。一九〇四、〇五
年間成立的幾個重要的革命團體，如光復會，華興會和同盟會，
都是以建立民主共和國爲一致的目標。

　　一九〇五年，領導中國民主革命運動的核心組織 —— 中國同

盟會誕生，正式公開宣佈以民權主義作爲中國革命運動的領導思想之一。民權主義是孫中山先生的革命思想與留日學界的民主思潮匯合的產物。孫中山先生解釋民權主義的時候，便毫不諱言地指出這是歐美民主主義的一支流，而其理論的基本是盧梭的民約學說。同盟會更發行《民報》，爲民權主義做細緻的闡釋和積極的宣傳，更迎擊來自各方非難民主革命的論說。譬如梁啓超就曾在《新民叢報》上著文大肆抨擊盧梭的學理（一九〇四年以後，梁氏逐漸後退爲一個開明專制論的擁護者），《民報》上即有人起而反駁他，捍衛盧梭。在《民報》第一號的插圖中，即選錄了盧梭的照片，題爲「世界第一之民權主義大家盧梭」（另以黃帝象徵世界民族主義的第一人），可見盧梭在清末革命人士心目中地位之崇高。

辛亥革命勝利，中國成爲了亞洲第一個民主共和國。這正是民主主義在中國獲得更進一步發展的良機。可是，歷史的發展卻偏不如中國人民的願望。由於袁世凱等一班封建餘孽窃奪了國家大政，戕害民權，中華民國遂未能走上真正自由民主政治之路。於是，不少人感到心灰意冷，對民主政治可否實行於中國喪失了信心，有些人甚至竟然懷疑民主政治是否可視爲最良好政體。民國以還，盧梭的學說，受到了空前的挑戰，曾經在二十年前寫過〈闢韓〉的嚴復，居然撰文抨擊盧梭之說爲空想，不切實際。梁啓超也對民主政治猶豫起來，不敢相信當日的中國人民有資格和條件行民主之政。康有爲更墮落爲復辟君主專制的可憐人物，對民主思想、民主政治的厭惡程度更甚於他在辛亥革命以前的日子。這些中國思想界有巨大影響力的人物，竟然對民主思想與政治抱有如此「審愼」、「遲疑」甚至「敵視」的態度，不能不說是

中國近代民主主義發展的致命傷。

## （五）

　　不過，正當民主思潮飽受挫折壓抑之際，中國人民處於漫天昏暗的日子之時，挾著民族主義和民主主義為旗幟的五四運動終於爆發了。中國的大地上，又再次湧現出自由、人權和民主的新希望。五四的偉大，就在於它能上承清末以來奮鬥不息的民主潮流和運動，並把它繼續發揚光大。

　　五四的民主精神，是歷久而常新的。真正的民主政治，必將是人類理想社會的最後歸向。在五四六十週年紀念的今天，撫今追昔，不勝感慨。請容許筆者以李大釗〈民彝〉（一九一六年）的一段話來總結本文吧！

　　「今猶有敢播專制之余燼，起君主之篝火者，不問其為籌安之徒與復辟之輩，一律認為國家之叛逆，國民之公敵而誅其人，火其書，殄滅其醜類，摧拉其根株，無所姑息，不稍優容，永絕其萌，勿使滋蔓，而後再造神州之大任始有可圖，中華維新之運命始有成功之望也。」

　　　　　本文原載於《中國人月刊》第 1 卷 4 期（1979 年 5 月）

# 2.4 從歷史角度看中國近代的民主運動

主席、各位老師、各位同學：

剛才廖光生博士的演講中，對中國民主政治的建立，不敢抱樂觀，我個人是深有同感的。這個見解，清末著名思想家嚴復在十九世紀末到廿世紀初經已提到。嚴復對政治學有很深入的研究，他對西方近代民主政治的發展瞭如指掌，對中國當日能否或應否實行民主的改革，抱有一個很審慎，甚至可以說很悲觀的態度。但他在評估人類的民主政制的實踐及其成效時，常能提出一些卓越之見。下面我要討論中國近代民主政治運動這一課題時，也比較多地引用了他的一些意見來評述。

用「民主運動」來概括中國人近代的一系列政治活動，似乎不太恰當，雖然這些活動本身已帶有一些民主色彩。用「民權立憲運動」也許更能名符其實地表達 Democracy 的中心意義。事實上，近代中國人，並不十分切當地運用自己的詞彙去翻譯外來的事物。用「民主」翻譯 Democracy 是很值得商榷的。傳統中國的觀念中，民主是「作民之主」，是指君主之意，並非人民為主之意，而清末以來的中國人，又認為 Democracy 是一種制度，使人人可以作一國之主，人人都有平等的權利，人人都享有最大的自由。

這對當時的執政者或改革者來說，都是過激的概念，他們寧可譯為「民權」。時至今日，Democracy 或許可叫「民主」吧，但恐怕也還不能完全實現它。不過，相對來說，今天的人類，在 Democracy 的制度下，確是比較過去的人，更能有主人翁的身份，較能當家作主些，但距「民主」的理想目標，似乎尚很遠。Democracy 原意是人民擁有權力，人民實行管治之意。西歐社會，經過很長的時間，才建立今天的 Democracy，於是「民」隨著時代的演進，包含面愈來愈廣，「權」也隨著時代的進步，在質和量兩方面都有所提高。但嚴格說來，現在我們能夠享受的民主（Democracy），可能只是 51 人可有當家作主的民主，49 人是無奈地接受其餘的人的政治意願而已。

　　從西方國家過去的民主運動史看，人民爭取政治權力的擴大，是一個漫長的歷史過程，爭取建立一套制度（民權憲政）去保障其政治權力的行使，也是一個悠久的歷程。十三世紀英國人民的權力與十七、十八世紀英國，以及二十世紀英國人民的權力是很不相同的，十七世紀英國的民權憲政（Democracy）也同二十世紀英國民權憲政（Democracy）處於很不同的水平。Democracy（民主）一詞，在我們的理解中，是一個近乎完美的概念，但它在西方歷史的實踐中，卻又屬另外的一番情景。因此，我不喜歡以「民主」這一詞彙來翻譯 Democracy。我比較願意用「民權立憲政治」或「民權憲政」來翻譯它，因為「民權憲政」，正是西方自十七世紀以來，所謂民主政治（Democracy）的最基本的特徵。這套政治，簡單說來，是肯定人民有選擇自己政府的權利，舉國上下，俱在憲法的規範下，實踐其政治權力。政府的權力如何分配，人民的權力如何規定，政府與人民的關係如何安排等等，均

由憲法限定。照憲法的規定，做得越忠實的，民主程度就愈高，否則，民主程度會大打折扣了。

嚴復曾對這樣的一套政制稱為民主政制，表示異議。他認為政制可人別為兩類：一是獨治的專制；另一是眾治寡的立憲。眾治寡的立憲應該相當於我們所謂的民主吧！因此，我建議用「民權憲政運動」取代「民主運動」，換句話說，我今天演講的題目，若改為"從歷史看中國近百年的民權憲政運動"，似乎更切合今天我要講的內容。

首先，讓我介紹一下中國近代民權憲政運動的過程。大體來說，這個民權憲政運動可分五個段落。

一、從 1898 年 6 月至 9 月，是有名的戊戌變法運動，康有為、梁啟超是這個運動的領導人，他們是希望清朝政府將一部份政治權力交予人民，按照英日兩國政府的模式改革清朝的政制（這是當時最高和最低的目標）。康有為在《請定立憲開國會摺》中，建議政府所做的事項，有：（i）設立國會；（ii）行三權分立之政；（iii）制定憲法；（iv）君主成為虛君。變法運動最終雖然失敗，但這些都是向民權憲政邁開巨大步伐的措施。康、梁以外，亦確有一些先進的中國人為這個變法運動付出力量，甚至犧牲生命的。

二、1906-1910 年的立憲運動。這依然是梁啟超、康有為以及一些中國國內有立憲思想的知識份子，如張謇，湯壽潛，楊度等所推動的政治運動，這一政治運動的群眾基礎遠較戊戌變法為深厚。由於這批立憲派人士的三次請願運動，立憲運動取得了一些實質的勝利。（i）清朝政府正式公布《憲法大綱》，同意按照憲法，有計劃地成為一個立憲國家，雖然君主仍握大權；（ii）民選（部分民選）的立法機關成立，地方有諮議局，中央有資政院，

以作爲召開國會的準備；(iii)行憲日期由原定 1917 年提前至 1913 年。清末的立憲運動是一次聲勢浩大的民眾運動，它的目標最終仍爲民權憲政的建立。雖然辛亥革命的爆發使它無法按其原定的道路前進。

　　三、1912-1913 年。1911 年辛亥革命成功，中國建立亞洲第一個民主共和國，1912 年又頒布亞洲第一部民主共和憲法，全名稱爲《中華民國臨時約法》（又稱《民元約法》）。根據這部憲法，中國的共和政府產生，按照三權分立的原則設總統及國務員掌行政、參議院掌立法、法院掌司法，亦有明文保障人民的種種自由及政治權利。1912-1913 年，中國的政黨也開始活動，通過了競選，孫中山、宋教仁所領導的國民黨取得議會的多數議席，梁啓超所領導的進步黨成爲第二大黨，中國很有希望建立憲政的規模。但因袁世凱有稱帝的野心，不願受憲法及國會的約束，宋教仁因此被刺殺，中國民權憲政運動，遭受一大挫折。

　　四、1916 年 6 月-1917 年 7 月。袁世凱因全國反對他稱帝，1916 年 6 月氣憤而死。輿論要求北京政府回復《民元約法》，根據《民元約法》重新組織政府，治理國家。黎元洪按《約法》規定升爲總統，段祺瑞任總理，國會則仍以國民黨議員爲多數派。而梁啓超領導的進步黨在國會裡則充當主要反對黨的角色。這時，中國亦有可能再次步上憲政的軌道上。可惜，由於中國當時的政黨爭衡的經驗尚淺，國、進兩黨因政治利益長期對立，爲意氣之爭，多於爲國事之爭，進步黨爲了打破國民黨長期壟斷國會的局面，便靠攏北洋軍閥（特別是段祺端）的勢力，後來在參加歐戰問題上，形成了政府內閣與議院之爭，進步黨支持段祺瑞，又與北洋軍閥合作，導致國會瓦解，最後上演了張勳復辟清帝的

鬧劇。

　　五、1922 年 6 月-1923 年 6 月。張勳復辟失敗，北洋政府處於極端混亂的局面，結果由直系得勢，擁黎元洪復任總統，同時恢復《約法》及國會。國會本以國民黨議員爲多數。但問題是，國民黨議員的任期已屆滿。1912-1922 足滿十年，約法規定議員任期只有六年，但因種種原因，期間無法改選。國民黨主張半數留任，半數改選，進步黨主張解散國會，全部重選。結果，進步黨得北洋軍閥支持，在北洋軍閥的壓力下，國會被迫解散，並且選出了一批豬仔議員，爲曹錕的賄選大總統鋪路。孫中山因此無法留在北方，乃南下廣東，組織維護約法政府。經此一役，中國欲納回憲政軌道的最後機會也破滅。自此以後，孫中山改組國民黨，吸納共產主義的建黨、建軍、建國的思想理論。實行以武力奪取政權，以主義統一國家的革命策略，國民黨到此可謂已完全失去重建民權憲政的信心。國民黨既如此，其他更不必說。自此以後，中國再也沒有條件用和平的手段，通過政黨的競爭建廢政權。自民國以來，中國的政黨政治運作本已缺乏延續性，而政黨政治卻是民權憲政能否實踐的關鍵。因此，自清末以還，艱苦建立起來的若斷若續的民權憲政傳統，至此告終。

　　1945 年以後的中國，又是另一番新局面，雖然也還可以討論下去，但我不想多說了。

　　關於中國近代民權憲政運動何以有此曲折的過程，此實有許多因素使然。於此，我暫不擬申論，留待同學發問時，再解答吧！

　　中國近代民權憲政運動應如何評價呢？下面，我想用幾個基準來評價它。

　　第一，從世界歷史的角度 —— 即從東西方民主國家憲政成立

的歷史　　來評論。

　　在英國，這個號稱民主政治的母國，建立其憲政要歷三、四百年的時間。到十九世紀三十年代起，英國的政黨政治才漸上軌道，到二十世紀，英國才能實行較大代表性的民主選舉。所謂人民當家作主，才具有更實質的意義。

　　在法國，從 1789 年大革命以來，到 1875 年建立第三共和，法國經歷近百年的政治動盪反覆，民權憲政的道路始終曲折崎嶇。十九世紀後期，法國才比較順利地走上立憲及政黨政治的軌道。

　　在日本，這個鄰近我們的國家的經歷，更值得我們參考、深思。

　　1868 年日本發生明治維新的政治改革。

　　1889 年頒布明治憲法。

　　1890 年召開國會。

　　1890-1918 年在日本的政治上是所謂藩閥政府時期，其政權仍控制於明治維新以來推動維新的功臣、藩士之手。國會只有很少的權力，最主要的也不過是審核通過政府的財政預算權。日本只有少數的人民有選舉議員的權利，人民的自由權利所獲保障者也甚少。可是從明治維新以來，已有五十年的歷史了。日本的政黨真正能以多數黨的姿態自行組織內閣而獲認許者，要在 1918 年以後。從 1918 年起，日本部份的人民才能真正享有政黨政治的生活，即是說，政黨在競選中獲勝，黨魁必然可為首相，而該黨可以組織政府，天皇與元老院亦須同意，日本人（不是全體的日本人民）所能享有的民主生活，亦僅此而已。可是，到了 1931 年以後，日本進入軍國主義時代，政黨政治消滅，法西斯的統治

一直至 1945 年。戰後，日本才重新逐步走上民權憲政之路。

以上這些先進的民主國家，在過去爭取民權憲政的建立的過程中，所取得的成就是什麼？人民因此得到什麼權力呢？

概要言之，有：

一、多數國民兼有被治者與統治者的地位。

二、民選政府成立（立法、行政、司法及監察權力都交由人民的代表行使）。

三、政黨代表民眾治理國家。

四、全體人民（不包括未成年者）可以實踐選舉政府的各項權力。

五、廢除過去的君主專制政體，實行君主立憲、或共和立憲的政體。

以上的成就，都是這些國家經歷漫長的時間，或經過重重的挫折，才取得的成績。中國從 1898 年到現在，才過了一百年，要中國建立起一個我們心目中理想的民主國家，或者說，使民權憲政能真的走上常軌，我們也許要多給它一些時間吧！羅馬不是一天建成的。正如嚴復所說：「萬化皆漸而無頓」，於政治制度尤然。一套名副其實的民權立憲政治，絕不可能以一、二十年或三、四十年的功夫建立，因為這是一件規模巨大，涉及部件至多的智能工程。

對於清末以來的中國人建立民權憲政的種種奮鬥，以至今日海峽兩岸中國人的政府逐漸建立法治的努力和誠意，我們是應該肯定的。因為未來中國理想的民權憲政制度，很可能是以過去及今日一點一滴努力與成果為基礎的。

第二，我們要評價這一段民權憲政運動歷史時，更需要考慮

到近百年中國國家的處境如何？嚴復對政治學的研究，提出了不少公例。他認為一個國家外患深，人民的自由必少，民權憲政的實踐必然困難重重。他說：

「譬如 國，地廣博膏腴，生事易足，又無外寇憑陵，則其民所事的自由必大。若夫四封交警，或所處為四衝戰地，則其國之政令必密，而民之自由亦微，此公例也。」

又說：

「凡國成立，其外患深，其內治密，其外患淺者，其內治疏，疏則其民自由，密者反是。」

請諸君想想，為什麼美國能順利推行民主政治，其地理環境之得天獨厚，不可能沒有關係吧。法國人民難道不講自由嗎？但是民權憲政的實現，就是波折重重。英國、日本所處的地理環境，也是比較有利的。近者，如星加坡，你說李光耀不懂得民權憲政的道理嗎？但星加坡在強鄰環伺的處境下，他的考慮，也許生存比自由民主更重要啊！清末以來的中國，俄在北，日、美在東，法在南，英在西，虎視耽耽，隨時可以蠶食鯨吞我們的國家，這樣的國際形勢，可以讓我們安心地、不受干擾地建設民權憲政嗎？假如答覆是否定的話，那麼，當年所取得的一些成就，如取消君主專制政體，制定亞州第一部共和憲法，建立亞洲第一個民主共和國家，總不能說是輕易之事。而這些成果，難道不是實行民權憲政的一些重要的先決條件嗎？

第三、實行民權立憲政治，最首要的條件是需要人民有較高的知識和教育水平。嚴復說：

「須知民權機關，非經久久過渡時代，民智稍高……末由成立。」

又說：，

「蓋政如草木焉，置之其地而發生滋大者，必其地之肥磽燥濕與其種性最宜者而後可，否則萎脞而已，再則僵槁而已。」

政治制度亦如是，如不在一較有利的環境中實行的話，也如草木一樣，難結花果。試看中國，自清末以來的民智情況，也許百人之中，不及一、二人能讀書識字。在這樣的民智低下的情況中，實行民權憲政，必然大打折扣。在當時的中國，要建立一套十足的民主政制，恐怕是一種不切實際的想法。所以，無論我們在民權憲政實踐中，有多麼大的缺陷，有多麼不如人意的事接二連三的發生。但從清末到今天，我們無法否認，中國的政府在一天天地進步，中國的民智在一天天地增高，而中國人的政治生活也一天天地向理性開放和民主的方向發展。

第四，民主的政治制度當視作一種工具或手段，它為造福人民而設。從政治角度去考慮，造福人民是目標，不是以民主政制為目標。當然民主政制可能是比較好的工具、手段去達成這個目標，以及發揮保障人民自由、權利、幸福生活的功能。但歸根結底，民主制度為造福人民而設，民主制度今天可以造福人民，過去中國的一些政治制度亦曾造福人民。我們斷不可以說，只有民主制度才可能造福人民，其他的制度不可能。只不過人類歷史在不斷地前進，而各種的制度也因經過長時間的檢驗、修改，而慢慢成為一些更好的、更合理的制度，比較更能造福人民而已。民權憲政當作如是觀。

總括而言，民權憲政最基本任務也還是先要達成造福人民的目的。從清末以至二次大戰後的中國政府，無論民權憲政上做得怎樣的不足夠，不理想，但這些政府也確曾做過一些有益中國人

民的事業，包括基本上改善中國人民的物質生活，擺脫上世紀末以來至本世紀初衰弱的國家形象以及亡國滅種的危難等，我們豈可輕易一筆抹煞呢？民權憲政難道可以不解決這些中國近百年最急切的問題嗎？

我如上的看法，諸位聽來，也許覺得很保守，也許覺得我對中國近百年的民權憲政運動的成績過多的讚譽，但我認為，歷史家應有三個原則去評價古人古事的得失，這就是：

（i）眼光必須顧及長遠，始可衡量歷史上的人和事及國家的進步；

（ii）從實踐認識問題，實事求是，還歷史以原來面目；

（iii）要平心靜氣，公正客觀，不但可向古人交代，更須向今人及後人交代，不應局限於某一理論、主義及政黨的利益去論斷歷史的人和事。

我認為我以上對近代中國民權憲政運動的報告和評論，是忠於上述三點原則來進行的。

完了，多謝各位。


本文原載於《國事專輯》（香港浸會大學學生會主編，1988 年）

# 2.5　中國近代民主運動的經驗

編者按：今天是法國大革命二百周年紀念，法蘭西人民在二百年前推翻帝制，爭取民主自由，付出了生命及鮮血；二百年後的今天，要推進中國的民主運動，前路決不會是康莊坦途。

浸會大學歷史系講師林啓彥博士在「民主大學」論壇上，總結了近代中國民主運動的經驗。民主運動在中國推行了幾十年，此間回顧歷史，俾能在穩固的基礎上，前瞻未來民主運動的發展。

各位市民，各位朋友：

首先，我要感謝「民主大學論壇」的主持王耀宗兄的邀請，給我這個難得的機會與各位見面，談一談近代中國民主政治發展的問題。

我雖然過去有較長的時間留心於民主思想在近代中國的形成與發展的問題，但對民主運動實在未有做過怎樣深入的研究。所以，今天只能就我個人日常涉獵所及所得，加點自己的分析，略抒一己的淺見而已。

首先，我想對中國近代的民主運動及由之而帶來的民主政治的實踐的簡略歷史，先交代一下。

## 輸入西方思想移植民主理論

近代第一次民主運動，是在一八九五－一八九八年間，由康

有爲、梁啓超領導的公車上書及其後所鼓吹的變法運動。它促成了一八九八年六月至九月間有名的戊戌維新的政治改革。

第二次民主運動是由一九○○年以來各地蜂起的革命起義活動、海外及本國發生的保皇和立憲的請願運動，加上一九○三年以來的學界反清風潮等所匯成的群眾運動，它促成了一九○六－一九一○年間清廷的立憲改革。

一九一一年爆發的辛亥革命是第三次偉大的民主革命運動。它促成了一九一二－一九一三年間民主共和憲政的實現。

第四次民主運動是一九一五－一九一九年間的新文化運動和五四愛國民主運動。它促成了一九一六－一九二三年間反帝政、反復辟，重建約法攻府，以及維持民主憲政的實行。

總結這幾十年民運的歷史，我們得出了如下的幾項特點：

第一，中國近代民主運動的思想理論，源自西方，尤其英、美、法等這些先進的民主國家。民主力量形成的基地，歷次民主運動的重要人物的活動和避難之地，亦多在國外（歐美、日本、南洋）或受外國力量影響較深的中國地區（如上海、天津、廣州的租界以及港、澳等地）。

近代以前的中國，只有民本思想，沒有民主思想，只有專制政治而無民主政治。在中國傳統的文化和思想中，在中國的政治傳統中，從來沒有人民主權、天賦人權、契約立國、公意統治等的觀念，從來沒有三權分立的政治體制、國會的組織、政黨的活動、選舉的行爲，以至權力的委授、監督、收回的經驗。所有上述這些民主政治極爲重要的構成原素，全都不是中國文化能發展出來的。它要從外國文化輸入、移植，是非常自然的。所以，中國近代所有的民主運動的思想理論根源，甚至組織力量，主要都

來自中國以外的文化和地區。故此，中國近代的民主運動，自始就有外國的因素介入，不足爲怪。這不僅是歷史的事實，也是勢所必然，否則，中國就不可能發生這幾次的民主運動。

以孫中山先生所領導的民主共和革命爲例，他的民主思想理論方面的教育，基本上從香港、英國、美國這些國度傳來，他早年革命活動的根據地，全在海外（包括香港、日本、南洋、歐美等地），跟隨他一同奮鬥爭取民主的也多是海外的華僑和留學生。這些人對西方民主政治了解較深，信念較堅。

第二，近代中國的幾次重要的民主運動，其結果每能促成中國歷史的向前發展，和帶來了政治體制的改革和進步。

一八九五－一八九八年間，康、梁領導公車上書其後又在全國各地辦學報，立學堂，組織強學會，鼓吹變法，這些民間的民主啓蒙運動，就推動了一八九八年六月至九月的維新變法的出現。這次民主改革的目標是希望清朝政府將一部分政治權力交予人民，按照君主立憲模式改革清朝的政制。康有爲建議清政府要做的改革有：一、設立國會；二、行三權分立之政；三、制定憲法；四、設制度局統籌各項改革要政。維新變法最後雖然失敗，但康氏這些建議都是令中國政治民主化可以邁開重大步伐的一些措施，它鼓舞著更多的後來者向民主政治的目標前進。

## 辛亥革命推翻帝制建立共和

一九〇〇年以來，以孫中山先生爲首的民主革命派在各地的革命起義活動，康有爲、梁啓超在海外的立憲呼籲活動，一九〇三年在全國各地的反清學潮，以及一九〇六年以來，張謇、湯壽潛、熊希齡等人在國內領導的三次大規模的立憲請願運動匯成的

壓力，終於迫使清廷要進行君主立憲的政治改革。這些改革包括
了：一、正式公布了《欽定憲法大綱》（一九○八），同意按照憲
法，有計劃地成爲一個立憲國家（雖然君主仍掌握實權）；二、民
選的立法機關正式成立，地方上有諮議局（全部民選）定於一九
○九年召開，中央有資政院（半數民選），定於一九一○年召開，
以作爲日後召開國會的準備；三、正式實行憲政的日期由一九一
七年提前至一九一三年。四、改組軍機處、內閣、六部等的舊政
府體制，一九一一年成立新內閣。清廷這次立憲改革，雖以鞏固
其原有的統治權位爲考慮，但其最終的發展，仍將有利於中國君
主立憲政治的建立。但由於辛亥革命的爆發。令它無法按照其原
定的軌道發展。

　　一九一一年的辛亥革命，是一場空前大規模的民主革命運
動，中國因此而推翻帝制，改建共和。一九一二頒布了亞洲第一
部民主共和憲法，全名爲《中華民國臨時約法》，簡稱《民元約法》。
根據這部憲法，中國的共和政府產生，按照三權分立的原則，設
總統及國務員掌行政，參、眾兩院掌立法、監察，法院掌司法；
亦有明文保障人民的種種自由及政治權利。一九一二至一九一三
年，中國的政黨開始活動，國會也依《約法》成立，通過競選，
以孫中山、宋教仁所領導的國民黨取得了國會的多數議席，而黎
元洪、梁啓超所領導的進步黨成爲第二大黨，政黨政治的規模粗
定。中國步向民主政治的可能性也大大地提高了。可惜袁世凱有
稱帝的野心，加上國民、進步兩黨政治爭衡的經驗尚淺，或者爲
了黨派的利益，不能妥協，或者僵守成見，而流於意氣之爭，以
致不能和衷共濟，制衡袁氏，而讓袁世凱有分化打擊的機會，最
後導致二次革命失敗，國會解散、袁氏稱帝。

　　自一九一五年興起的新文化運動以及一九一九年的五四運動，是近代史上又一次有聲有色規模宏大的思想啓蒙運動及愛國民主運動。它促成了中國民眾民主意識的醒覺，帶來了一場文化思想上的革命，同時也對中國的民主政治的實踐有積極的作用。它間接有助於重建《民元約法》的權威，直接打擊北洋政府，重新延續袁氏帝政以來中絕了的民主憲政。從一九一六至一九二三年間，中國還有兩次步回憲政常軌的機會。

## 探求民主概念

　　第三，爲了在中國實現民主，近代中國的志士仁人，曾以不同的形式從事鬥爭，而作出各種各樣的貢獻。在他們所生活的年代，往往不爲當政者所容忍接納，可是，他們的言行和事業，卻都能爲後世人所肯定、懷念和景仰。

　　一八四〇年以後，中西接觸日繁，而中國的處境愈危。由於屢次對外戰爭，都爲列強所敗，這使到一些頭腦清醒的中國人，猛然醒覺過來，不再陶醉於天朝上國的迷夢，而致力於探求富強中國之道。他們終於發現，西洋國家的富強，不僅因爲他們在武器軍備上精良，最重要的是他們在政制、文化、學術上的先進。多數有識之士，都認爲民主政制以及一套資本主義的學術文化，才是西方國家富強的關鍵。自魏源、洪仁玕以下，至康有爲、梁啓超、孫中山，以至蔡元培、陳獨秀、胡適等這些思想家、學者、政治家的著述中，都可見到這個共識。

　　於是，他們當中有些人便努力把西方的民主概念、民主制度、民主的思想和理論介紹到中國來，有的或向當政者陳言，如洪仁玕、王韜、康有爲等；有的在社會上從事教育和啓蒙的工作，

鼓吹民主的輿論，希望形成一股擁護和要求民主變革的社會動力，促使中國的政府進行改革，步向民主，如梁啓超、嚴復、蔡元培、胡適、陳獨秀等。也有一些人以其知識與學問，默默地爲中國政府做事，希望憑藉自己對當政者的影響力，慢慢改變其專制統治，逐步進行開明的政改，如郭嵩燾、容閎、鄭觀應等，更有一些人立場鮮明，意氣高昂，要與專制政權勢不兩立，發動由下而上的群眾革命運動，推翻專制，改建民主，如孫中山、鄒容、陳天華等。無論這些人當時用甚麼方式推進民主，他們的遭遇如何的不同，結局如何的差異，但有一點是相同的，就是都能名留青史，活在後世千千萬萬中國人的心中。

# 只有民運歷史

第四，中國近代的民主運動，雖然都有一定的成果，取得或大或小的勝利，但這並不必然地保證民主政治在中國可以紮根、落實。回顧過去，我們似乎只有轟轟烈烈的民主運動的歷史，而沒有切切實實的民主政治的記錄。

我認爲，要使民主政治實踐成功，還要有許許多多的條件配合。譬如，我們有足夠的民主思想和理論的教育嗎？我們對民主政治在其他國家建立的過程，運作的經驗，有足夠的了解嗎？我們的老百姓，有足夠的知識、智慧運用政治權力嗎？我們有法治的基礎嗎？我們的政治領導人有培養好一種民主的風度嗎？我們對本身的國情（包括社會、經濟、文化、教育各方面的狀況）有充份的估計嗎？我們對民主憲政實踐的困難度有足夠的認識和心理準備嗎？事實上，在過去數次的民主政治的實踐中，上面這些弱點都暴露了出來。讓我舉一個實例說明一下。孫中山先生就曾

經希望自己領導的反清民主革命運動可以「畢其功於一役」，解決
所有連當時西方先進國家也還無法解決的政治、社會、經濟的問
題，又希望在世界上建立他所認為最完美的民主體制 —— 五權分
立的政府，孫中山和許多革命黨人對辛亥革命後的政治成果不算
很滿意的，他們以為中國還可以更快更好地步向理想的民主制
度。民初的政治領導人對中國國情的估計太樂觀了。平情而論，
辛亥革命本身的成就已經很了不起了。民初的政府雖然是各種對
立勢力妥協的結果，但並非不能衷誠合作的。若果切切實實地緊
守《民元約法》，在這個基礎上穩步前進，不驕不躁，對袁世凱既
要制約，也要尊重其法理上地位；在國會中，國民、進步兩黨既
要互相批評監督，更要合作；對於《約法》，既要逐步改善其對政
府權力安排的不當，又要嚴格、徹底維護它的最高權威性。我想
當時若能如此做的話,中國此後的民主道路可能就會平坦得多了。

## 實現真正民主

　　總結過去歷史的教訓，我覺得中國過去的民運人士，似乎或
多或少有一種誤解，以為民主運動的勝利，就等如是民主政治的
確立。其實，事實並不盡然。民主運動，即使成功達到預期的一
些目的，也只不過提供了民主政治實踐的一些有利條件與環境，
或者一種更大的可能性而已。真正實現民主政治，還需要更長期
的實驗、嘗試、失敗、改進、發展、提高，才可以竟全功。故此，
我們需要一群有耐心，能寬容，富理性，重法治，有學識，具智
慧的人民去實行它。而我在上面所提到的各項問題，亦不能不認
真地去面對和解決。

　　不過，民主運動在歷史上的評價，畢竟是正面的，是有進步

意義的。所以，只要它是民主運動，不管發生在甚麼時候，它在歷史中是會得到公正的評價的。至於中國今後民主政治的前途，我個人認為，長遠地看，是不應該悲觀的，因為過去的歷史經驗已經給了我們足夠的啓示了。

　　完了，謝謝。


本文原載於《香港經濟日報》「香港論壇版」，1989 年 7 月 14、15 日

# 2.6　中國政治：獨裁根源及民主前景

各位同學：

今日應邀出席你們的討論會，談一談中國民主政治的前景問題，甚感榮幸。

剛才余達心博士的演講，從哲學角度討論西方文化能發展出民主政治的理由，指出近代西方的市民社會，結合了古希臘民主政治經驗，加上基督教文化，便發展出自己一套民主政制。但中國卻走著另一條道路。下面我會從歷史發展角度講述中國君主專制政治長時期延續的原因。

研究政治史的學者認為，在近代歐洲民族國家發展的歷史中，當逐步走向民主政制以前，大多經歷了君主專制的政治過程。像十七世紀的英國，君主專制發展到了高峰，但卻為日後君主立憲提供條件。十七世紀英國議會與國王之爭，主要是封建貴族和清教徒與國王的爭權，結果促成了光榮革命。所以，西方中世紀封建帝國遺留的貴族集團正是其後促成君主專制瓦解而轉入民主政治的一個重要的政治力量。

在中國，則是另一種型式的演變歷程。照中國政治發展的階段來說，在秦始皇統一中國之前，中國大體可稱為封建王國，此一政治結構頗類似西方中世紀的封建帝國 —— 有天下共尊的天子；也有分立的諸侯。諸侯國君主都自據領土統治境內的民眾，

而天子只是共主，沒有統治全國的絕對權力。這種政治結構有利於權力的爭衡和制約。但秦始皇統一中國後，化封建為郡縣，此後的君主便愈來愈能夠集大權於一身，擁有絕對統治權力，而抗衡君主的社會力量則愈來愈薄弱，以致消失。君主專制政治發展至明清兩代已到了登峯造極之境，要在這時開創民主之局，由於去古代封建已很遠，哪有足以抗衡君主權力的社會勢力起來與君主競爭，分享政權？此外，令到中國君主專制政治壽命特別長的，恐怕還有以下幾點原因：

第一，秦漢以下的君主，無論用法家或儒家方式統治中國，在位的君主總是有意識地打擊宗室及王族的力量，以防王位受到威脅，故皇帝雖缺少王室貴族力量的拱衛，但同時也掃除了本身權力的最大競爭者和挑戰者。

第二，有些史家認為傳統中國政治權力相當開放，因為自漢武帝開始，便有布衣卿相之局，不論身份出處，只要得到君主賞識，便能進入政治權力的核心。此情況發展至隋唐以後，有科舉考試制度，任何人通過科舉考試，都能做官，更徹底地和有制度地開放政治權力。一方面紓緩了統治者和被統治者間的緊張關係，因有途徑可把被統治者吸納入政治架構中去分享部分政治權力；但另一方面，它又鞏固了統治者的絕對權力，確保專制君權長久延續的可能。他不用擔心此後有挑戰他統治的社會力量的形成，因為社會的精英乃致一般老百姓都必不會與政府對抗，就被政府預設的一些渠道所吸納驅策。秦漢以下的政治發展，儘管不斷改朝換代，而君主權勢地位卻始終絲毫無損。由於中國社會，很早便實行了科舉制度，徹底消泯階級社會及世襲貴族的權勢，君權也就可以高高在上，無任何集團的社會力量可以匹敵。

　　第三，中國傳統政治哲學的局限。儒家思想雖有限制君權的想法，但卻始終未能促成在法律上或制度上可避免君主權力濫用的機制的建立。儒家的政治哲學只停留於對權力行使合理化的層次方面的設計，而不曾突破到權力來源的合理化的層次方面的思考。對儒家來說，君主為何擁有權力統治人民，從來不是問題。但在西方的政治哲學中，這卻是最先要問和要解決的問題。從霍布士、洛克、到盧梭都在他們的著作中開宗明義地闡述社會契約的原理。而中國的儒家學者則基本上接受了君權源自天的前提，不去懷疑，也不去挑戰。而千方百計地為君主如何合理地運用其權力動腦筋，花心思。所以特別講究君道，要求君主賢德、行仁政、愛人民等等。兩千年來，我們基於儒家的仁政哲學發展出一些制度與方法來幫助君主行使權力時保持合理性，如以相權平衡君權，諫權監督君權，當然認為最有效限制君主濫權的方法是對君主的教育，以為讓君主讀聖賢書，循著聖賢的道路做人處事，國政便沒有問題了。用這些方式防止君權濫用，不能說沒有效用，但卻不能有絕對的保証。因此，把權力濫用腐化的問題放在個人修身上去解決，是不安全的。西方則從權源的合理化方向著手，通過法律和制度的設計，對絕對權力進行制衡約束，最後便能防止君權膨脹與腐化，而開出日後民主之局。因中國有儒家學說，使君主專制在理論上無法走向極端，和緩了君主專制的禍害，但卻不能真正解決政權合理化的課題。這可能是君主專制政治在中國長久存在的原因之一，當然，這亦是中國傳統政治發展的一個特點。

　　至於近代中國，民主政治不能順利地建立，固然有許多客觀原因所致。不過，有幾項因素可說相當關鍵。

第一，中國傳統文化欠缺實踐民主政治制度的原素，故移植西方近代民主政制份外困難。

第二，歷史環境的不利亦很重要。自洋務運動以來，國運危殆，中國人救亡意識強烈，認爲假若找不到一劑良方妙藥使國家一下子興旺富強起來的話，中國便完蛋了。這種迫切感、危機感在中國知識階層中非常普遍。這對作爲建立民主政治最先決的條件的啓蒙教育工作的進行，有極不利的影響。

第三，近代中國改革實踐中，許多改革的思想家和政治家都有相同的心理弱點，就是冒進急躁。任何一項改革嘗試，只要有些挫折，便馬上改轅易轍，另覓他圖。倡變法者徹底否定辦洋務的價值；倡共和革命者徹底否定君主立憲的可行性；倡共產主義的社會革命者又要完全推翻實踐資本主義民主的必要性。結果就是藍圖越來越美麗，但民主的政制卻越距越遠。民主政制要實踐成功，漸進性與延續性都不能缺少。近代中國，在政制改革中，卻最缺乏延續性，也拒絕漸進方式，故不能積累民主政制運作的經驗與藝術。民國以來，沒有一部憲法能真正得到統治集團與人民的尊重，在中國社會實行一段較長的日子。連法治的精神和傳統都未能確立，那又遑論實行民主政治呢？

其實，民主政制沒有最終方案。民主國家，在步向民主過程中，都只是見步行步，日積月累地把好的習慣、傳統、方式、制度留下來，不好的東西逐一淘汰掉。中國近代熱心民主改革的人，其行事方式手段，其實是相當欠缺民主精神的。民主的基本精神在於能妥協、重容忍、講包涵，求繼承。但他們則經常不能妥協，不懂得容忍異己，包涵異見，以排斥、否定乃至消滅政敵來解決政治上的分歧。我個人認爲，中國今後要真正走上民主之路，最

先要培養的就是一種民主的氣度人格。我期望能由你們同學這一代做起。

本文原載於《香港浸會大學學生報》
第 21 卷第 1 期（1989 年 12 月）

# 2.7　論嚴復

## 引　言

　　嚴復晚年的思想言行，如擁護帝制，肯定儒家的倫理哲學，批判西方文化，反對陳獨秀、胡適等人所提倡的白話文學，對學生的示威遊行表示異議等等，使他蒙受後人的非議至多，一些學者更認爲，嚴復是一個抗逆時代、要開歷史倒車的反動人物。

　　對於嚴復的一生，特別對他晚年作出這樣的評價，筆者認爲很有商榷的必要。嚴復畢生以國家民族的生存爲念，有強烈的愛國愛民意識。他認爲要使中國真正達到富強之境，免受列強的侵略欺侮，最根本的辦法是要從教育入手。他是第一個從根本處討論中西文化的異同的人，對中西文化經常保持著一種冷靜、理性的態度。

## 對教育的貢獻

　　對中國新式教育的發展，西學基礎的奠定，嚴復的功勞很大。

　　一八九五年嚴復即在〈救亡決論〉中主張全面廢除科舉考試，取消舊式的學堂教育，而代之以西學；以新的教育內容和教育方法去培養精通西方學藝的人才。也是從這年起，嚴復開始大

量而有系統地譯述西方科學、邏輯、哲學、政治、社會、經濟等各方面重要著作。

　　嚴復一生長時期擔任重要的教育與行政事務。他從英國畢業回國後直至辛亥年間，歷任清政府主辦的福州船政學堂的教習、北洋水師學堂總教習、總辦（一八八〇－一九〇〇）、京師大學堂譯書局總辦（一九〇二－一九〇四）、安徽高等師範學堂監督（一九〇六－一九〇七）等職。又在同一時期自辦及與友人合辦了《天津俄文報》、北京通藝學堂、上海復旦公學等高等教育學府。清末民初許多海軍和教育界的才俊，都曾是嚴復的學生。

　　一九一二年二月，袁世凱任命嚴復為京師大學堂總監督，三月嚴復到校視事。四月蔡元培在北京就任教育總長職，五月教育部下令京師大學堂改稱北京大學校。蔡元培推薦嚴復繼任為北京大學校長並兼任文科學長，籌劃復課。五月十五日，北大正式重行開學。因清王朝垮台而陷於停辦的京師大學堂終於在嚴復主持下得到復生的機會。嚴復是北京大學第一任校長，自五月就任校長起，至十月辭職止，中間不過五個月，但做了兩件重要的事。

　　原來北大復校後，財政上一直有困難。政府只能向外國銀行借款維持經費，財政部曾下令大幅削減大學開支，所有教職員月薪在六十元以下者，照舊支給，在六十元以上者，一律暫支六十元。七月以後，教育部又以經費、程度、管理三項理由，有意要求政府停辦北大。嚴復上書堅決反對削減教職員薪給及停辦大學之議。他反對削減教職員薪給理由，主要是希望讓教員可以安心專注於教育工作，不致因為維持生計而被迫另謀去處或兼職補助。他為了表示服從政府的命令，同意校長薪給可支六十元，但其餘教職員在事一日，仍應照舊額支全薪。嚴復護校的苦心，於

茲可見一斑。

　　另一件更重要的事，是當時的北洋政府以經費困難、程度不高和管理不善等理由，命教育部提議停辦北京大學。嚴復向政府呈遞了《論北京大學不可停辦說帖》和《分科大學改良辦法說帖》兩篇意見書，堅決反對停辦北大。並建議合併科目，精簡機構以節省開支。嚴復反對停辦北大的理由，從經費的角度而言，主要有四點：（一）停辦北大比維持下去，浪費更大。（二）世上每一個文明國家，都有很多著名大學，而中國竟連北京大學也容不下，實在太過。（三）大學的存廢，不當以籌費難易而言，而當問其需要與否而言。（四）北大一校的經費，對國家全部經費預算而言，不過九牛一毛而已。至於程度問題，嚴復認為這是相對的。北大固然難與歐美歷史久遠的名大學相提並論，但在中國，已屬程度高的學府；且若假以時日，逐步改良，程度終有提高的一日，不應妄自菲薄。

　　嚴復提出這些反對停辦的理由，是很充分合理的，也因北大師生的抗爭，政府終於放棄停辦之議。這件事表明嚴復對中國高等教育的遠見卓識。當日如果北大真的停辦了，也許五四新文化運動的搖籃就不會在北大，而北大更不可能享有那麼重要的歷史地位了。


## 思想啓蒙工作

　　嚴復一生的最大成就是提倡西學、宣傳西學。他是一位堅決反對在當時馬上實行民主政治的人，但卻又是一位最能剖析辯明西方民主政治真義及自由精神的人。

　　有些人認為中國只要移植了西方的民主政制，就可以與西洋國家同樣的強大了。嚴復對此不以為然。在他看來，民主不過是「自由」在政治上的一種表現。自由才是體，民主不過是用。他說：

> 夫所謂富強云者，質而言之，不外利民云爾。然政欲利民，必自民各能自利始，民各能自利，又必自得自由始。(〈論世變之亟〉)

　　嚴復又接受了斯賓塞的社會有機體論，指出「一群之成，其體用功能無異生物之體」(〈原強〉)。個人若不健康，國家必有病痛，個人要健康，最重要是能自由。故說「身貴自由，國貴自主，生之於群，相似如此」(〈原強〉)。嚴復到了晚年，儘管一面強調應減損個人自由，而以利國善群為職志，但仍在不少的論著中肯定自由為民主政治的最根本之條件，特別在《老子評點》及《莊子評點》中，嚴復發揮自由精義之處甚多。他說：

> 故今日之治，莫貴乎崇尚自由，自由則物各得其自致，而天擇之用存其最宜，太平之盛，可不期而至。(《老子評點‧十八章》)

　　嚴復對民主社會的深刻瞭解，在近代中國的知識界當中，罕有其匹。他把個人自由、競爭自利、個人為社會之本、言論及思想自由為最可寶貴等等看作資本主義民主社會的本質。

　　嚴復在理論上是先進和徹底的，但在現實的政治中，他卻保持一貫的持重，不輕言改革，反對以政治手段更新一個國家、民族，而堅持以教育為手段，從思想文化的改造入手。

　　從清末到民國，嚴復始終強調學習自然科學知識以及運用科學法研究事物道理的重要性。中國固有的治學方法，與西洋的科

學態度不同，對當日迫切需要富強的中國，是起不了作用的。所以他主張把中國舊學，包括義理、詞章、訓詁等，全部束之高閣，而代之以西洋的格致之學。他通過譯著《天演論》、《穆勒名學》、《名學淺說》、〈原強〉、〈救亡決論〉、〈民約平議〉等，有系統地說明了西洋近代科學精神及其學理，從而論證到西洋近代國家富強和進步的基本動力所在。

嚴復介紹進化論、邏輯學、歸納法以及各種科學知識，為近代中國的學術、思想、文化各方面的研究工作，開闢了途徑。

## 愛國精神

在嚴復生活的整個時代，中國的國土四分五裂，人民生活在水深火熱之中。國族滅亡的危機至為迫切。為此，嚴復在一八九五年就發表了《天演論》，闡明優勝劣敗之理，向國人敲響危亡的警鐘。同時，亦發表了多篇探討中國積弱原因及提出救國方案的論文，以期政府採納，發奮圖強。戊戌變法失敗後，嚴復選擇了教育救國的道路，傾全力譯介西方政治哲學名著。他深信教育不改善，人民的素質不提高，一切的政治改革都屬徒勞。在清廷統治最後十年中，嚴復仍堅持學術與教育的工作，把一部一部他認為導致西洋國家富強的學術名著譯述介紹到中國。計有四十五萬字的《原富》、十八萬字的《群學肆言》、七萬字的《群己權界論》、十萬字的《社會通詮》、四十五萬字的《法意》、二十七萬字的《穆勒名學》、十萬字的《名學淺說》等等。他深信把西洋近代學理知識傳入中國，才能從根本改變中國民智的卑陋，扭轉中國貧窮的國運。他說：

> 復夕勤苦譯書，羌無所為，不過憫同國之人於新理過於蒙
> 昧。發願立誓，勉而為之。極知力微道遠，生事奪其時日，
> 然而前數書得轉漢文，僕死不朽矣。(〈與張元濟書〉)

　　在辛亥革命以前，嚴復與許多同時代的知識分子一樣，都懷著熱烈的愛國之情。但嚴復本人並不熱衷於政治活動，他既不同意立憲派國會請願運動，以為清政府開放政權後，便可以救中國的危難；也不認為革命派成功推翻清廷的統治，建立新政權後就能使中國馬上轉弱為強。他相信，要有效地抵抗列強的侵略，真正免於亡國滅種之禍，唯一辦法就是掌握列強所以富強的道理。這是嚴復冷靜理智的一面。他也不積極參與政治活動，認為這於國事無大裨益，而用盡一生的精力把西方國家富強的原理，通過翻譯、演說及發表文章，介紹給國人，把救國之心寄託於教育事業之中，這是他不同於同時代大多數愛國者的地方。

　　踏入民國以後，嚴復的愛國意識強烈表現在要求國家的統一和社會安定上。革命後的中國並沒有馬上強大起來，反之，政治上的不穩定，財政上的窮拮與民心放蕩無節，較之清末尤有過之。這都一一證驗了嚴氏早年的觀點：民智、民力、民德一日不進步，民主制度終不能為中國之福，反以為禍。

　　從一九一二至一九二一年間，嚴復最關注的是如何在中國建立一個和平而有秩序的社會。這使嚴復成為「頑固的」帝政擁護者。嚴復的頑固，出於他存國保種、利國善群的信念。為了重建一個有威信的政府，以及和平而有秩序的社會，他把這個希望寄托在袁世凱身上。袁氏稱帝之前，他曾支持袁氏以共和之名行專制之實。他深信「共和國體，非吾國所宜」。又說「吾國之宜有君，雖三尺童子知之」。及至帝政敗亡以後，他還主張保留袁氏，以為

立憲基礎，進可終於共和，退亦可爲其復辟。直到張勳復辟（一九一六－一九一七年）失敗後，南北軍閥大混戰及聯省自治之議起，嚴復還希望會出現如曹操、劉裕輩的軍事強人，統一國家。在嚴復的心目中，只要能夠保存國家的統一，結束共和以來的紛亂之局，就不必計較用什麼手段去達成了。

歐戰發生以後，嚴復率先對帝國主義國家的國力、民質進行研究。戰爭初起階段，德國節節勝利，而嚴復卻早已預言德國必敗，並曾向當時的袁世凱政府建議，以聯英法的協約國爲宜。一九一七年，他又於《公言報》上著論，力主加入協約國對德宣戰，乘德國的敗亡，使中國立於世界強國之列。同年八月十四日，北洋政府終於宣布對德國宣戰。

一九一五年，日本向中國提出廿一條款時，嚴復憤慨地指出日本、德國這些窮兵黷武的國家，終會嘗到好戰的惡果。對俄國的共產革命，嚴復的看法也很消極，他說：「據所記載，真令人有天地末日之悲。故中國亂矣，而俄羅斯比之，則加酷焉。」此時之嚴復，對於西方國家已覺沒有一個可堪借鏡和學習。

## 文化批判

嚴復是近代中國社會中最早的一位對中西文化現象進行理性討論的人。他在〈論世變之亟〉一文中說：

> 中國道理與西法自由最相似者，曰恕，曰絜矩。然謂之相似則可，謂之真同則大不可也。……自由既異，於是群異叢然以生。粗舉一二言之：則如中國最重三綱，而西人首明平等；中國親親，而西人尚賢；中國以孝治天下，而西

人以公治天下；中國尊主，而西人隆民；中國貴一道而同
風，而西人喜黨居而州處；中國多忌諱，而西人眾譏評。
其於財用也，中國重節流，而西人重開源；中國追淳樸，
而西人求歡娛。其接物也，中國美謙屈，而西人務發舒；
中國尚節文，而西人樂簡易。其於為學也，中國夸多識，
而西人尊新知。其於禍災也，中國委天數，而西人恃人
力。……若斯之倫……吾實未敢遽分其優絀也。

在辛亥革命以前，嚴復極力宣揚以西學及西方思想文化來改
進中國人的民智，可見他對西方文化評價甚高。他對中國的學術
文化，當初也不時有嚴厲的批評，指斥宋明理學是無實、無用的，
主張義理、訓詁、詞章都應束之高閣，至於四書五經等儒家經典，
卻在八股科舉的考試的強制要求下，變成了錮智慧、壞心術、滋
遊手的思想工具，最後更造成了中國國家衰弱和民眾愚盲。

不過，到了民國以後，嚴復對文化的態度，顯然與前不同，
尤其在第一次世界大戰發生後，他對西方的科技物質文明所衍生
的文化現象，不再像以前那樣高度讚揚，而對中國的倫理精神文
明所產生的文化現象，卻表現了更多的肯定。

一九一四年歐戰爆發後，嚴復即密切留意其發展，對於帝國
主義列強之間瘋狂的爭戰，殘忍的廝殺，就更認識清楚了。於是
他不能不從根本之處懷疑西方學術文化的價值。他說：

如今之歐美，以數百年科學之所得，生民固多所利賴，而
以之制作凶器，日精一日，而殺人無窮。……科學昌明、
汽車大興、而濟惡之具亦進。(《莊子評點·胠篋第十》)

所以最後他的結論是，只有孔孟的教導，才能真正糾正中國
社會的動亂，凝聚民族的親和力以及補救西方世界文化發展之

弊，他說：

> 中國目前危難，全由人心之非，而異日一線命根，仍是數
> 千年來先王教化之澤。（〈與熊純如書〉六十二）

由此可見，嚴復對儒家的文化，便由一個嚴肅的批判者，變
為一個衷誠的欣賞者。


## 結　語

不必諱言，嚴復是一位保守的思想家，尤其在政治上，他是
一個保守主義者。但這不妨礙他作為一個愛國教育家和啟蒙思想
家的角色。嚴復對傳統中國文化所持的態度，無論早年以批判為
主，晚年以繼承為主，但其以理性冷靜的態度對待，如他對待西
洋文化一樣，是始終如一的。

嚴復一生除了因擁護帝政而受人非議，他在新文化運動時期
的尊孔、維護傳統文化一節，也受到不少的批評。我們可以說，
嚴復對於中國的舊學，並不是全盤接受的，因為他認為要振興中
國，光靠國學而不吸取西學是辦不到的。但另一方面，他並不認
為必須全面拋棄儒家的倫理道德，才能夠建立自由平等的社會而
振弊起衰。他反而認為要靠這些道德來培養中國民族的個性，培
養個人高尚的人格，甚至藉此以救西方文化之弊。到了晚年，嚴
復似乎對西洋物質文明表示厭倦與失望，但這不表示他放棄了科
學，也不表示他否定了民主和個人自由的價值。他認為西方的毛
病是不能善用科學的知識以造福人類，而是用來殺人爭戰，拚個
你死我活。故他很欣賞西方學者能以儒家的文化，尤其和平中庸
的哲學教育彼邦之人。對民主政治及個人自由，嚴復只表示非當

時中國人所急需，認爲民主與自由，也和發展科學一樣，要在教育的改進的基礎上，逐步實現。

本文原載於《明報月刊》第 295 期（1990 年 7 月）

# 2.8　容閎與近代中國

　　香港與近代中國的歷史發展關係密切。自十九世紀中葉以後的半個世紀，香港的近代化程度一直領先於中國內地，這使得香港地區的人物在許多中國近代化建設事業上，發揮了極其重要的作用。容閎（一八二八－一九一二）便是其中一個顯著的例子。

　　容閎是廣東省香山縣人，生於南屏村，與孫中山可謂有同籍之誼。容閎是孫中山的長輩，對孫中山的革命事業曾給予很大的支援和幫助。故當辛亥革命成功及中華民國南京臨時政府成立之際，孫中山以第一時間函邀寓居美國的容閎回國參政，稱讚他是「覆滿清之專制、建偉大之事業、以還吾人自由平等之幸福」的老同志。容閎在革命黨人心目中地位之崇高，可見一斑。

　　容閎與孫中山都是十九世紀中國社會中極少數具有豐富西學素養的知識分子，但兩人所走的道路卻不完全一樣。容閎基本上是一位改革者，他很注重教育人才及致力西學移植於中國。他主張中國極須進行近代化的經濟建設和行政改革。從太平天國時期向洪仁玕的建言、自強運動協助曾國藩創辦洋務新政、到支持康梁的變法維新，都是沿著此一理想而奮鬥。直到晚年，當目睹清廷革新富強之業無望以後，才毅然放棄其一貫相信改革可以救中國的信念而支持革命運動。

　　容閎之所以能夠成為清末以來中國一系列近代化變革事業

的參與者和推動者，陳丁因爲他那份熱愛祖國的情操驅使外，與他所接受的正式而有系統的西式教育和生活經驗，使他擁有異乎普通中國人的敏銳識見和高深的學養是分不開的。香港，是他得到這份特殊的生活經歷和品質的地方。首先，香港是容閎一生取得良好教育機會的根據地，沒有香港和當時在香港一批熱心辦西學的西洋傳教士的幫助，以容閎清貧的家境，絕對不能享受如他日後所得到的優越的教育。容閎的少年時代（一八三五－一八四六，七歲至十八歲），是在澳門和香港兩地接受教育的。他的中學基礎教育在香港馬禮遜紀念學校（Morrison School）完成。在當時來說，這要算得上最具正規中學規模的學校。課程中英兼備，並以英語華語講授。主持校政是美國傳教士布朗牧師（Rev. S.R. Brown），所訂英語科課程均照美國當時一般中學所習的水平而設，計有文學、歷史、地理、數學等科，而華語科目則包括四書、詩經、書經等儒家的典籍。因此乃得奠定其良好的中英雙語及學問文化的根基，使他日後能順利地在美國直接升讀孟松中學（Monson Academy）預科及耶魯大學（Yale University），而且能以優異成績畢業。安迪國（G.B. Endacott）在所著的《香港史》（A History of Hong Kong）曾指出馬禮遜學校在一八四四年有學生三十二人，是香港最大的學校。容閎從澳門、香港乃至其後到美國完成學業，除了本身刻苦勵學外，當時在香港和美國熱心人士和團體的資助，也是需要記一功的。

　其次，開埠以來的香港社會，不但有良好的行政管理和貿易制度，教育文化方面也有很大的發展，對西學的攝取，尤其快速。這裏曾聚集了一大批有較高學養的傳教士如郭士立（Rev. K. Gutzlaff）、麥都思（Rev. W. Medhurst）、衛三畏（Rev. S.W.

Williams）、理雅各（Rev. J. Legge）、合信（B. Hobson）、羅孝全（Rev. J.J. Robert）、裨治文（Rev. E.C. Bridgeman）等。這些人大多與容閎有較密切的往來。他們除了傳教外，亦都熱衷於把中西方的文化知識作相互的推介工作。他們積累的經驗和成績，使容閎日後籌辦江南製造局倡議翻譯西籍時，有更好的基礎和憑藉。而香港和美國社會的教育制度和生活方式，也就成了容閎立志改革中國理想模式。因此他在一八六○年晉見太平天國干王洪仁玕提出的七項改革建議中的建設善良政府、創立銀行制度、頒定各級學校制度及設立各種實業學校，以及於一八六八年向江蘇巡撫丁日昌建議的自強新政如選派青少年出洋留學、創辦輪船公司、開礦產、修鐵路等，無一不是容閎在青少年時代在香港和西方社會生活所習見的事物。

　　再者，十九世紀的香港社會，對中國和西方都全面開放，這裏的中國人對西方的新鮮事物，毫不排拒；對中國內地的改革，亦積極參與支持。中國開放的初期，內地人民的保守意識和封閉心態仍然強頑，曾對中西文化的溝通交流帶來不少困難，並嚴重拖緩中國西化和近代化的步伐。幸得香港一地，人文薈萃，以補其弱點。就以容閎首倡派幼童留美一事，就無法在上海招考足夠的人數。容閎只得在香港政府所設的學校中遴選學童共四批，於一八七一至一八七五間先後送出。這四批共一百二十名學生之中，以廣東人佔了絕大多數，其中又以香山籍為最多。這批學生，雖然有部分學成不歸，但多數學成歸國者，都能以所學貢獻於祖國的近代化事業，成了清季至民初實業建設、外交和教育事業的人才，其中享負盛名的有唐紹儀、梁敦彥、詹天佑、梁誠等人。

　　最後，香港社會還是晚清中國變法和革命力量的育成之地。

康有爲、梁啓超的維新方案頗受香港知識分子如容閎、王韜、何啓、鄭觀應等人的變法思想的啓迪和影響。容閎且更是康梁戊戌維新運動的有力支持者。他在北京的寓所是康、梁黨人會議之地。戊戌政變發生後，康、梁之得逃生，容氏亦曾奔走出力。容氏到了晚年，更以他在香港和美國的交遊與聲望，支持孫中山在香港的革命活動。香港興中會領袖謝纘泰於一九〇二年策動的廣州洪全福之役，即舉容氏爲革命後臨時政府的大總統。一九〇四年，更爲孫中山薦介美國人荷馬李（Homer Lea）和波司（Charles B. Boothe），使其協助孫中山在美國的革命籌款和軍事組織與訓練的工作。

　　總之，這位被後世譽爲中國近代歷史上第一位畢業於西方國家一流大學的革新者，同時又是中國近代留學生之父的容閎，他一生所做有益於中國富強與進步的事業，說到底都要承認的是他能在香港生活和接受較中國內地爲先進的西化教育對他的造就所致。

本文原載於《星島晚報》「港史天地」版，1993 年 4 月 24 日

# 2.9　王韜與香港

　　王韜（1828-1897），字仲弢，號弢園，亦號天南遯叟。江蘇長洲人，出身書香之家。早年在上海與麥都思（W.H. Medhurst），慕維廉（William Muirhead）等洋教士相過從，助譯《聖經》。太平天國建都南京後，曾上書天國，建議忠王李秀成與西人和好及逐鹿中原之策。其事爲清廷偵知，王韜不得已於 1862 年南下香港避禍，從此揭開了他的生命歷程中的新一頁。

　　十九世紀六十年代的香港，在英人的統治下，已漸發展成一個相當重要的中外貿易重鎮。而更重要的，是它已然成爲一個中西文化匯聚之地，不但是洋人踏足中國前掌握中國信息的門戶，亦是中國了解世界新學新知的主要通道。王韜身處香港，耳濡目染，學思兼用，使他從此由一傳統的中國文士，搖身一變成爲一個見聞廣博，通達外情的飽學之士，聲名遠播海內外。在中國近代史上，他不但是一位重要的思想家，而且更是一位肩負中西學術文化交流事業的卓越人物。

　　如所周知，中國的四書、五經最早的英譯全本，是由英儒理雅各（James Legge）在香港及倫敦兩地譯成的，而助理氏竟全功者，卻是王韜。理雅各曾於所譯《書經》的序文中提到王氏襄助其譯述中國典籍的貢獻時說：「抑譯者亦不能不感激而承認蘇州學者王韜的貢獻。余所遇之中國學者，殆以彼爲最博通中國典籍矣。

彼於 1863 年，歲暮抵港，於吾精心所集之巨量藏書，特加讚賞，
不時取用。並以滿懷熱忱，進行工作，隨處爲余解釋或論辯。彼
不特助余之工作，且於工作辛勞之際，並爲余帶來樂趣也。」理
雅各對中國文化西傳的功績，不在明清之際耶穌會士之下。但若
無王韜的襄助，此盛事必不能實現，殆可斷言。王韜在港生活愈
二十年，直至 1884 年始返上海定居。這二十年中，王氏曾遊歷歐
洲、英倫等地；也受日人之邀，訪問東瀛。所至之處，士人爭相
與他訂交，蓋視王氏爲中國學術文化的使者故。不過，這二十年
間，王氏最重要的事業，仍要算是他以香港爲基地，向內地的中
國同胞熱切地傳播西方的知識、學術及文化，並向清廷的當政者
提出變法的主張，希望中國能奮起改革，以臻富強。王韜在香港
推動的文化事業，頗多爲劃時代的創舉，對於近代中國的學術發
展有大貢獻。舉其犖犖大者，如與容閎的同學黃勝合著《火器略
說》，爲中國較早的一部介紹西方軍器知識的著作。又向英華書院
購入印刷銅模，在港創設中華印務總局，並以此設備爲基礎創刊
《循環日報》（一八七四年），開華人以洋式印刷中文書刊的先河。
王氏更藉《循環日報》介紹西方格致新學，又撰文大倡變法思想，
以輿論催促中國革新政治，王韜較康有爲、梁啓超更早二十年。
此外，王韜其他有關西學的撰述亦多，如介紹英國大哲培根的科
學研究方法（撰有〈英人培根〉一文）；又繼承魏源《海國圖志》
放眼世界的胸襟，王氏對法國歷史及普法戰爭更有深入的鑽研，
並寫成《法國志略》及《普法戰紀》二書，獲得日本明治時代學
界的高度評價。中國人最早的有關西洋歷史的撰述，王韜實首倡
之。對於香港社會，王韜亦遺下一些嘉惠後代的文化事業和福利
施設，今日的東華醫院和學海書樓（其前身是香港藏書樓，是戰

前私人辦理的公眾圖書館），都是王韜倡議設立的。王韜一生的事業，既能克服傳統與近代的斷層，亦能會通中西文化的隔閡。所以能致此者，實由於香港這個生活環境給他的造就。

本文原載於《華僑日報》「香港史天地」版，1991 年 1 月 21 日

# 2.10　清廷外交官遊記中所見的香港

.

　　自一八六一年清廷成立總理衙門之後，中國與西洋國家逐漸建立正常的外交關係。從十九世紀六十年代起至九十年代，中國陸續派出了許多外交官前往西洋各國遊歷、訪問、談判、報聘或駐劄。這些使節在前往外國的途中，大多先經過香港作短暫的逗留，爲出國的旅行做好準備。在這些人士的遊記和日記中，保留了不少有關早期香港各方面情況的資料，雖然這些資料僅屬外交家個人一時的傳聞或觀感，但由於記述的態度比較客觀忠實，因此頗能反映香港社會當時某些側面的實況。這對補充香港早期中文史料的闕乏，無疑會有一些幫助。現僅摘錄其中較有價值的遊記所載的香港資料，做點介紹的工夫，希望引起對香港史研究有興趣者的注意，齊來發掘，共同研究。

　　中國第一任駐英公使郭嵩燾在一八七六年出使英國，他留下了一本很富爭議性的遊記《使西紀程》。這本書曾經被他的政敵拿來作爲攻擊他有二心於英國的罪證，以致書板被毀，而郭氏也因此被撤官職，終生受到保守頑固派的排斥打擊。《使西紀程》記述了郭氏到英國的旅程中所見所聞所感。香港是他離開中國最先到的一個英國人管治的地方。他對香港當時的普通教育和獄政，頗留下一些有價值的記事，足可俾研究者作進一步討論之資。

　　《使西紀程》記香港學館的授課內容時說：

「〔光緒二年十月〕廿一日，至香港。……香港總督鏗爾狄（A.E. Kennedy）遣其中軍阿克那亨以四人輿來迎。……遂乘輿至總督署，……詢及學館，適其地大學館總教習斯爵爾得在坐，約陪同一遊。酒罷，遂適學館。並見其副教習法拿、鑑爾兩君，皆總司學事者也。凡分五堂：課中國《五經》、《四書》及時文三堂，課洋文一堂，洋人子弟課《五經》、《四書》者一堂。每堂百人，一教習主之。課《五經》、《四書》者，中國教習也；課洋文者，西洋教習也。堂分十列而空其前，每列設長案，容坐十許人；以次向後，層累而高。其前，則教習正坐相對。亦有教習中坐，而左右各分五列者。要使耳目所及，無一能遁飾。其課《五經》、《四書》，皆有期限；而於詩文，五日一課，謂之小課。……其規條整齊嚴肅，而所見宏遠，猶得古人陶養人才之遺意。中國師儒之失教，有愧多矣，爲之慨然。」

從以上文字來看，可知香港早期的普通教育（學館）中，中國儒家古典之學仍佔很大的比重。郭嵩燾因此不得不對香港政府重視中國文化教育的措施表示欽佩，慨歎中國的本土反不能及。郭氏由注意教育進而表示對香港獄政的關注（這是中國儒家學者先重教化後重刑政，所謂先德後刑的典型表現），也得到香港總督的積極的回應，派人陪同郭氏參觀香港的獄政。

《使西紀程》上說：

「廿二日，……香港總督鏗爾狄及羅伯遜來報見。……因論西洋法度，務在公平，無所歧視；此間監牢收繫各國人民之有罪者，亦一體視之。問可一往觀乎？欣然曰：「可」即顧阿克那亨以肩輿來迎，而屬羅伯遜陪行。其監牢設正副監督，至則副監督達摩森導以入。屋凡三層，罪犯重者在上層。下層一人一房，上層

三人一房，禁錮者扃其門。……房設小木榻當中，如人數，衾褥、氈毯、巾帨、盤盂畢具。日疊衾毯榻上，整齊如一，不如式者減其食。其所收繫，有西洋人，有呂宋及印度人，通計三十餘名，中國至五百一十四人。……收繫久者五年、七年，少至五日，亦有禁錮終身者。辦法亦略分三等：有錮閉者，有久羈課以織氈毯者，有運石及鐵彈者。……人日兩食，飯一盂，小魚四頭。收繫久者，肉食、飯亦精。……達摩森導令遍遊各監牢及運石鐵彈處，……舉手示之，皆趨就行列，或三列四列，立處截然齊一，舉手加額以為禮。即禁錮室中，啓外牢揚聲喝之，皆起立，當門垂手向外，節度整齊可觀。牢外設浴堂一，人日一就浴。中設禮拜堂一，七日禮拜，囚人環立聽講。病館一，以處病者，一醫士掌之。……所至洒濯精潔，以松香塗地，不獨無穢惡之氣，即人氣亦清淡，忘其為錄囚處也。」

當日香港的監獄管理，即以今天的標準計之，亦不能不說文明和人道。較之中國同時的牢獄的黑暗、污穢與殘酷，真有天壤之別。

無怪郭嵩燾在親歷西洋各國進步文明的生活之後，得出的結論是：「蓋兵者，末者，各國創制，皆立國之本也。」

本文原載於《華僑日報》「香港史天地」版，1991 年 12 月 16 日

# 2.11　《中國日報》與辛亥革命

　　《中國日報》是十九至二十世紀間在香港發行的一份較有份量的中文報紙，它是近代中國民主革命派最早創刊的機關報，對近代中國民主革命的宣傳和組織活動起了重要的作用。

　　《中國日報》是在孫中山的積極推動和支持下，創刊於一九〇〇年一月二十五日（己亥年十二月二十五日）的，自始即作爲興中會在香港及華南地區宣傳革命的喉舌。至一九〇五年，同盟會機關誌《民報》在東京刊行以後，其革命宣傳的重要地位才被《民報》所取代。但《中國日報》仍然是同盟會在香港與華南地區從事言論宣傳和籌劃革命起義的樞紐。一九一一年辛亥革命後，《中國日報》遷廣州續刊，維持到一九一三年二次革命失敗後才停刊。可以說《中國日報》的歷史，也就是辛亥革命整個歷史過程的一個寫照。

　　《中國日報》初刊時，每日出版四開紙一張半共六頁，星期日休息。其後增至兩張紙八頁。除告白版外，重要的欄目有論說、京、粵各地及外國新聞、本港新聞。又有電報、來論、專件等，內容相當豐富。副刊有小說、雜文、史談、談叢、班本、粵謳、詞苑、雜俎等，大多屬針砭時弊、諷諭清廷官吏和保皇派人物的主題。此外又附刊《中國旬報》，除每旬匯編述事外，亦附有諷刺時事的歌謠諧文，旨在灌輸國民意識，鼓吹革命思想。

　　《中國日報》創刊的宗旨，是為喚醒同胞、群策群力，為振興中國而奮鬥。該序文指出：「中國自通商以來，……疆土日以剖削，屏障亦盡叛離，遇事掣肘，積弱難振。……報主人見眾人皆醉而欲醒之，俾四萬萬同胞……心懷中時刻不忘中國，群策群力維持而振興之，使茫然墜緒得以復存，挺立五洲不為萬國所齒冷。」為了達成目標，《中國日報》以堅強的毅力，承擔多次的經濟危機和禁刊的重壓，苦撐下去，為中國的革命事業作出了貢獻。

　　藉著香港社會具有相對的言論自由的環境，《中國日報》發揮了內地報刊所不能做到的功能，對中國內地民眾展開持久的民族主義和民主主義的宣傳和教育。

　　一九〇〇年義和團事件發生後，《中國日報》及《旬報》即相繼發表了《論民權》、《主權論》等社論，強調外禦強權，維護國家主權的必要性，同時更進一步說明了只有民主建國，才可免於被列國所宰割，達到國民自主和國家自主的局面。一九〇三、〇四年發生的拒俄運動及上海《蘇報》案事件，《中國日報》除即時作出報道外，亦為文加以聲援，譴責清廷的媚外、懼外的賣國政策；與此同時，《中國日報》又與保皇黨人在香港的機關報《商務報》進行論戰，抨擊康有為、梁啟超一派的保皇立憲思想只能起愚惑民眾的作用，不能真正拯救中國的危難。一九〇五年以後，《民報》與《新民叢報》展開了革命立憲的大論戰，《中國日報》亦加入戰陣，為闡明孫中山所倡導的三民主義革命為救中國所必由之路的真理而奮起筆戰，起了很大的聲援作用。同年，中國發生了反對美國虐待華工杯葛美貨的「拒約」運動，《中國日報》及時作出了報道和評論，支持中國民眾的反美鬥爭。一九〇六年粵督岑春煊擬將粵漢鐵路國有化，《中國日報》猛烈抨擊岑氏違法占

權，以捍衛粵港商民的利益。一九〇六、〇七年後，《中國日報》以大量篇幅揭露清政府種種的暴政和腐敗狀況，又報導了各地的民變和革命起義，熱情地宣揚其成就與功績，並闡明了革命黨人推翻清廷專制統治，建立民主共和國的政治主張。

　　除了推動革命輿論的宣傳工作外，《中國日報》更是同盟會在中國南方策動革命活動的大本營之一。計由一九〇六至〇八年間，革命黨人發動了多次的革命起義，如欽州之役、潮州之役、黃崗之役、汕尾之役、七女湖之役、防城之役及河口之役等，歷次的起義由籌餉、購運軍火至招收兵員等，均由香港同盟會支部主持。《中國日報》的社址則承擔了負責接待和照應起義黨人來往粵港兩地的工作，對他們發揮了良好的掩護作用。其後一九一〇年的廣東新軍之役及一九一一年的黃花崗之役，《中國日報》和同盟會南方支部都成為革命志士聚集策劃工作的重要場所。

　　作為興中會及同盟會的重要言論工具，《中國日報》在刊行的十數載歲月當中，儘管遇到無數的困難和艱辛，它始終堅持著孫中山倡導的三民主義革命救國的理想，肩負起揭露清廷專制統治的腐敗與黑暗，批駁保皇立憲黨人的擁清尊君思想，以及宣揚西方民權自由的學說以啓迪民眾，為華南地區乃致全中國的革命形勢的營造，及對辛亥革命的取得勝利，發揮了重大的作用。革命元老馮自由評價《中國日報》的革命功績時說：「香港《中國日報》為革命黨機關報之元祖，自己亥（光緒二十三年），以迄辛亥，此十三年中，凡興中會及同盟會所經歷之黨務軍務，皆借此報為唯一之喉舌。中間遭遇無數之風潮及重大之阻力，均能獨立不撓，奮鬥不懈，清英二國政府終無如之何。」

本文原載於《星島晚報》「港史天地」版，1992 年 9 月 12 日

# 2./2　孫中山的政黨觀

「……中山先生究竟是愛自由講容忍的人，所以在他的政治
理想系統裏，一黨專政不是最後的境界，只是過渡憲政的暫時訓
政階段。……」

—胡　適

## 一、引　言

從同盟會時代（一九〇五－一九一一）起，孫中山對中國實
行民主政治的步驟和方法，便已有了相當具體的構想。他提出了
革命程序論，主張由先知先覺的革命黨人以激烈手段推翻清朝的
君主專制政體，在取得政權後再由革命黨人以所信仰的主義——
三民主義來治理國家，期間更須經過軍政、訓政的階段後，才可
過渡到憲政（共和民主憲政）的政治模式。孫中山抱著「革命建
國」和「以黨治國」的信念作為推動中國民主憲政的成立的必須
步驟，終其一生似乎沒有放棄。

對於習慣了政黨政治生活而視其為實踐民主憲政唯一的有
效政治模式的西方學者來說，孫中山這套政治學說，自難認同為
西方民主政治的同道，甚至懷疑它是否更帶有極權主義的元素。
嚴格說來，孫中山一生沒有真正執掌過政權，且三民主義也未於
他有生之年付諸實行。不過，倘若他真能統治中國，相信亦斷不

曾同意他死後的國民黨長時期的 □黨獨尊的統治方式。事實上，民國初年，孫中山對政黨政治的正面評價和維護，可作為筆者上述論議的一些佐證。

## 二、孫中山政黨政治的思想內容

### （1）政黨政治為孫中山於民初時期追求的政治模式

作為國民黨領袖的孫中山於一九一二－九一四年間曾就政黨政治發表了多篇文章及多次演講，也曾頗積極地鼓勵國民黨人士投身於政黨政治的活動之中。從這兩年的言行來看，孫中山可被視為一位政黨政治的護持者。他在這兩年中有關政黨政治的評論，不但闡明了西方民主憲政國家實行多年的政黨政治的基本問題，並且也確實顯示出他對中國能早日實現西方民主國家典型的政黨政治的強烈願望。一九一三年一月在上海舉行的國民黨茶話會上，孫中山表明了國民黨對政黨政治的基本立場。他提出：第一、民國的基礎在有健全的政黨，而一國的政治「必須有黨爭，始有進步」；第二、國民黨在國會選舉中既已獲勝，應當考慮組織政黨內閣；第三、中國必須制定一部好憲法，才能保證政黨政治的正常發展。事實上，民國元年頒布由孫中山主持下的臨時參議院通過的《中華民國臨時約法》，是催生民初年間政黨活動和政黨政治的主要法典。

### （2）實行民主憲政必須依賴政黨

孫中山提倡實行政黨政治的時候，他首先澄清一般人對政黨的錯誤認識，又特別闡明普通政黨的統治與革命黨的統治是不同的。民國成立以後，孫中山認為同盟會的革命黨人應放棄革命政黨的身份而步入普通政黨之列，組成國民黨與其他政黨平等並

列，以和平的手段，公平的競爭，角逐政權，造福國家。政黨關係著普遍民意的形成、政策的制定乃至政府的存廢。孫中山說：「我國四萬萬人不能逐一去問，且人民之中爲職業所阻，無此閒時來管政事。倘人人不問國事，於國家則極爲危險，故有政黨可以代表民意。……各政黨之中，若逢政策與自己黨見不合之事，可以質問，可以發揮黨見。逐日改革，則無積滯，無積滯即無變亂之禍患。」(〈黨爭乃代流血之爭〉)他又說：「無論世界之民主立憲國、君主立憲國，固無不賴政黨以成立者。……若無政黨，則民權不能發達，不能維持國家，亦不能謀人民之幸福。」(〈政黨宜重黨綱黨德〉)

### (3) 熱心提倡政黨政治

民國成立以後，孫中山非常熱心提倡實行政黨政治。他曾對國民黨、共和黨、社會黨、自由黨做過多次的演講，鼓勵各黨之間公平競爭，互相監督，互相扶持，「總以國利民福爲前提」。對共和黨成爲當時最有勢力的在野黨，孫中山表示「甚爲喜歡」，盼望社會黨也能「組成強有力之政黨，握政治上的勢力，而實行其社會主義之政策。」對自由黨也說：「不可不互相勉勵，各謀進步。」

孫中山對國民黨的期望最高，他在《國民黨組黨宣言》中，要求國民黨要成爲共和立憲制度下的強健而良善的中心勢力，與其他政黨共同促進中國政黨政治的發達。而在國民黨的機關誌《國民月刊》的〈出世辭〉中，更詳細說明了政黨政治的運作情況，他說：

> 政黨之作用，在提攜國民以求進步也。甲黨執政，則甲黨以所持之政策，盡力施行之。而乙黨在野，則立於監督者之地位焉，有不善者則糾正之，其善者則更研究至善之政

策，以圖進步焉。數年之後，甲黨之政策既已實行，其善
不善之效果亦已大著。而乙黨所研究討論之進步政策，能
得大多數國民之贊同也。於是乙黨執政，以施行其政策，
而甲黨則退立於監督之地位。輪流互易，國家之進步無窮，
國民之幸福亦無窮焉。

## （4）主張實行兩黨制

　　實行政黨政治的國家，通常有兩種政黨制度，即：兩黨制與
多黨制。這兩種制度各有利弊，但孫中山所主張的，顯然是兩黨
制。他在民元的《國民黨組黨宣言》裏，有以下的一番話：

　　一國政黨之興，只宜二大黨對峙，不宜小群分立。方今群
言紛亂，宇內雲擾，吾人尤不敢不有以正之，以示天下以
範疇。……吾中國同盟會、統一共和黨、國民公黨、國民
共進會、共和實進會，相與合併為一。……以從事於民國
之建設，以蘄漸達於共和立憲國之政治中心勢力，且以求
符於政黨原則成為大群，藉以引起一國二大政黨對峙之觀
念，俾其見於實行。

　　孫中山堅信民主國家應行兩黨制或多黨制。他不贊成同盟會
或國民黨一黨獨尊。他說：「如當南京政府時，自己已握政權，倘
又立刻組織同盟會，豈不是全國俱係同盟會？而又復似專制。」
（〈政黨與政府之重要關係〉）孫中山一再重申一黨統治不合乎民
主制的原則，與君主專制無何差別，他說：「要知文明各國不能僅
有一政黨，若僅有一政黨，仍是專制政體，政治不能進步。吾國
帝皇亦有聖明之主，而吾國政治無進步者，獨裁之弊也。故欲免
此弊，政黨之必有兩黨或數黨互相監督，互相扶持，而後政治方
有進步。」（〈解決民生問題〉）

在兩黨制之下，政黨與政黨的關係，應該怎樣的呢？孫中山說：「中國人多不明白黨字之真義，……以為一入政黨，必須袒護本黨，攻擊異黨，不顧國家大局，徒爭一黨之勢力。不知黨與黨之關係，非仇讎，是對黨。人之入黨，當視其自己之心志如何？今日贊成第一黨之政策，即可入第一黨，明日贊成第二黨之政策，即可入第二黨，均屬正當之事。」(〈政黨之要義在為國家造幸福為人民謀樂利〉)

### (5) 有關黨綱、黨德與黨爭的見解

孫中山認為，一個政黨如欲本身健全而能在政爭時獲勝，並受人民的尊重和擁護，必須注重黨綱、黨德的樹立。他說：「政黨欲保持其尊嚴之地位，達利國福民之目的，則所持之黨綱，當應時勢之需要，以合乎世界之公理。而政黨自身之道德，尤當首先注重，以堅社會之信仰心。」(〈本黨同志應努力建設〉)簡單言之，一黨之政綱必須能夠反映人民的意願，「不負國民之同意」，「能合國民心理」。至於黨德，孫中山說：「黨爭有一定之常軌，苟能嚴守文明，不為無規則之爭，便是黨德。」(〈黨爭乃代流血之爭〉)不為無規則之爭，就是要求政黨之間，堅守公平競爭的方式參與選舉，「不用奸謀詭計，……卑劣行為，不正當手段，讒害異黨。」(〈政黨之要義在為國家造幸福為人民謀樂利〉)除此之外，黨員的道德能力與團結精神也是能使政黨發達壯大的要素。孫中山說：「政黨之發展，不在乎一時勢力之強弱以為進退，全視乎黨人智能道德之高下，以定結果勝負。」又說：「吾國民黨現在國內能佔優勢，固全恃乎群策群力。」(〈本黨同志應努力建設〉)

一國既行政黨政治，便應容許黨爭，照孫中山的意思，黨爭應具兩個要件，一為「高尚之理由」，一為「正當之方法」(〈政黨

宜重黨綱黨德〉），何謂高尚理由？孫中山認為凡以增進國家利益與國民幸福的主張，都可視為高尚的理由。他主張政黨政治不應只是一味的對抗，而更需要講求調和妥協。（〈政黨競爭當以國家為前提〉）他甚至認為在議會表決議案時，各黨黨員可依其良心的主張投票，不必一定要堅持本黨的立場或意見。（〈提倡國家主義〉）所謂正當方式，就是以公正的態度對待他黨，他說：「至於對於他黨，除商榷政見而外，一切意氣之爭，匪特非所必要，且足以損政黨之榮譽。」（〈本黨同志應努力建設〉）

# 三、結 論

孫中山在辛亥革命後到民初成立共和憲政的時期，對政黨政治是很熱心的。如前所述，對於政黨政治存在的必要和功能，以及與政黨政治有關的一些重要問題，他都曾有所說明。在政黨政治的理論方面，雖然他沒有提出過什麼創新的政治設計，不如他的民生主義、直接民權及五權憲法方面的構想，但僅就他已經發表的文字和言論來看，已能使他所主張的民權主義的理論內容更為充實。後來大概因為他對宋教仁被刺後的民國政黨政治的無成及政局的紛亂，有很大的反感，對政黨政治的理論也就再未有作更深入闡述和發揮。自中華革命黨成立以迄國民黨的改組，孫中山改而側重「以黨建國」與「以黨治國」的主張。但他的目的，是在使國民黨能夠依《建國大綱》而完成革命建設。此種建設完成及憲政實施以後，自然仍當歸結於政黨政治的實行。因為惟有如此，真正的民主政治始能實現。無怪胡適曾說過：「中國國民黨的創立者孫中山先生是愛自由、講容忍的政治家，他在革命事業最困難的時期，感覺到一個『有組織、有力量的革命黨』的需要，

所以他改組國民黨，從甲式的政黨變成乙式的政黨〔據胡適原文指出：甲式的政黨是英美西歐式的政黨，而乙式的政黨是廿世紀三十年代興起的蘇俄德意等國的政黨 —— 筆者〕，但中山先生究竟是愛自由講容忍的人，所以在他的政治理想系統裏，一黨專政不是最後的境界，只是過渡憲政的暫時訓政階段。他的最後理想還是那甲式的憲政政治。」（《胡適選集 —— 政論》、〈兩種根本不同的政黨〉）

　　民初年間，孫中山對政黨政治真誠而熱切的提倡，有足夠的理由讓我們相信胡適的推斷是可能的。

　　　　　本文原載於《明報月刊》第 310 期（1991 年 10 月）

# *2.13*　辛亥革命歷史意義的再思

　　1911 年發生的辛亥革命是一場在中國近代史上劃時代的革命運動，它結束了清王朝的統治，同時也意味著二千年的君主專制政體被推翻，為建立民主共和政治掃除主要障礙。它亦同時結束了滿族二百餘年的種族壓迫局面，帶來五族的平等，開創了史無前例的民族大融合的新契機；儘管對外中華民族獨立自主的國家地位尚未達致，中國在國際間的政治地位確已提高了。從中國近代整個尋求國家現代化的過程中，辛亥革命取得前所未有的政治成就。半個世紀以來追求的民族獨立與民主政治改革，到此可說已基本上落實了。

　　民國成立以後，中國民主政治始終未上正軌，其後又有帝制復辟之事，而軍閥混戰之禍，連綿十數年，民眾生活，貧困依然，社會經濟飽受摧殘，民主政治無從開展。列強對中國欺壓如故，中國謀求富強的目標還是遙不可及，在在都使人懷疑辛亥革命的實際的歷史作用和意義有多大？這些質疑是十分自然的，它固然有助於認識辛亥革命的弱點與缺失，但卻無損於肯定辛亥革命的積極作用。因為任何一件歷史重大事件，都只是歷史發展中的一個環節，既有其一定的貢獻，當也有其局限。只要它在當時起過了有益和有建設性的作用，在歷史前進的長河中，它成為推動前進的力量，就有足資紀念、足資評價的意義。

毫無疑問，辛亥革命只是讓中國民主得到實踐的機遇，但要令民主憲政可以在中國開花結果，當然不可能由一次運動來達成。中國還需要有良好的社會條件和國際環境配合才可收到預期的效果。好比下了種子，要有適宜的土壤，要有合適的氣候，更要時刻施肥灌溉，種子才能茁壯成長。以上任何一事沒有做好，種子都可能夭折。民主政治的實現，對中國人來說，也需要一個如種子茁壯一樣的成長過程。

若從更宏觀的角度來說，辛亥革命是亞洲第一個樹立民族獨立與民主憲政的的先例，它為亞洲人民帶來的是獨立自主的希望，也提供了一個具體的經驗，給其他亞洲民族解放運動作為參考。事實上，越南、菲律賓、印尼、朝鮮等亞洲國家的獨立運動，在二十世紀初頭澎湃而起，或則與中國革命運動互有關連，或則受到辛亥革命的精神所鼓舞，都可以說是由於中國的影響，而加速了爭取民族自決的腳步。

我們必須認識到，把整個國家民族的希望，寄托於一次運動之上，是不切實際的，中國如是，其他國家民族亦然。每個國家民族為爭取獨立富強、民主而經歷的道路，也都是迂迴曲折的。每個運動的結果，每一步驟的努力，也都並不必然讓國家從此可以走上康莊大道，或許其後還有許多的錯失、逆轉。但從長遠的歷史眼光去衡量時，卻又見到這個國家畢竟因此而前進了，進步了。那麼，我們就有理由肯定這個運動或政策步驟本身的貢獻和價值。辛亥革命當作如是觀。

本文原載於《香港中山學會紀念國父136歲誕辰暨第七屆董事就職典禮誌慶特刊》（2001年11月）

# 2.14　孫子及其軍事思想

　　孫武，字長卿，又稱孫子，春秋時齊國人，生卒年不詳，約與孔子同時。

　　孫武的先祖田書，因伐莒有功，齊景公賜姓孫氏，封食邑於樂安（今山東惠民縣，一說今山東博興縣）。其後，齊國發生內亂，孫武避難到吳國，隱居著書。後經伍子胥推荐，以所著《兵法十三篇》見吳王闔閭。公元前 512 年，受吳王重用爲上將軍，與伍子胥合力輔助吳王治國理軍，以圖霸業。孫武視楚爲吳國霸業的最大阻力，與伍子胥共同制訂擾楚之策，甚收功效。公元前 506 年，吳王起兵三萬攻楚，以孫武爲將，伍子胥、伯嚭副之，由水路轉陸路，通過蔡、唐兩國之境，潛行千餘里，迂迴到達楚國東北部地區，乘楚不備，發動突擊，五戰五勝，破楚國二十萬之眾，攻入楚國都城郢都（今湖北省江陵市北）。《史記》評此役說：「（吳國）兩破強楚，入郢，北威齊晉，顯名諸侯，孫子與有力焉。」戰國時期軍事學家尉繚因此盛讚孫武說：「有提十萬之眾，而天下莫當者誰？曰桓公也；有提七萬之眾，而天下莫當者誰？曰吳起也；有提三萬之眾，而天下莫當者誰？曰武子也。」可見孫武用兵之道，最受傳統兵家推崇。

　　根據《史記》記載，孫武所著《兵法》共有十三篇。1972 年，在山東臨沂銀雀山西漢墓中發現的《孫子兵法》殘簡，也提到有

「十三篇」的紀錄，與現存的《孫子兵法》所保存的十三篇內容和結構，基本吻合，因此現存的《孫子兵法》一書，當可相信是孫子當日整套軍事思想紀錄的原典。殘簡中又有〈吳問〉、〈四變〉、〈黃帝伐赤帝〉、〈地形二〉諸篇，或者是十三篇以外的佚文，或者是後人偽記之作，目前仍未能作出確實的論斷。

《孫子兵法》十三篇，總計六千餘字，與老聃的《道德經》的篇幅約略相同。十三篇計為：〈計篇〉、〈作戰篇〉、〈謀攻篇〉、〈形篇〉、〈勢篇〉、〈虛實篇〉、〈軍爭篇〉、〈九變篇〉、〈行軍篇〉、〈地形篇〉、〈九地篇〉、〈火攻篇〉、〈用間篇〉。十三篇的結構嚴謹，既有完整的理論體系，也有豐富的邏輯思辯內容。前四篇，反映了孫子宏觀的戰略思想，重心在指出戰爭與國家存亡的緊密關係，以及如何做到保存自己，消滅敵人的戰略優勢，最理想的境界是不戰而屈人之師。後九篇，反映了孫子微觀的戰術思想，提示在戰爭取得勝利的種種手段和辦法，關鍵之處是要能做到知己知彼，力爭主動，靈活機巧，避實擊虛。《孫子兵法》一書，是中國古代軍事思想發展成熟的代表作。

## 軍事思想的特點

孫子的軍事思想，概略言之，有四個重點：

首先，孫子把戰爭問題視為國政最首要的事務，認為主政者既要重視戰爭，但更要極力避免戰爭。孫子指出：「兵者，國之大事，死生之地，存亡之道，不可不察也。」意思是說，戰爭是國家的首要大事，關係到老百姓的生死禍福和社稷的存亡，是不能不慎重研究，細心考慮的。孫子又進一步說：「非利不動，非得不用，非危不戰。主不可以怒而興師，將不可以慍而致戰；合於利

而動，不合於利而止。……亡國不可以復存，死者不可以復生。故明君愼之，良將警之，此安國全軍之道也。」就是說，賢明的君主和優秀的將帥，對戰爭必須愼重從事，因爲當戰爭勝敗之局已定的時候，便無法扭轉和改變過來。故此一定要準確估計戰果對己方是眞有所得和有實利的，又或者是眞正面臨非戰不可的危機，才可以興師。切不可因國君將帥一時的憤怒而輕啓戰端。只有這樣態度對待戰爭，才是保障國家安全和保存軍事實力的正確做法。要避免戰爭，還需要經常有作戰的心理準備，故孫子說：「無恃其不來，恃吾有以待也；無恃其不攻，恃吾有所不可攻也。」即是說，不要寄望敵人不來攻我，要靠自己有充份的應戰準備，使敵人不敢貿然來攻，若來攻的話，將要付出重大的代價，這才是止戰之道。

其次，孫子提出了要先有勝算後求戰的作戰原則。因此對於決定戰爭勝負的種種主客觀因素，一定先要研究清楚，掌握準確。這就是孫子所提出的「知己知彼，百戰不殆」的著名論斷。他主張在作戰之前，要對敵我雙方在政治、軍事、經濟等各方面的實力，進行認眞的比較和分析，以計出勝算的機會，用孫子的術語，就叫做「廟算」，才決定用兵與否和用兵的策略，做出運籌帷幄之中，決勝千里之外。他主張說：「經之五事，校之以計，而索其情：一曰道、二曰天、三曰地、四曰將、五曰法，……凡此五者，將莫不聞，知之者勝，不知者不勝。」這五事（五種制勝要素）是指一、在政治上，是否上下和諧，團結一致，而所進行的戰爭又是否合乎道義；二、在氣象方面，天時氣候是否適合於作戰；三、在地理形勢方面，軍隊所處位置、地形、地貌等是否對戰爭有利；四、將帥是否有指揮作戰的才能，包括是否具備智、信、仁、勇、

嚴五項德性；五　軍隊的管理是否得法而後勤的供應是否充足等，這都是決勝的重要條件。

　　孫子接著又提出了七計（七項比較標準），以判斷敵我雙方勝負的機會，他說：「主孰有道？將孰有能？天地孰得？法令孰行？兵眾孰強？士卒孰練？賞罰孰明？吾以此知勝負矣。」意思是說：哪方的君主政治較清明？哪方的將帥更有才能？哪方更能得天時地利之便？哪方的法令更能被一絲不苟地貫徹實行？哪方的軍隊的數量和質量上更佔優勢？哪方的士兵更訓練有素？哪方的賞罰更公正嚴明？由此就可以判斷出將來在戰場上誰勝誰負了。孫子又提示了五點可以知道己方有勝利把握的徵兆，他說：

　　「知勝有五：知可以戰與不可以戰者勝；識眾寡之用者勝；上下同欲者勝；以虞待不虞者勝；將能而君不御者勝。此五者，知勝之道也。」

　　孫子除了教導主政者知道取勝之道外，還提出了「將有五危」和「兵有六敗」的觀點，以幫助戰爭中的指揮者趨吉避凶，轉敗為勝。所謂五危是指將帥性格上有五種弱點，是會危及戰爭的結果的。這五種弱點是「必死」（視死如歸）、「必生」（貪生怕死）、「忿速」（急躁易怒）、「廉潔」（廉潔而好名）、「愛民」（憐惜溺愛民眾）。所謂六敗是指軍隊失利的六種情況，一是「走」（以少擊眾而敗走），二是「弛」（軍紀廢弛），三是「陷」（準備不足而應戰），四是「崩」（部隊不服忿而出戰），五是「亂」（號令不明行陣混亂），六是「北」（錯誤判斷敵情而敗北）。

　　再者，孫子認為，真正的戰爭勝利，在於戰略上絕對優勢的取得，不必一定要在戰場上擊敗敵人。所謂不戰而屈人之師，是最上乘的勝利。孫子說：「上兵伐謀，其次伐交，其次伐兵，其下

攻城。」又說:「用兵之法,全國為上,破國次之;全軍為上,破軍次之。」更強調:「是故百戰百勝,非善之善者也;不戰而屈人之兵,善之善者也。」這幾段話,總括來說,是作戰的方式應先從政治外交方面進行精神戰或心理戰來削弱敵方的實力,瓦解敵方的戰意,達到使敵人降服稱臣的目的,才是最理想的勝利形式。若要採取武力戰或攻城戰來擊敗敵人,才能取得勝利,這就不算是理想的勝利。故孫子說:「故善用兵者,屈人之兵而非戰也,拔人之城而非攻也,毀人之國而非久也,必以全爭天下,故兵不頓,而利可全,此謀攻之法也。」即是說,讓自己損失最少,又能完全取得戰爭勝利的果實,才是勝利的最高境界。

　　最後,孫子提醒人們,若真要作戰時,要懂得各種可以取勝的戰術的運用。就這方面,孫子提出了一些作戰的方針和策略。第一點,先要衡量敵我雙方的兵力,才決定作戰的形式,如果己方兵力佔絕對優勢,例如十倍於敵方的話,就應該採取包圍殲滅的策略;若己方兵力超過敵人倍數以上的話,就要全面進攻。若一倍於敵方,就要採取分散敵人逐個擊破的策略。若雙方兵力勢均力敵的話,就要爭取主動,以攻為守。若己方兵力少於敵方,就要把握機會,主動退兵,保全實力。若兵力遠少於敵方,則要極力避免與敵人正面決戰。

　　第二點,要因應敵情,作出有利於戰爭取勝的部署。孫子說:「兵形象水,兵無常勢,水無常形。」要知道作戰的方法是變化無窮的。例如在進軍時,要針對不同的情況,採取相應的行動方針,不能一味冒進。有的道路不要勉強通過,有的敵軍不要強攻,有的城邑不要攻取,有的地方不要爭奪,國君某些命令不一定要接受。總之,要趨利避害,相機而動。在兵力的部署上,要懂得

「避實就虛」和「出奇制勝」兩點。所謂避實就虛就是要避開敵方戰意高昂的軍隊而攻擊軍心渙散，戰意疲墮的軍隊；避開有嚴整組織的軍隊而攻擊危急慌亂的軍隊；避開有充足糧草的軍隊而等待殲滅饑餓將要降臨的軍隊。總之，要避實擊虛、避強攻弱，做到「攻其所不守，守其所必攻。」所謂出奇制勝，就是把軍隊分為正兵和奇兵。正兵正面迎敵，奇兵神出鬼沒，二者巧妙地變化運用，就能出奇制勝。至於臨陣作戰之時，要趁敵人陣腳未穩之時，意料不及之際，快速進攻取勝。正如孫子說：「兵之情主速，乘敵之不及，由不虞之道，攻其所不戒也。」又要做到「擊其首則尾至，擊其尾則首至，擊其中則首尾俱至。」使整支軍隊如常山之蛇一樣。反應迅速而有力。

　　第三點，要懂得用詭詐之道，欺騙敵人，以收「出其不意，攻其無備」之效，以達到取勝的目的。孫子說：「兵以詐立。」又說：「兵者，詭道也。」孫子指出用兵的詭道有十二法，即「能而示之不能，用而示之不用，近而示之遠，遠而示之近，利而誘之，亂而取之，實而備之，強而避之，怒而撓之，卑而驕之，佚而勞之，親而離之」。總之，要用盡千方百計來迷惑敵人，捕捉戰機，出其不意地消滅敵人。此外，孫子還提出了戰爭中運用間諜刺取情報，擾亂敵方軍情的重要性，也提出一些在戰陣上要極力避免犯的錯誤，例如：「高陵勿向」（即由低處向高山仰攻），「背丘勿逆」（當背向山地時，不要發動正面攻擊），「歸師勿遏」（撤退中的軍隊，不要貿然阻止其歸途），「圍師必闕」（被圍困的軍隊要留一處缺口），「窮寇勿迫」（在絕路中逃竄的敵軍，切勿追迫）。這些通過實戰經驗而歸納出來的原則，不一定對所有的戰爭均適用，但至少可以減少戰爭中無謂的損失，而使己方能立於不敗之

地。

## 孫子對中國文化的貢獻

　　《孫子兵法》十三篇，可說是中國古代「兵學之祖」。孫子的軍事思想，實是中國古代軍事文化的代表。早在先秦時代，孫子之書已廣爲流傳。《韓非子》書中記載說：「藏孫、吳之書者，家有之。」司馬遷《史記》也說：「世俗所稱師旅，皆道孫子十三篇。」《孫子》一書，常爲歷代兵家著作所稱述徵引。而繼《孫子》之後，著名的兵書還《司馬法》、《吳子》、《尉繚子》、《六韜》、《三略》、《唐李問對》，後世合稱《武經七書》。自宋以後，被列爲兵學的教科書，爲歷代王朝武試選拔將領時考試的主要內容。而《孫子》一書的重要性，更爲各書之冠，誠如明人茅元儀所說：「前孫子者，孫子不遺，後孫子者，不能遺孫子。」中國古代著名的政治軍事家，莫不以孫子的兵法爲行軍、布陣、作戰的重要指引。魏武帝曹操，不但用兵仿如孫武、吳起，更爲《孫子》作注，並讚揚說：「吾觀兵書戰策多矣，孫武所著深矣。」唐太宗李世民也善於用兵，《唐李問對》即記錄他與李靖討論兵法之書，太宗曾稱讚說：「吾觀諸兵書，無出孫武。」中國近代著名將領和軍事理論家，如曾國藩、胡林翼、蔡鍔、蔣方震等，無不熟用孫子之兵法於戰陣和軍旅之中。

　　《孫子兵法》不但在我國歷代戰史中發揮巨大的影響力，在國際上也享有盛名。在公元七、八世紀之間，《孫子兵法》首先東傳到日本，十五世紀時又傳至朝鮮。自十八世紀以後，《孫子兵法》更傳至西方世界，先後有法、德、英、俄等國文字的譯本。據說日本近代名將如東鄉平八郎，乃木希典、山本五十六等都曾熟讀

《孫了兵法》。法國軍事天才拿破侖也在戎馬倥傯之中不忘披閱《孫子兵法》。英國名將蒙哥馬利對《孫子兵法》更讚揚備至，認為應把它列作世界各國軍事學院的教材。美國已故總統尼克森更高度推崇孫子的軍事思想，他的著作不但經常援引孫子的觀點，連 1989 年出版的《不戰而勝》（ *1999-Victory without War* ）也以孫子的主張為書名。可見孫子的軍事思想已在世界軍事文化中據有一席重要的位置。

　　日本學者曾稱中國有文武兩聖。說：「孔夫子者，儒聖也；孫夫子者，兵聖也。」孫子和孔子一樣，他們的思想和教導，都是中國乃至世界文化的寶貴財產。

本文原載於《歷史月刊》第 125 期（1998 年 6 月）

# 2.15 孔子及其學術思想

　　孔子，名丘，字仲尼，生於魯襄公二十二年（公元前 551 年），卒於魯哀公十六年（公元前 479 年）。他是春秋末年魯國陬邑昌平鄉闕里（今山東省曲阜縣東南）人，是中國古代偉大的思想家和教育家，他是儒家學派的創始者，中國人尊崇他爲「萬世師表」；在外國人眼中，孔子和儒家學說更被視爲中國文化的代表。

　　孔子的先世是宋國的統治貴族。宋是殷代貴族後裔所立之國，故宋國保存了較豐富的殷文化遺產與風俗制度。自孔子的曾祖父一代開始，孔家便移居魯國。魯國是周公之子伯禽的封國，在諸侯國中，它較多保存了周室昔日的典章文物。孔子父親孔紇（字叔梁，名紇）曾爲魯陬邑宰（長官），故孔子亦出身於魯國的統治階層，孔子因此能夠接觸和學習得到古代貴族所專有的學藝知識及文化。孔子一身兼受殷、周兩代文化知識的陶冶，但孔子比較重視周代的文化，他自己曾說過：「周監〔鑑〕於二代，郁郁乎文哉！吾從周。」

　　孔子雖出身於士的統治階層，但少年時代卻家境貧困，父母都在他成年以前便去世。孔子憑著他自己的奮鬥和努力，才能在成年以後爭得較高的政治地位，獲得魯國的統治者賞識，晉身成爲官吏集團的一員。

　　孔子自三十歲以後，便以教育爲終生的事業，他研究學問和

講學的地方主要是在魯國，但即使在他游歷諸國期間，都有弟子相隨，一面論學，一面參政。他教育的目標，是以培育有德行，有學識及具才幹的知識份子（君子）爲主，並鼓勵他們追求真理，行善好義，若從政濟世，就要輔助君主，推行仁政。傳說經他教導過的學生有三千人，其中成就突出的也有七十餘位。在他教導的學生中，按各人的性格、資質與興趣的不同而施予教育，分爲四科：即德行、言語、文學、政事。各科各有出色的學生，德行方面，有顏淵、閔子騫、冉伯牛、仲弓；言語方面，有宰我、子貢；文學方面，有子游、子夏；政事方面，有子路、冉有。史稱十哲。在孔子死後，他的學生繼續發揚光大其學說，成爲儒家學派，不但是先秦時代的顯學，更成爲中國傳統文化的重要支柱。

孔子一生懷有遠大的政治理想，他希望他的政治主張，能爲當時的君主所採用，以致普天下的老百姓可以結束當時的「禮崩樂壞」、戰亂不堪的日子，回復到西周的太平盛世。他更嚮往堯舜之治，認爲那是他所追求的仁政與德治的模範。從他三十多歲在魯國從政開始，一直到晚年在魯國「刪詩書，定禮樂，作春秋」，過退隱的生活爲止，他都無時或忘要實踐其政治的抱負。孔子曾任魯國司寇之職，雖爲期甚短，亦頗有政績，據《史記》所載說：「孔子年五十六，由大司寇攝行相事，……與聞國政三月，粥羔豚者弗飾賈，男女行者別於塗，塗不拾遺，四方之客至乎邑者不求有司，皆予之以歸。」可見孔子確有治國的本領。但可惜其政治理想未能在魯國獲得長期推行和實踐的機會。孔子又曾周遊列國，遊說齊、衛、陳、宋、鄭、蔡等國的當政者，希望能採用其學說，但卻被這些當政者視爲迂闊難行。孔子在參政方面的活動，雖屢遭挫折，但其仁政的思想，卻始終對當時和後世的君主有警

勵的作用。

# 孔子的學術思想

　　由於孔子的出身和生平的經歷，造成了孔子學術思想發展具有兩重性格：一方面，由於他的出身使他要維護古代貴族階層沿襲下來的典章制度，無法放棄貴族的等級與特權意識，所以在政治上，他主張正名和恢復周禮，表現了一定程度的保守性；另一方面，由於孔子屬於下層貴族，在困逆的環境中長大，比較能了解下層人民的疾苦和需要，故在倫理與教育方面的見解，多能反映下層民眾的心聲和意願，他主張有教無類，又謂人人可以爲堯舜，乃是希望通過人人平等受教育的途徑，去成就完美的人格，培育治國的人才，表現了一定程度的開放性。孔子的學術思想，有一明顯的特色，就是充份表現出一種中庸之道。其學術思想的主要內容有以下各點：

# 天道思想（宇宙論）

　　孔子較前代知識分子更具人文精神。他反對迷這及事奉鬼神。對於天，他的認識只是自然，與周時代的人認爲天即是神，有人格、意志及喜怒好惡者有所不同，孔子亦重視人在宇宙間的地位，認爲人可以克服種種困難，以建設一個較完善的社會。孔子偶然也有「天命」的感歎，相信每個人都會有一些獨特的稟賦，與生俱來，但這並非宿命論。他相信個人後天的努力，環境的影響，始終是有決定性的作用，所以他說：「近朱者赤，近墨者黑。」又說：「性相近，習相遠。」他亦不認爲宇宙之中一定沒有鬼神的存在，但他主張說：「務民之義，敬鬼神而遠之。」

## 倫理思想

孔子的理想人格是「仁人」。「仁」是德目的總稱。一個有德行的君子，即使在倉卒之間、逆境之中仍須遵守仁道。怎樣才算是有德行的君子呢？孔子提出了一個判斷的基礎，就是「義」。所謂「義」，就是做應該的事，所謂「行而宜之之謂義」，即是行為本身的正當性和合理性。孔子說：「君子義以為質，禮以行之，遜以出之，信以成之。」就是說君子必須以「義」（正當、合理）為行事之根本（質），以「禮」（適當的行事方式）去實踐和體現「義」的行為，而以謙遜、誠實的態度，去完成正當和合理的行為及事情。孔子又說：「君子之於天下也，無適（肯定）也，無莫（否定）也，義之與比。」可見在孔子心目中，個人行為的價值判斷，最重要的準則，就是「義」。

從以上的理論看來，孔子著《春秋》，褒貶時君，明辨是非，皆以體現「義」的觀念。孔子所說的「仁」，是指個人內在修養及感情的蘊蓄；而「禮」則是指外在行為的約束規範。禮必須是發自內心的「仁」而又合乎「義」的行為模式，才有真正的意義。孔子說過：「克己復禮為仁」，意思是說克制自己的私心欲念，使言行皆符合禮（以義為質的禮），就是「仁」的表現了。「仁」亦是超越階級的個人愛心和情意，故孔子說：「人而不仁，如禮何？人而不仁，如樂何？」要表現仁心，孔子主張「立人」、「達人」，這樣則須本著忠恕之道。何謂「忠、」？「盡己之謂忠」；何謂「恕」？「推己及人之謂恕」。既能以忠恕待人，就是仁心的流露了。

孔子特別著重個人道德修養，強調價值自覺，故說：「我欲仁，斯仁至矣！」又說：「為仁由己，而由人乎哉？」只要立志於

仁義，就不會有惡行。孔子喜歡質樸誠實的人，他欣賞人的行爲多於其詞令，故謂：「君子欲訥於言而敏於行。」又說：「仁者其言也訒。爲之難，言之得無訒乎？」他更說：「剛毅木訥近仁。」又謂：「巧言令色，鮮矣仁！」孔子強調仁者言行皆需符合義，主張有仁德者要做到「有殺生以成仁，無求生以害仁」，仁者同時須有一種無畏生死的勇氣。

　　以上可見孔子的倫理道德觀念，是以仁爲中心，義爲根本，禮爲外表。如果只強調孔子倫理方面，對禮特別看重，而不承認他堅持內心之仁，事理之義以作爲行事的準繩，則顯然並未正確掌握孔子的倫理思想。

## 政治思想

　　孔子的政治理想是希望回復西周盛世，因他相信周初政治是最完美政治。但是，其時周代的禮制已大受破壞，國君無道，臣庶叛逆，以致弑君殺父之事屢有發生，而社會政治的秩序亦難維持，所以他主張恢復西周禮制。當時魯國有強臣季氏亂政，漠視魯君的存在，更以「八佾」舞在殿前表演。孔子對於破壞禮制的行爲，十分不滿，曾表示「是可忍，孰不可忍？」因此他提出「正名」的主張，即是社會各階層人士要按其本身身份行事，不能有所僭越。他又主張復禮，即恢復周禮。孔子認爲只有「正名」和「復禮」，才可以達到「君君、臣臣、父父、子子」的和諧社會。

　　孔子所稱道的君子，是兼指「有德者」（仁者）和「在位者」（治者），可見孔子心目中的理想統治者是有仁德的人。仁者以禮義治國，行仁政，能做到「親親而仁民，仁民而愛物」。孔子主張在位者須以身作則，躬行禮義。故曰：「苟正其身矣，於從政乎何

有？不能正其身，如正人何？」又說：「君子之德風，小人之德草，草上之風必偃。」意思是說在上位者若能以身作則，以德化民，則不必靠刑罰殺人之類的方法來求治。孔子更指出，統治者若要安邦定國，就必須做到貧富平均，所以他說：「不患寡而患不均，不患貧而患不安。蓋均無貧，和無寡，安無傾。」

可見孔子的政治思想是針對春秋當時的社會不安、政治動盪、兼併日烈而提出的。他要求國君實行仁政，重視民生，所謂「養民也惠，使民也義」。不過，孔子仍有較濃厚的階級等差觀念，他亦同意「禮不下庶人」，而「刑不上大夫」。

## 教育思想

孔子的教育目標是要爲社會培養出一批踐仁、由義和知禮的君子。孔子相信，只要通過教育，任何人都有可能成就完美的人格。所以孔子首揭「有教無類」的理想。孔子施教的東西是古代留傳下來的經籍，再用他當時的思想及語言加以解釋。孔子教授學生的知識，包括六經及六藝。六經是《詩》、《書》、《禮》、《樂》、《易》、《春秋》六本儒家的經典；六藝是「禮」、「樂」、「射」、「御」、「書」、「數」六種藝術技能。孔子的教育，可算是一種通才教育，藉此訓練出一批有良好品格，體魄強健，能幹和有知識的人才，這些人能在社會上恪守禮節、在政治上輔助君主實行仁政。

孔子著重啓發式的教育，每能因材、因時、因地而施教。對於學生的學習，經常提出正確而富有教育意義的訓誨，如「學而不思則罔、思而不學則殆」，主張學思並重。他又主張學生要「多聞」、「多見」，常抱懷疑態度。對於別人的見解，不要輕易信從。對於一切知識，也要懂得批判慎擇。更要抱著「知之爲知之，不

知爲不知」的誠實態度。對於任何一種學說或意見，應該盡量以客觀態度對待，即所謂「毋意」（臆測）、「毋必」（絕對）、「毋固」（固執）、「毋我」（自我中心）。

孔子又教導爲人老師的，應要「學而不厭、誨人不倦」，常要「溫故而知新」。他常謙虛地說自己「非生而知之者」，不過能做到「好古敏求」而已。好古並非保守舊物，而是重視人類以往積累的知識和經驗。他要求學生獨立思考，並有推理和聯想的能力，懂得「舉一反三」。又要能多方學習，不恥下問，認爲「三人行，必有我師焉」。孔子所實施的教育方法，一方面是道德教育，一方面是知識傳授，可謂德智並重。

## 孔子對中國文化的貢獻

在孔子之前，中國社會的下層民眾，絕不可能學到貴族階層的知識和學問，故此只能世代地接受貴族的統治。但孔子卻把古代原屬於貴族的知識和學問開放出來，教育一般人民，這是孔子對古代文化事業的一項重要貢獻。孔子的學生，來自社會各個階層，不分貧富貴賤，都能得到良好的薰陶和教育，學有專長，成爲一時的人才，比較有名的例子如：顏淵、閔子騫、子貢、子路、子夏、曾子等。孔子首開古代私人講學的先河，對春秋戰國時代士階層的提升及優秀分子的培育，功勞至大。

其次，孔子又對古代的文獻典籍，做了一番相當徹底及系統的整理，在繼承和發揚中國古代學術文化的工作上，作出了卓越的貢獻。

孔子把古代及當時流傳的詩歌，加以整理，編成《詩經》，用以教導學生，他認爲「不學詩，無以言」。《詩經》中的作品，

反映了當時及其以前的人的思想、感情及生活面貌，從而有助於了解當時及其以前的社會的歷史。孔子十分重視詩教，要學生明白各國的歷史和當時社會的生活狀況，以及貴族階層的言談吐屬，藉此掌握各方面的知識，這樣才能夠善詞令，辦外交。

此外，孔子對《書經》也作了一番刪定和整理，保留了古代較重要的歷史文獻和典章。

孔子又教學生學習貴族社會的《禮》。《禮》分《儀禮》、《周禮》及《禮記》。《儀禮》是古代行禮的儀節，如婚、喪、祭、朝、聘等禮。《禮記》是解釋禮儀及禮制的書，可說是禮治思想的反映。《周禮》為記錄周代官制的書。此三書至漢代始見編定，今本所見，未必盡是孔子當時教導學生所用的書，但其淵源相信仍來自孔子教學當時所用的《禮》，孔子曾強調說：「不學禮，無以立。」《禮》是孔子教導學生自立成人的重要教材。

《易》本是古代占卜用的書，在《論語》中，絕少提到孔子用《易》來教導學生，這可能與孔子的天道思想有關。《易‧繫辭》及《易‧文言》都非出自孔子之手。孔子晚年喜歡研究易理，但僅為其人生哲學理論的展開而服務，而非以此作為卜咎吉凶，決定個人行事進退的依據。

孔子為中國古代的學術文化做了一番總結的工作，並通過所整理的古代經籍，發揮他的思想和主張，從而建立儒家的政治、倫理及教育的思想體系。儒家的經書成為後世知識分子必讀的書，因其具有豐富的文學、史學、哲學及政治方面的知識，對個人的修身、處世、應事、接物以至治國平天下，都很有參考價值。儒家整套的思想學說，指引著日後中國歷史文化發展的基本方向。

本文為筆者應香港某中學邀請所作的專題演講之講稿修訂而成

# 2.16　從儒家的文化理想看
# 孔門的師生之道

　　儒家思想的核心精神是人文精神或人文主義。人文精神最簡單的解釋是重視人，一切文化活動、文化理想均以人為出發點，以人為中心。儒家學者從孔子開始，最關心的大問題是建立人在宇宙間最尊貴的地位。他們塑造了一個理想而完美的人格，讓人人都能盡力達到這個境界。因此孔子及以後歷代儒家學者都重視教育，以教育來培養道德高尚、才智過人的人才。

　　儒家從孔子開始，就有一整套訓練完人的教育設計和教學內容，即所謂六經（詩、書、禮、樂、易、春秋）、六藝（禮、樂、射、御、書、數）。這當已包括近代意義的文、哲、政、商等分科學習，亦顯示具有德、智、體、群、美等五育的培養。用孔子自己的話說，有德行、政事、言語、文學四種專長及有文、行、忠、信等四種教育。學生在孔子門下，最終可得到一整套包括德（德行修養）、智（文獻知識）、才（辦事才幹）、藝（藝能和言語的技巧）的教導與訓練。

　　孔子是一位成功的教育家，有萬世師表之稱。他是中國歷史上最好的一位老師，恐怕不會錯說。《史記》把孔子列為「世家」，以示孔子是有崇高而重要的政治社會影響力的人。孔子的學說是

中國文化的代表。中國人對人類文化有重大貢獻其中一個要因，是因為中國出了一位孔子。作為中國人，我們應該尊敬他，更應該了解他，認識他。他對中華民族，以至對世界民族，都做出了一番很有價值、很有貢獻的偉大事業。這當中，我認為最值得我們學習和感激懷念的，是他把中國古代的學問知識、文化藝術加以保存和整理，又把這些寶貴的文化遺產傳授給當時社會中所有（不分貧富貴賤）的人。為當時社會培育了一大批德、智、才、藝各有專長的人才，為後世樹立起一個學者與良師的典範。

孔子教導了逾三千名學生。其中有七十多人能通六藝而有異能之士，當中更有十位最優秀的學生（孔門十哲）。孔子和他的學生相處論學的經歷，非常值得香港市民重溫。今日的香港，在教育方面大事更革，但社會上的怨聲不少。老師感到百般無奈，尊嚴受損，學生討厭學習，家長為了子女的教育問題也憂慮重重，教署官員急功近利，文過飾非。整個社會的教育難題不但沒有解決，反呈惡化現象。教育改革所提出的理想，如敬師愛生、終身學習、學生為本、因材施教、拔尖保底等等，只變成口號，不能落實。為甚麼呢？我認為主要原因是今日的香港人，沒有好好地讀一讀歷史，從前人的教育實踐中汲取寶貴的經驗所致。

以上的教育的理想，其實孔子都早已做到，而且做得非常好，毫無形式主義，官僚主義，虛偽主義的成份。為甚麼我們不參考、不借鏡呢？

孔子教育最成功的地方，不只是授業、解惑，更重要是傳道。道指真理，即正確知識、價值觀，人生觀等等。教導弟子做一個在社會中能頂天立地，有學識，有品德，有才能而可造福人群的人。這是真的把教育看成對人的全面教育的實例。孔子的學生不

必考試，學生自然有各種等級，孔子定的標準很高，但很明確，做他的學生，個個都知道，而且大多數都希望盡力達到孔子所要求的標準。孔子和他的學生之間，關係非常好，論學時如朋友，患難生死之際，則情如父子。

孔子教導學生的方法，最爲後人樂道的，有以下數端：

# 一、有教無類

孔子本身是貴族出身，政治上仍力謀恢復舊制度（復周禮），但在教育方面，他卻主張打破一切界限，讓人人都有機會接受教育。他一手把官學轉爲私學，把屬於貴族的知識材藝傳授給一般庶民。他所收的學生，就階級身份以致資質方面來說，都是相當複雜多元的。他對自己的學生，不論貧富，不別親疏貴賤，均一視同仁。有的學生是父子兩代或伯侄兩代來求學的，如顏路、顏淵父子、曾點、曾參父子，冉耕、冉雍伯侄。有的學生終生跟隨他，如子路、顏淵、子貢等。好學生，他固然喜歡欣賞，性行頑劣的，他也一樣盡心教導。孔子說：「自行束修以上，吾未嘗無誨焉。」孔子的學生中，真是諸色人等都有。貴族子弟如：孟懿子、南宮适、司馬牛等；卑賤貧窮出身的子弟如：顏淵、閔子騫、原憲、曾參、子路、冉耕、冉雍、公冶長等；品格好，資質高的學生如：顏回、子貢、子夏、子游等；資質魯鈍的學生如：高柴、曾參、子路等；品德較差的學生如：宰我、冉求、原壤、子張等。

由於孔子有教無類，甚麼類型的學生都有，孔子因材施教，把他們培養成各式各樣有獨特表現的人才。

## 二、因材施教

　　孔子對自己學生的性格，十分了解，對他們的長處與缺點，也十分清楚，《論語》中有多處提到孔子學生的性格特點的 ── 如：柴也愚，參也魯，師也辟，由也喭；賜也達，求也藝，由也果；師也過，商也不及；求也退，由也兼人；回也屢空，賜不受命等等 ── 孔子因人、因時、因事、因地而施教，讓學生得到最佳的教導。

　　從《論語》的記載中，我們看到孔子許多因材施教的實例，對今日的課堂教學，仍有很好的參考借鏡的作用。

　　實例一：

　　　　子路問：「聞斯行諸？」子曰：「有父兄在，如之何其聞斯行之？」冉有問：「聞斯行諸？」子曰：「聞斯行之。」公西華曰：「由也問『聞斯行諸』，子曰『有父兄在』；求也問『聞斯行諸』，子曰『聞斯行之』。赤也惑。敢問。」子曰：「求也退，故進之；由也兼人，故退之。」（《論語‧先進》）

　　孔子對好勝的子路，要壓抑其冒進，對畏縮的冉有，要鼓勵其勇氣。

　　實例二：

　　　　顏淵問仁。子曰：「克己復禮為仁。一日克己復禮，天下歸仁焉。為仁由己，而由人乎哉？」顏淵曰：「請問其目。」子曰：「非禮勿視，非禮勿聽，非禮勿言，非禮勿動。」顏淵曰：「回雖不敏，請事斯語矣。」

　　孔子對顏淵，只需教以正確的修身之道即可。

　　實例三：

子貢問為仁。子曰：「工欲善其事，必先利其器。居是邦也，
事其大夫之賢者，友其士之仁者。」

子貢曰：「如有博施於民而能濟眾，何如？可謂仁乎？」子
曰：「何事於仁！必也聖乎！堯舜其猶病諸！夫仁者，己欲
立而立人，己欲達而達人，能近取譬，可謂仁之方也已。」
（《論語‧雍也》）

　　孔子對子貢，要提醒他推己及人的恕道的重要，以及要結交
良師益友的重要，因子貢常常和別人比高下，又看不起別人。

## 三、樹立敬師愛生的榜樣

　　孔門師生之間，真誠相待。孔子愛護學生猶如自己的兒子一
般，賞罰公正，喜怒好惡從不掩飾。學生即使受到斥責批評，也
仍舊敬愛尊重孔子。

　　孔子教導自己兒子伯魚《詩》、《禮》的功課進度，比教授其
他弟子慢，他對學生說：「二三子，以我為隱乎？吾無隱乎爾。吾
無行而不與二三子者，是丘也。」宰我反對孔子主張三年之喪，
孔子直斥其不仁。宰我晝寢，孔子批評他朽木不可雕。原壤舉止
不檢點，坐立不合禮節，孔子很不高興，對他不勤力向學，對人
又不禮貌，孔子以杖叩其脛，施以體罰。冉求助季氏聚斂，孔子
不認他是學生，又叫門人鳴鼓而攻之。孔子遭厄於匡地，顏淵後
至，孔子說：「吾以汝為死矣。」曰：「子在，回何敢死！」師生
相愛之情，躍然紙上。顏淵早死，孔子哭得非常悲慟，謂：「天喪
予！天喪予！」冉伯牛染厲疾，孔子親往探病，執其手，歎息伯
牛的病逝，歎曰：「命也乎！」孔子取笑言偃（子游）用禮樂之教

管理武城一地的老百姓，謂：「割雞焉用牛刀？」子游曰：「昔偃聞諸夫子曰：『君子學道則以愛人，小人學道則易使也』」。孔子曰：「二三子，偃之言是也。前言戲之耳。」孔子對待學生，至情至性，一點架子也沒有。

但孔子在弟子的心目中，卻是一位「溫而厲、威而不猛、恭而安」的老師。孔子很喜歡的學生如子貢、顏淵，對老師推崇備至。顏淵稱讚孔子是「仰之彌高，鑽之彌堅」，「博我以文，約我以禮」的好老師。孔子不大喜歡的學生如冉求、宰我、也對老師備極愛護，冉求說：「非不悅子之道，力不足也。」他自知資質略遜，難以達到孔子的最高人格理想的標準，但卻努力說服季氏禮迎孔子回魯，安享晚年，盡弟子之孝道。宰我更說：「以余觀於夫子，賢於堯舜遠矣。」有人問起子路關於孔子的長處，子路不懂得怎樣回答，孔子教導子路說：「汝奚不曰，其為人也，發憤忘食，樂以忘憂，不知老之將至云爾。」師生相知之深，於茲可見。

## 四、實踐全人教育

孔子教導學生的方式，最講究師生相互間的知識的切磋，情意的互動，是一種全人教育。孔子對學生的德、才、智、藝各方面的發展，都能兼顧。孔子自己更時刻身體力行，用最有效的教學方法使學生能成材。

孔子以四教，即文、行、忠、信作為其整套教育的理想目標。文是指詩書禮樂等方面的知識和文獻；行是指能實踐這些知識的能力與意志，讓學生知而能行，做到知行合一；忠與信是學生品德培養方面，最重要是訓練出一批對國家社會富有責任感和具備

誠信品質的知識份子。孔子教學的內容，包括了六經與六藝的學習與訓練，使學生能才德兼具。他又按學生的稟賦與性分，發展其專長，因有所謂四科之別，即德行、言語、政事、文學。

　　教育是一種改進人類素質最有力量的和最具長遠效果的工作。教育是一種表現人類情意智慧交感的最高藝術。教師，確實是人類至善靈魂的守護者。教育絕不能用一種機械的科學的設計去達致其所要追求的目標（改進人的素質）。教育的工作絕不應由電腦去取代人腦。教育的成果更不能庸俗化、數量化。今天教育當局所做的一切，都與此背道而馳，二十一世紀香港的教育前景，是令人憂慮的。有人說，有甚麼樣的人民，就有甚麼樣的政府，我們不妨說，有甚麼樣的教育，便有甚麼樣的人民。現在應該是重新思考香港的教育改革的理念與方向的時候了。回顧孔門的教育理想和教學經驗，不是很有必要嗎？

　　今日香港的教育界中，環繞著教育改革的爭論，可謂了無止境，政府當局看重的似乎是量，教育工作者和社會廣大市民所冀求的卻是質，立足點不同，便難達成共識。教育上的質與量，有時是很難兼得的。量是顯，質是隱；量是淺，質是深；量是當前的，質是恒久的；量是可計算的，質是無價的。我們寧可暫時放下量的追求，但必須堅持質的提升。如果我們效法孔子的育才之道，把每一個青年人都當作社會未來的棟樑來培育施教，一個也不放棄，一刻也不放鬆，那麼我們還有甚麼理由去錙銖必計，終日絮絮不休地談甚麼「資源增值」，去為政府庫房保留一些無多大意義的數字，而犧牲為香港今後的發展大計奠定穩固基石所需投入的教育資源？

本文原載於《明報月刊》第 424 期，2001 年 4 月

# 2.17　儒道佛三家思想與中國的人文精神

中國文化博大精深、源遠流長，內容繁富無比，成就舉世無匹。在悠長的歷史發展過程中，它既能吸納世界其他文化的長處，又能陶育出本身獨特的性格，時至今日，中國文化仍有著強韌的生命力和活潑的創造力，其前景是光輝燦爛的。

中國文化所以能夠獨樹一幟，又能夠歷久常新，其中一個主要原因，是中國文化富有人文精神。儒家思想固然是塑造中國人的人文精神的重要思想資源，而道佛二家的思想與教義，也同樣為中國人的人文思想增添豐富的姿采。本文擬就儒道佛三家思想如何構成中國文化中的人文主義傳統加以說明，並論述三者對中國人的終極人生境界的確立，各自所起的作用及其在文化理想中的意義。

## 人文精神釋義

何謂人文精神，或人文主義？一個最簡單的解釋是，一種對人的尊嚴與價值予以高度重視的態度和信念。對人的尊嚴與價值的重視，莫過於對人的存在及其生命的崇高意義的肯定。有哪些觀念或想法能反映出人在宇宙之中不可取代的崇高地位呢？首

先，必須承認人是自己生命的主宰者；其次，應該相信人的心靈活動是一切文化價值的始源，它可以成就世間一切偉大不朽的事業，建立文明的生活；最後，也須同意人有無限的潛質與能量，可與宇宙天地復歸爲一，以體現永恆的真理與道。

在中國的人文主義文化傳統中，對人的價值是十分強調也十分尊重的。孔子說：「天地之性，人爲貴。」荀子也說：「禽獸有知而無義，人既有知，亦且有義，故最爲天下貴也。」《禮記》亦說：「人者，天地之心。」老子更說：「道大、天大、地大、人亦大。域中有四大，而人居一焉。」人與天、地、道並爲四大，就是對人在宇宙間至高地位的肯定。不但如此，照儒家學者講，人不但能與天地平起平坐，而且能參與天地化育萬物的工作，所謂「人與天地參」。人與天地在成就萬物與建立文明生活方面有他自己特定的職分和建樹。儒家的學者說：「天有其時，地有其財，人有其治。」時與財都是靜態的，而治是動態的，這些宇宙間存在的規律、資源、寶藏，是要靠人去因應、發掘開採和利用的，才能成就豐富多采的人類文化。故孔子說：「人能弘道，非道弘人。」把人世間的理想和宇宙中的真理弘揚開去的，萬物之中只有人類才能做到。

## 儒家的道德人生所呈現的人文精神

儒家思想以建立一個完美的道德人格作爲其人文主義的終極理想。儒家的學者，從孔子、孟子以下到宋明的理學家，都十分強調在現世生活中追求一個理想人格的完成，而並不嚮往一個未來的永生樂土。儒家學者堅持生命的價值和意義都要在個人有生之年去努力實踐達成。儒家推崇的理想人格楷模如堯、舜、禹、

湯等，雖然都是聖賢之君，但也並非高不可攀，而是人人都有能力通過修養學習而做到的。孟子說：「堯何人耶？舜何人耶？有爲者亦若是。」荀子也說：「塗之人可爲禹。」正可說明這個觀點。另一方面，儒家學者對人死後的世界（或者可以解釋爲超越的世界）主張存而不論，所謂「天道遠，人道邇。」又謂「未知生、焉知死？」而認爲人應致力於在現世間建立三不朽的事業，以德行、事功、學問（立德、立功、立言）三者的成就來名垂後世，留名於青史之中，這就是人獲得超越生命的途徑。這正是儒家重人思想的突出表現。

再進一步說，儒家學者強調人是道德、價值自覺的主體，人不單止是宇宙間最尊貴的生物，更是宇宙中一切事理的繩墨（標準）和價值的根源。孔子說：「我欲仁，斯仁至矣！」是最早揭示人的道德主體地位的一種說法。孟子更提出性善之說，指出人類一切高尚的價值取向和道德行爲最終都是發源於人類心靈之內所固有的良善本質。他指出仁、義、禮、智四善端「非由外鑠也，我固有之。」陸九淵更說過：「某雖不識一字，亦須堂堂正正地做個人。」明白地指出任何人都是道德實踐的主體，做人的道理可以不學而知，不學而能的。只要順著本人的良知良能去做，就可以了。宋儒說：「性即理。」王陽明說：「心即理。」也在說明人類一切價值和道德的本源不是由外在至善之體（例如上帝和神）所賦予的，而是深藏於人心之內所共有的善性本質。

儒家學者認爲，人不但可以自我成就完美的道德人格，而且更能使天地萬物因此而受惠得福。人既可以爲宇宙創出一套理想的制度和優越的文化，又可以作爲宇宙間最高真理的闡釋者和發揚者。故孔子強調：「道不遠人，人能弘道，非道弘人。」孟子說：

「誠者，天之道，思誠者，人之道也。」宋代學者張載更說：「本天地立心，爲生民立命，爲往聖繼絕學，爲萬世開太平。」人應以天地之道爲道，以天地之心爲心，具有繼承過去人類整體文化成績並發揚光大它的廣博胸襟，且亦具有開創萬世太平的志抱與能力，這無疑是對人類的尊嚴與價值作出最有力的肯定，儒家思想基本上締造了中國人的人文精神傳統。

## 道家的藝術人生與人文精神

相對於儒家看重個人自身的本性稟賦，視人爲道德的主體，道家的老莊思想比較重視宇宙自然運行的常道。但宇宙自然之道，還是靠人去體現，去實踐去發揚的，故此道家依然看重人的角色。道家以實現一個與自然契合的至美、至真、至樂的藝術人格爲其人文主義的終極理想。

老子說：「人法地，地法天，天法道，道法自然。」自然的本性是無爲，但又能無不爲。道因此也表現爲無爲而無不爲。故老子說：「道常無爲而無不爲。」莊子也說：「天無爲以清，地無爲以寧，故兩無爲相合，萬物皆化生。」天地無爲是人的無爲的基石，人應效法天地，效法道，效法自然。遵守其規律，不隨意妄爲，道家的理想人格是至人、真人、神人，其實是另一類型的聖人品質。他表現於外在的行爲時，是一種淳樸自然、虛靜無爲、無爭無欲、逍遙自得、外生死、泯是非、忘形骸、得失榮辱不繫於心的精神境界，他能夠「上與造物者游，下與外生死無終始者爲友。」

道家這樣的一種人生境界，能使人身心淨潔，不染塵垢，不沾俗累，逍遙自在，悠然自得，達到至美、至真、至樂的藝術的

意境。人與自然合而為一，人與天地宇宙合而為一。

## 道教的宗教人生與人文精神

　　道教是把道家思想的清靜、無為、無爭、無欲、素樸自然，逍遙無待的理想，轉變成一種宗教信仰與活動所祈求的得道的狀態和意境。道教的核心信仰是神仙信仰。神仙即具有以上種種的德性。道教宣揚現世中存在仙界，有形體長生不老的活神仙，也有死後靈魂長活的天界神仙，人們可以修道以求登仙界。道教教義不但致力於導引人們登上天上的仙界，也強調人們應在現實的世界中建立理想的王國，使人人可以安居樂業，無災無難，和平幸福地享其天年。

　　道教更鼓勵人們向自己的命運鬥爭，通過自身的力量達到益壽延年的境界，相信「我命在我不在天」。道教並不認為人死後靈魂得救，才可以享永生，它認為人生活在世界上，是一件樂事，離開世界，才是痛苦的。它的教義是樂生、重生、養生、攝生的。爭取個人留在世間，長生不老不死。道教十分講求長壽的方法，有內丹外丹之術。

　　道教與世界其他大部分宗教有極強烈的對比，其他宗教最關注的是「人死後如何」的命題，道教卻要解決「人如何不死」或「人如何超越生與死的大限」的問題。道教這種帶有強烈的生存欲望的思想特質，反映出中華民族重現世，重人生的人文精神。

## 佛教的宗教人生與人文精神

　　佛教將人們的世俗生命看成是痛苦之淵，故佛教徒對世俗的人生的態度基本上是捨離的。

　　佛教教義最基本的宗旨是教導人們認識人世間一切之苦，進而找出能脫諸苦之道，以享最終的極樂之世。佛教的創始者釋迦牟尼就是一個擁有超人智慧和能力的人，把他一生覺悟成佛（離苦入樂）的經歷昭示於世人。使眾生能向他效法學習，修成正果、得享涅槃。

　　涅槃境界就是成佛的境界。佛陀能到此境界，凡人亦可。成佛的原義是成為一個智者或覺者，對塵世間一切的迷執具有超越的智慧，識破它而作出徹底的覺悟而已。釋迦牟尼在菩提樹下成佛不過是這番心靈境界的經歷。後來才被佛教徒加以神化，視佛陀為一法力無邊的神祇。其實佛是人，是得道之人而已。佛更不是造物主，他雖有超人的智慧與能力，卻不是宇宙萬物唯一的主宰。佛教教義認為過去有人可以成佛，未來也當會有人成佛，一切的人都有覺悟的可能性。佛經有云：「一切眾生，皆有佛性，有佛性者，皆得成佛。」禪宗更主張佛與凡只是一轉念之間。關鍵是悟與不悟而已。《壇經》說：「前念迷即凡，後念悟即佛。」

　　佛教相信人可靠自力獲得生命永恒的解脫與救贖，不必假借外在的超自然力量來幫助達成，這是佛教與西方一些主要宗教最不同之處，但卻與中國人的人文主義思想傳統契合無間。

　　佛教教義經禪宗（特別是南禪宗）的改造，更突出人文主義的濃厚色彩。禪宗認為，人性即佛性，佛性不分地區和種族，是人人平等地具有的。人為甚麼墮於罪惡之中而不能成佛呢？是因為其本性受蒙蔽而已。只要自識本心，直見本性，即可見性成佛。惠能說：「佛是自性作，莫向身外求。」又說：「菩提只向心覓，何勞向外求玄，聽說依此修行，西方只在目前。」又說：「自性迷，佛即眾生，自性悟，眾生即佛。」成佛的關鍵在悟。悟分漸悟與

頓悟，南禪力主頓悟，成佛在一念剎那之間的覺悟佛性而已。所謂：「放下屠刀，立地成佛。」

南禪宗宣揚佛在自性之中，頓悟便成佛。「前念迷即凡，後念悟即佛」這等直截簡易的成佛思想，從某種意義來說，也就打破了佛經的權威性和佛陀的至上性，泯滅了彼岸（極樂世界）與此岸（現實世界）、出世間與俗世間的界限。人世社會，便能成為人類最終的歸宿。一切的極樂與體現真如本性的生命境界，可及身而見，及身而得。在人世間落實生命的理想，靠自身的努力建立超越和不朽的宗教生命，這正是中國文化的光輝和特徵。禪宗佛教，幫助人人能夠不必出世而可到達彼岸，人人都可享受一個完滿的、豐盛的、極樂的宗教生命境界。使佛教的哲理由捨離世界變成投入世界，由厭棄人生變成珍惜人生，完全和中國人的文化理想相契合。

## 儒道佛三家追求的超越生命境界<br>成就了中華文化的博大與圓融

任何一種文化，都是為人生問題而展開的。而人生問題，最重要是人對自己生命的認識及如何使自己的生命活得有價值和有意義。也就是說，要使個人的生命由世俗的改變為超世俗的，由有限的通向無限的，由短暫的提升到永恆的。

對此，儒道佛三家分別提出了三種超越的生命境界，儒家的超越的生命境界是道德的人格，道家的超越的生命境界是藝術的人格，而佛家的超越的生命境界是宗教的人格。

儒家從正面的角度去看人生，是積極入世的，因此要成就一番世間的事業（不管是立德、立功、立言），從而使自己的生命可

以不朽。道家與佛教思想，對人的生命來源展開深入的探索，對人生的道路及其所面對的種種的喜怒哀樂、貴賤壽夭、成敗得失、美醜善惡都能看透認清，佛從悲觀立論，道從樂觀立論，一見其苦，一見其樂，正好使中國人對人生有豐富之省思，使得中國人的人生哲學，既富智慧，又多采多姿，既可追求道家的順應自然、真淳素樸、無爲清靜的藝術人格，道教的人間仙境；又可追求佛教的洒脫豁達、和平慈悲、無我無執的宗教的極樂意境。二者同樣提供了超世俗的、無限的和永恒的生命境界。道家的自由精神，佛家的平等與施與精神，對中國人的生命道路的美化與善化，作用不在儒家之下。

對於個人的生命理想的選擇方面，儒家講成聖、道家講成仙、佛教講成佛，各有價值，亦各具擅長，實亦難判高下。任何的理想人生，都應該是宗教的、藝術的和道德的。在中國人的社會中，入世可以成聖，出世可以修道成仙，在家出家，不礙成佛。不分愚賢貴賤，人生由此可以得到完滿的安頓，有理想、有目標地生活。以佛修心，以道養身，以儒行世，應該是最理想的人格，也是最妥適的人生道路。佛、道二家作爲儒家的補充，使中國人的生命理想，完足無缺，以之與世界各大文化系統相比較，優點尤見突出。

中華民族經歷漫長歲月的考驗與歷練，而成就出至今仍爲世人所欣賞、所敬重的一個文化傳統，作爲子孫後代的我們，在感激先人留給我們這份豐厚的遺產之餘，更應繼承前人的志業，發揚光大中國的文化，肩負起時代交給我們的重大使命，以儒道佛三家思想中的人文精神作爲當前中國文化精神的核心，立以爲教，更應以儒道佛的人格理想，啓導普世的民族，從而建立更美

好的人間世界。

　　本文乃應佛教志蓮淨苑邀請主講〈儒道佛三家思想與中國的人文精神〉（日期：1997 年 8 月 29 日）的講稿修改而成。

# 2.18　中國文化的過去與現在

中國文化源遠流長，內容繁富無匹，爲舉世所欽羨，作爲中華民族的一員，應爲此而感到自豪。二千年來，中國文化發展情況與今日中國文化所面對的問題，在今天短短的一小時的演講中，當然無法全面兼顧，說得詳細。我希望這個演講，只是一個開始，讓各位同學對中國文化發展的主要趨勢有初步的和基礎的概念，至於作更高層次的理解和反省，就有待同學們今後繼續努力向前探索了。

甚麼是文化？據梁啓超所說：「文化是人類心能所開積出來之有價值的共業。」據此引申，中國文化乃中華民族古往今來所開創和積累的有價值的文化成績和事業。價值一詞，當指文化生活上正面的東西。「共業」本是佛家語，是指共同和整體中華民族前有所承、後有所繼的事業。故此，文化成就不但應該是正面的事業，而且必須一方面有因果相承的關係，另一方面要有悠久不斷的生命力。我們今天談中國文化在歷史中的發展問題，是照著梁啓超所提的原則和意思來展開的。因此我只會側重看中國文化整體的、正面的、具延續性而富生命力的部分和要素。至於局部的、負面的、偶生的和支節的文化課題，就不會在今天的演講中討論了。

談到中國文化的發展，當然不能離開中國歷史的進程來說。

考古學中討論中國遠古的歷史，固有提到遠古時代的文化生活，但這些文化活動是否已形成中華民族獨特的文化特徵，尚難確斷。即使從有信史記載（據《史記》所載）的時代，即唐虞時代開始至今的五千年中，大約在前半部分即約二千五百年的時間中，中國文化似乎尚未形成本身顯著而具獨特性的文化系統。要到春秋時代，特別是孔子出現以後（孔子是距今 2500 年以前的人物，他的生卒年是 551 B.C. – 479 B.C.），中國文化許多重要的特點才先後凸顯和形成，這就是許多文化學者所指的中國文化精神誕生的時期。這些文化精神，究竟是甚麼呢？我在後面將有論述。這里我先要強調孔子和儒家思想對中國文化精神的形成是有關鍵性的作用的。孔子繼承和總結了他的時代以前中國文化的遺產，並使它產生了重要文化意義和歷史意義，通過孔子的整理、發揚、傳播，才使他當時所承受的前代的文化遺產，日後成為了中華民族最值得珍惜的寶貴資產。孔子以《詩》、《書》、《禮》、《樂》、《易》、《春秋》來教育他那個時代的中國人，這是知識方面；又教導他們禮、樂、射、御、書、數，這是技能方面。傳統中國文化的主要內涵，基本上已包括在內。孔子不但能教導學生懂得這些學問、知識和技藝，更能通過這些學藝教育、建立一套代表中國人的文化理想與文化精神。

先秦時代，除了孔子所代表的儒家學派以外，尚有其他諸子百家，他們對中國日後的文化發展的主要方向也是有一定作用的。如：道家的無為而治、順應自然、反樸歸真、無爭無欲等思想均影響了中國人性格和生活方面許多重要的取向；中國傳統的藝術精神和藝術創作受道家思想影響尤深。陰陽家的天人感應之說，也對中國民間的醫學、占卜、星相等學問及通俗信仰行為有

決定性的影響。法家也有一些影響，但主要在權術政治方面。不過，先秦時代所形成的中國文化的基本方向和獨特的內容，始終是以儒家的學說和主張為基礎、為核心的。我們在下面要討論中國文化精神的重要概念和內涵，均與儒家思想有關。

首先，中國文化精神以人文精神至為重要，此與孔子倡導的道德倫理學說關係尤為密切。儒家對和諧的人倫關係和秩序的建立，非常看重，而對自然萬物知識的追求，卻比較忽視。中國人的宗教意識比較淡薄，重視現世人生的道德實踐，遠過於追求來世的永生樂土。「三不朽」（立德、立功、立言）才是中國人對追求超越生命的最普遍的態度。在三者之中，立德雖屬境界最高，但實踐道德行為卻是人人可以做到的。孔子說：「我欲仁、斯仁至矣！」孟子也說：「人皆可以為堯舜。」都可力証中國人的價值觀是現世的、人間的，要求發揚個人的道德人格，要求人要向自己的良知負責，向人群負責，偏重義務感、責任感，所追求的是符合一個道德人的理想標準。個人若能讓自己的品格道德、以及事功學問，活在別人的心中，就算不枉此生。

其次，中國文化精神強調大一統的觀念。此亦是先秦儒家學者所倡導的。孟子認為只要大一統的國家建立了，便可以結束戰爭，人民便可安居樂業。孟子曾說過：「天下烏乎定？是於一。」這種統一，據孟子的意見，絕不是武力、爭戰、殺人、掠地的手段達成的，而是行仁政、實踐德治，通過教化途徑來尋求整個民族在生活方式、思想信仰、價值取向等各方面完全融合起來的一種和平統一。

再者，中國文化精神亦涵蘊著天下一家的理想。先秦儒家學者多有「民胞物與」的胸襟，他們當時就說：「四海之內，皆兄弟

也。」我們不但看到孔子沒有種族國界的狹隘的思想，先秦諸子大多如是（只有屈原是少數的例外），他們只會忠於有道之君，或支持那些願意接受其治國意見的君主。孔子曾聲言：「夷狄進於中國、則中國之。」只求文化上的認同，絕不存有種族的別視。在這種思想的教導下，中國人的國族國界的意識並不強烈，甚少因為種族問題或思想信仰問題而發生衝突或戰爭。中國人相信《中庸》篇所說的：「萬物並育而不相害，道並行而不相悖。」在天下一家的信念下，任何民族、任何文化都可以和平地、互相尊重地融洽相處。

最後，爲達至此大一統的境界和天下一家的理想，個人必須有一種開放的心靈，對任何民族、任何思想信仰、任何人生價值取向，都能尊重、都能容納。因此，儒家學者提倡中庸思想、講求忠恕之道。對待萬事萬物，都要以一種不偏不倚、和而不同、公正無私、合情合理的態度處理，更需要以積極寬容的、誠實的、負責任的態度對待別人，存異求同。故此，中國傳統文化最具有包容的性格，中華民族由此得以搏成壯大。中國二千年來的學術思想也一直不斷地加入外來的思想與文化因素以豐富自己。如果不是中華民族素有這種開放的心靈和天下一家的觀念，又怎能產生這樣一個廣土眾民、歷史悠久的國度，以及兼容世界（主要是亞洲地區）各族文化而形成一偉大的文化體系呢？

以上四點中國文化主要精神，推動著以後中國歷史發展基本進程。

秦漢大一統帝國是中國文化形成了自己的體系後，第一次在政治上發揮巨大作用和影響力時期。秦的統一是軍事的，是順著戰國趨向一統形勢而出現的結局。惟有漢統一，才是真正文化和

政治的統一。漢代版圖大致和今日的中國相近，一個統一的大民族，創建了一個統一的大國家，與羅馬帝國東西輝映，而漢帝國的凝聚力卻十分強固。中國古人的文化理想、政治理想，到漢代可說已大致達到了。漢代的中國有幾項建設是有深遠的文化意義和政治意義的。包括了：

1、尊崇儒學，設五經博士，使儒家學說得以成為此後中國教化的重要傳統，達到以倫理教育鞏固文化上的統一；

2、文治政府的創建，士人當政，理性政治得以實現，加上察舉制的推行，使選用政治人才有制可循，達到用人唯德與唯賢的理想。國族的鞏固、政治的統一由此達致，這是以理性的政治來維持大一統之局；

3、漢代推重德行，獎勵孝子廉吏，人民以道德氣節為尚，風俗淳樸，確立以倫理道德為社會的主要價值取向，使人文精神與重德思想得以發展；

4、漢廷以儒家的一套懷柔撫遠的信念處理與四鄰異族的關係，故昭君出塞、張騫、班超出使西域都本此精神，由此而達致四境的和平和天下一家的理想。

漢代的文治、武功、教化等方面的表現，已經大致顯現出中國文化精神所起的重大作用。漢代四百年的統治，使中國國族規模大備，中國文化的特點粲然可觀。除了儒家思想居主導地位外，黃老道家、陰陽家、法家的思想都仍有一定的影響力，使中國的學術思想與文化既有多元的內涵，又有突出的表徵 —— 這就是儒家積極的入世精神和理想人文世界。

從魏晉分裂到隋唐統一的四百餘年間，中國歷史進程中加入了兩大新元素而產生了重大的文化變動。一是異族入主中原，二

是佛教（印度文化）傳入中國。不過，經歷了長期的接觸、了解、調適以後，佛教中國化了，異民族也大多同化了。加入中國民族大流之中和中國文化主流之內，最終出現了唐代的盛世。唐代的文化形態又比漢代更具開放性、世界性。唐代君主被尊為天可汗，都城長安是世界文化的大都會。唐代有從世界各地來的民族，包括日本、朝鮮半島、突厥、契丹、波斯、大食、中亞細亞等地的民族，他們有的是來中國留學或學佛法的，有的是來做文官或當武將的，有的是從事藝術活動的。胡族的生活情趣在唐代十分流行，唐代生活胡化可從元稹的詩篇〈法曲〉看到：「女為胡婦學胡妝，伎進胡音務胡樂，……胡音胡騎與胡妝，五十年來競紛泊。」唐代還容許佛教、回教、祆教、景教、道教等宗教信仰的自由發展。如果說唐代的中國是當時世界民族的大溶爐，一點也不過份，較之今天的美國尤更見寬容。唐代的政治也很上軌道，君主的權力受法制的約束，史稱貞觀、開元年間更能做到輕徭薄賦、為民制產、夜不閉戶、路不拾遺、用賢納諫的政績。像唐代這樣的一個多種族、多宗教信仰的大帝國，而竟不曾見過嚴重的種族衝突、宗教戰爭，不能不認為是由中華民族開闊的胸襟和中國文化的四海同胞天下一家的精神所造成。唐代約三百年的歷史可謂深深體現著中國文化精神的偉大作用力。

　　唐代也一如漢代，表現出卓越的政治成就和文化成就。

　　1、在文教上，唐室尊崇儒學。編定五經正義，並促成儒釋道三教合流，使中國學術思想漸趨一統；

　　2、在政治上，唐代亦建立文治政府，實行三省制，使政府權力制衡機能進一步合理化，通過科舉考試，用人唯才，達致全國政治上真正的統一；

3、對外方面，唐代政府仍本著儒家的一套天下一家、懷柔遠人的觀念制定對外族的政策，例如：唐太宗以文成公主下嫁吐蕃，平息唐蕃的戰爭；玄宗重用胡人為節度使，以羈縻的政策達到四境的和平；

4、在道德生活方面，唐代人民的道德觀念雖不及漢代的強烈，但儒家的禮治思想仍是《唐律》制定的準則。唐代人較多受佛學、道教和胡人習俗的影響。因此道德教條味比較輕，性格比較開朗、進取、豪放。杜甫和韓愈都是儒家仁者的典型。

唐代是讓儒家政治理想獲得實現的時代，儒家所謂的外王之學至此發揮得淋漓盡致。唐太宗更體現了儒家所稱的聖德之君的氣度，他的統治，實際合乎儒家的中庸之道和民本精神。

中國文化第三個發展時期是宋明時代。一般說宋明兩代中國文化的形態有與漢唐不同的地方。第一是本土文化意識比較強，儒家思想吸收了佛學和道家思想後形成新的體系，即所謂理學(又稱新儒學)，但理學所追求的道德與政治理想境界仍是與孔孟原來主張一致的，其重德的精神尤過於漢唐。宋明兩代的士人學者的道德境界甚高，真能貫徹孔孟所倡的仁義的德性。試看看張載、范仲淹、陸九淵、王陽明等人所具的仁者的胸襟與氣魄，以及岳飛、文天祥、海瑞、史可法等義士的忠烈氣節，古今亦罕見其匹，真有一種孟子所說的「富貴不能淫、貧賤不能移、威武不能屈」的大丈夫本色。儒家所倡導的內聖外王之學，在宋明兩代優秀的知識份子身上，把儒家的內聖之學表露無遺，儒家所說的道德人格的典範，得以樹立。第二，政治事業略不如漢唐，但仍有其獨特的成就。宋明兩代在維持大一統的局面和天下一家的理想，則始終一如過往的漢唐一樣，和平地與各四鄰民族交往，發展文化

與貿易的密切關係，厚往薄來，尊重各弱小民族的生存與發展。
宋明兩代均致力以中國人的經濟與文化的先進生活去提升東亞及
東南亞地區的民族與國家，使他們得到進步，很少通過武力手段
去改變他們的社會秩序和生活方式。中國不在這些地區搞殖民地
（雖然中國有實力如此幹），然而這些地區均漢化甚深。韓、日、
越等國莫不如此。中國的政治制度，在明末以前，即公元十七世
紀，相對於當時的西歐諸國，還是比較有理性有法度的，否則也
不會為耶穌會教士和當時西歐著名哲學家和思想家所稱道。十八
世紀歐洲的啓蒙運動也不會以中國為模倣的國家。第三，宋明兩
代的科技水平，實處於世界較先進的地位，中國人四大發明，即
造紙術、印刷術、羅盤和火藥，也於此期間傳到西亞以至歐洲，
促成世界文化生活進一步的提高。中國的陶瓷、絲綢、建築等藝
術品豐富了世界各地民族的生活內涵。中國決不是閉鎖的國家，
中華民族決不是抱殘守缺的民族，中國文化更不是封閉的文化系
統。傳統中國人是本著孔子所說的「己欲立而立人，己欲達而達
人」和老子所說的「既已為人己愈有，既已與人己愈多」的教導
來對待外人異族的。

　　由清代至今日，特別是從鴉片戰爭以來，中國文化發展到了
第四個時期。這個時期中國傳統文化真正經歷了一個史無前例的
大衝擊，大挑戰，也是中國傳統文化處於空前危機的時代。挑戰
中國文化的是近代西方一個進步、強而有力而形質全異於中國的
文化體系（概括地說是指資本主義文化和共產主義文化）。中國傳
統文化所肯定和追求的許多重要文化價值和生活理想都無法與此
兩系統的文化協調、融和。中國文化講求和平、和諧，這兩種文
化講求鬥爭、競爭；中國文化重視德性生活，這兩種文化重視利

害生活；中國文化講包容，這兩種文化卻互相排斥；中國文化講中庸之道，這兩種文化都比較容易走向極端；中國文化以溫和手段（通過教育和文化的薰陶）泯滅種族差異，階級敵對，這兩種文化要以強大的政治、經濟、軍事甚至思想改造去清除種族的對抗、階級的對立，要使一方完全臣服於另一方。從清末洋務運動、維新革命、至民國以後新文化運動，乃至今天中、港、台三地在文化上差異與對立，都可印証到中西方文化無法協調的事實及其所引生的後果。中國傳統文化在這場文化的較量戰中，似乎仍處於下風。要使中國文化重新獲得生命力，在中國傳統文化與資本主義文化及共產主義文化三者之間，找到可以相容甚至接合之點，實在是一件大學問、大工程。當代新儒家學者也曾做過一些嘗試工作，但他們尚處於理論探索的階段，能否可行，還須拭目以待。要開創漢唐宋明以來，中國文化第三度的盛世，把近代中西文化衝突的死結解開，將是我們這一代中國人要肩負的重大時代使命。

　　讓我們大家多思考、共同努力去承擔這份歷史文化的責任吧！


　　本文乃筆者應香港中華文化促進中心、沙田區中學校長會、屯門區公民教育委員會、元朗區公民教育會等團體邀請主講中國文化專題巡迴講座（日期：1995 年 2 月 17 日-3 月 16 日）的講稿修改而成。